실리콘밸리 스토리

실리콘밸리
SILICON VALLEY STORY
스토리

황장석 지음

어크로스

| 실리콘밸리 지역별 특징 |

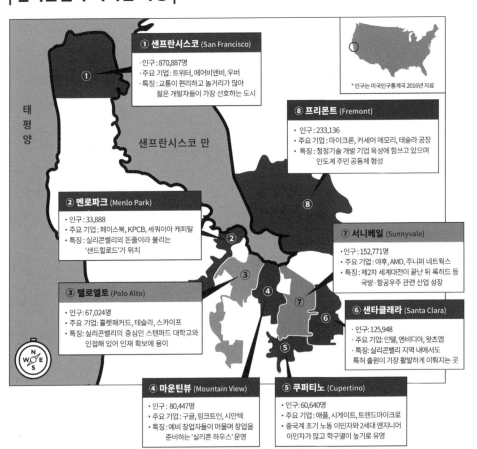

태평양

샌프란시스코 만

* 인구는 미국인구통계국 2016년 자료

① 샌프란시스코 (San Francisco)
· 인구 : 870,887명
· 주요 기업 : 트위터, 에어비앤비, 우버
· 특징 : 교통이 편리하고 놀거리가 많아
  젊은 개발자들이 가장 선호하는 도시

⑧ 프리몬트 (Fremont)
· 인구 : 233,136
· 주요 기업 : 마이크론, 커세어 메모리, 테슬라 공장
· 특징 : 청정기술 개발 기업 육성에 힘쓰고 있으며
  인도계 주민 공동체 형성

② 멘로파크 (Menlo Park)
· 인구 : 33,888
· 주요 기업 : 페이스북, KPCB, 세쿼이아 캐피탈
· 특징 : 실리콘밸리의 돈줄이라 불리는
  '샌드힐로드'가 위치

⑦ 서니베일 (Sunnyvale)
· 인구 : 152,771명
· 주요 기업 : 야후, AMD, 주니퍼 네트웍스
· 특징 : 제2차 세계대전이 끝난 뒤 록히드 등
  국방·항공우주 관련 산업 성장

③ 팰로앨토 (Palo Alto)
· 인구 : 67,024명
· 주요 기업 : 휼렛패커드, 테슬라, 스카이프
· 특징 : 실리콘밸리의 중심인 스탠퍼드 대학교와
  인접해 있어 인재 확보에 용이

⑥ 샌타클래라 (Santa Clara)
· 인구 : 125,948
· 주요 기업 : 인텔, 엔비디아, 왓츠앱
· 특징 : 실리콘밸리 지역 내에서도
  특허 출원이 가장 활발하게 이뤄지는 곳

④ 마운틴뷰 (Mountain View)
· 인구 : 80,447명
· 주요 기업 : 구글, 링크트인, 시만텍
· 특징 : 예비 창업자들이 머물며 창업을
  준비하는 '실리콘 하우스' 운영

⑤ 쿠퍼티노 (Cupertino)
· 인구 : 60,640명
· 주요 기업 : 애플, 시게이트, 트렌드마이크로
· 중국계 초기 노동 이민자와 2세대 엔지니어
  이민자가 많고 학구열이 높기로 유명

N W E S

원래 실리콘밸리 일대는 샌타클래라밸리로 알려져 있었다. 이 이름은 캘리포니아가 스페인의 식민지였던 시절에 유래되었다. 스페인 원정대가 1769년 캘리포니아 남부의 샌디에이고를 시작으로 1823년 북부 소노마Sonoma(샌프란시스코 위쪽에 있는 유명한 와인 산지)에 이르기까지 통치의 목적으로 모두 21개의 미션(성당 또는 예배당)을 세웠다. 그중 1777년 여덟 번째로 지금의 실리콘밸리 일대에 세운 미션이 '아시시의 성녀 클라라'의 이름을 붙인 '미션 샌타클래라'였다. 그 이름이 지역 명칭에 붙여지면서 샌타클래라밸리가 탄생했다.

샌타클래라밸리의 애칭은 '밸리 오브 더 하츠 딜라잇Valley of the Heart's Delight'이었다. 한입 물면 입안 가득 과즙이 터져 나와 '가슴 깊이 행복을 주는 곳'이란 뜻으로 붙여진 이름이었다. 1960년대까지만 해도 땅이 비옥하고 1년 내내 태양이 내리쬐는 이곳은 체리, 자두, 살구 등의 과일이 풍성하게 나는 과수원이 즐비한 농촌이었다.

19세기 말 캘리포니아의 대표적인 공립대학인 UC버클리와 사립대학 스탠퍼드가 차례로 설립됐지만 20세기 중반까지도 이곳에서 대학을 마치면 저 멀리 미국 동부로 떠나야 했다. 스탠퍼드 대학의 초대 총장직을 제안받은 동부의 명문대 교수들 상당수가 손사래를 쳤던 것도 대학 근처에 변변한 일자리가 없었기 때문이었다. 꿈을 품은 청년들은 기업이 많고, 그래서 일자리가 몰려 있는 동부로 앞 다투어 떠나갔다.

청년들이 떠나는 동네였던 실리콘밸리는 이제 누구나 인정하는 기술 발전과 혁신의 공간이 됐다. 세상을 바꾸는 새로운 기술이 태어나는 곳, 세계가 배우고 싶어 하는 첨단 기술 산업의 메카, 미국 경제를 이끌고 나아가 세계경제의 변화를 선도하는 곳. 이제는 이른바 '4차 산업혁명'의 중심지라는 타이틀도 갖게 됐다.

기술 발전을 중심으로 보면 실리콘밸리는 진공관의 시대를 칩^{chip}의 시대로 이끌었다. 전기신호를 증폭시켜주지만 '부피가 크고 값이 비싼데다 만들기도 어려운 유리 소재 진공관의 시대'를 '부피가 작고 값이 저렴하고 대량생산이 가능한 실리콘 소재 트랜지스터의 시대'로 이동시켰고 다시 한 차원 수준 높은 반도체 집적회로^{IC}, 즉 칩^{chip}의 시대로 발전시켰다. 그러면서 실리콘밸리도 지금의 모습을 갖추게 됐다. 반도체 산업을 기반으로 컴퓨터 산업이 발전하자 그 위에서 각종 첨단기술 산업이 성장했다. 그러면서 1970년대 샌타클래라밸리에 '실리콘밸리'란 명칭이 붙었다.

지금도 그렇지만 필자가 실리콘밸리에 온 2012년 말에도 실리콘밸리에는 돈과 사람이 끊임없이 밀려들었다. 사업을 하기 위해 오는 사람들도 있었고 실리콘밸리를 배우기 위해 오는 사람들도 많았다. 한국의 정보기술^{IT} 기업 관계자들도 혁신을 찾아, 아이템을 찾아, 기회를 찾아 실리콘밸리에 왔다. 김범수 카카오 창업자 겸 이사회 의장은 2009년

NHN을 떠나 2010년 카카오톡을 만들기 전까지 실리콘밸리에 머물면서 실리콘밸리의 생태계를 관찰하고 연구했었다. 2013년 박근혜 정부가 출범한 뒤에는 이른바 '창조경제'의 구호 아래 실리콘밸리를 견학하러 오는 공무원들도 줄을 이었다. 미국에 출장을 왔던 상당수의 정치인들도 실리콘밸리에 '발 도장'을 찍었다.

사람들이 실리콘밸리에 대해 궁금해하는 것은 주로 기술과 기업(구체적으로는 창업자나 최고 경영자)이다. 다시 말해 어떤 새로운 기술을 가진 기업들이 있는지, 그 기업들의 창업자나 최고 경영자가 어떤 혁신을 이뤄내고 있는지 등이었다. 청바지와 운동화 차림으로 출근하고 필요하면 회사가 아닌 다른 곳에서 원격근무를 하며, 금요일 오후에는 최고 경영자부터 말단 직원까지 회사에서 맥주를 마시는, 쿨^{cool}보다 좀 더 근사한, 이른바 '힙^{hip}'한 업무 환경에서 혁신의 비결을 캐려고도 한다.

이 책은 실리콘밸리의 새로운 기술과 혁신, 그리고 업무 환경에 초점을 맞추지 않는다. 그보다는 실리콘밸리를 그런 것들의 상징으로 만들어온 과거와 현재 사람들의 이야기에 주목한다. 요컨대 세계가 동경하고 때로는 추종하는 지금의 실리콘밸리가 만들어지기까지 '실리콘밸리 사람들'이 반세기가 훨씬 넘는 기간 동안 쌓아온 경험과 역사 그리고 문화에 대한 이야기에 주목한다.

과수원 동네였던 샌타클래라밸리에 창업의 씨를 뿌리고 실리콘밸리로 키워낸 사람들, 그들을 인재로 길러내고 창업의 기술을 가르친 사람들, 도전하는 인재들에게 위험을 감수하고 선뜻 돈을 투자한 사람들, 그들의 도움을 받으며 도전한 사람들, 그리고 기득권과 권위를 부정하는 실리콘밸리의 문화를 이끈 사람들의 얘기다. 여기에는 실리콘밸리를 떠받치는 '또 하나의 IC'인 인도계와 중국계 이민자의 삶도 들어 있다.

그뿐만 아니라 실리콘밸리의 빛과 영광 뒤에 가려져 있는 사람들의 이야기도 있다. 이를테면 고액 연봉을 받는 엔지니어들이 테슬라의 고급 전기 자동차를 타고 출퇴근하는 실리콘밸리 중심부에는 철거 위기에 처한 저소득층 '판자촌'이 자리하고 있다. 또한 실리콘밸리 주변에서 가장 번화한 도시인 샌프란시스코에는 보행자 도로에 세워졌다 철거되고 다시 세워졌다 철거되기를 반복하는 '홈리스 텐트촌'도 있다.

이런 모순이 들끓는 상황에서 미래를 놓고 대립하는 실리콘밸리 리더들의 이야기도 소개된다. 이른바 '4차 산업혁명'이 가져올 미래는 철학과 욕망이 다른 그들 간의 경쟁과 갈등 결과에 따라 방향이 변화할지도 모른다. 한쪽에는 인간과 로봇이 하나로 합체되는 영원불멸의 미래, 로봇이 노동하고 인간은 자아 실현을 하는 세상을 꿈꾸는 사람들이 있는가 하면 다른 한쪽에는 소수의 엘리트를 제외한 다수가 일자리와 소득을 잃고 비참하게 살아가는 세상을 우려하는 사람들이 있다. 그들은 '실리콘밸리의 선지자'로 불러야 할지도 모르겠다.

실리콘밸리의 중심 도시이자 스탠퍼드 대학이 있는 팰로앨토에는 알타메사추모공원Alta Mesa Memorial Park이 있다. 1904년에 세워진 이 사립 추모공원에는 2011년 10월 숨진 애플 창업자 스티브 잡스가 영면하고 있다. 잡스의 팬들이 끊임없이 방문하면서 이곳은 실리콘밸리의 명소가 됐다. 그러나 공원 관리소 측은 유족의 요청에 따라 잡스가 묻힌 장소를 공개하지 않았다. 다만 관리소 건물 로비에 '스티브 잡스 추모 방명록'을 비치해 팬들이 잡스에게 전하는 말을 남길 수 있게 했다.

그런데 이곳에는 잡스와 더불어 실리콘밸리 형성에 결정적인 역할을 했던 사람들도 영면해 있다. 휼렛 패커드의 공동 창업자인 데이비드 패커드, 패커드와 윌리엄 휼렛의 스승이자 창업 지원자였던 '실리콘밸리의 아버지' 프레더릭 터먼 교수, 노벨물리학상 수상자로서 실리콘밸리 최초로 실리콘 소재의 반도체를 만드는 회사를 창업했던 윌리엄 쇼클리 등이 그들이다. 불멸의 스타로 남은 그들의 후배 잡스도 그들 곁에 묻혔다.

이 추모공원의 풍경처럼 지금의 실리콘밸리에는 애플의 잡스, 구글의 세르게이 브린과 래리 페이지, 페이스북의 마크 저커버그뿐 아니라 그들과 함께 실리콘밸리를 만들어온 사람들, 그들 이전에 실리콘밸리를 만들었던 사람들, 그렇게 변모해온 실리콘밸리에서 살아온 사람들의 삶과 문화가 깃들어 있다. 이 책은 그들의 삶과 문화를 통해 실리콘밸리를 바라보고자 했다. 실리콘밸리에 관심을 갖고 이해하려는 사람들에게 조금이나마 도움이 되었으면 좋겠다.

끝으로 언제나 아들의 선택을 존중해준 부모님, 동반자이자 애인이며 친구인 정현, 삶의 의미를 새롭게 알려준 딸 정은에게 이 책을 바친다.

2017년 10월

황장석

1부 이글거리는 태양이 탄생하다

4장 | 두뇌 은행 스탠퍼드 대학 없이는 창업도 없다 72

2부 지구는 실리콘밸리를 중심으로 돈다

5장 | 불평등과 불편함이 낳은 스타트업의 성지, 샌프란시스코 95

3부 실리콘밸리는 이렇게 돌아간다

4부 성공을 위해 실패를 권하다

1부

**이글거리는
태양이
탄생하다**

1장

실리콘밸리는 어디에서
시작됐을까

2000년 봄 실리콘밸리 팰로앨토의 재건축 공사 현장에서 뜯지 않은 1940년산 맥주 한 상자가 발견됐다. 1942년에 지어진 오래된 건물을 부수고 새 건물을 짓는 공사 현장에서 땅을 파던 인부들이 이 수상한 물건을 발견한 것이었다. 1940년대 샌프란시스코의 맥주 회사에서 만든 맥주이자 캘리포니아에서 인기 좋은 브랜드였던 럭키 라거Lucky Lager 였다. 맥주 상자가 묻혀 있던 땅은 바로 1942년에 세워진 휼렛 패커드HP, Hewlett-Packard 건물 부지였다.[1] 대체 누가 이곳에 1940년산 맥주를 파묻었을까. 왜?

60년간 묻혀 있었던 맥주 상자의 비밀

끝내 '맥주 상자의 미스터리'는 풀리지 않았다. 그때 맥주를 묻은 누군가를 찾을 수 없었기 때문이다. 하지만 '1세대 실리콘밸리 전문 기자'로 불리는 마이클 멀론Michael Malone은 이 미스터리에 대해 이렇게 이야기한다. (멀론은 HP에서 홍보 담당으로 근무하다가 〈머큐리뉴스〉 기자로 이직해 실리콘밸리의 첨단 기술 산업을 최초로 전담 취재했다. 이후 그는 〈뉴욕타임스〉와 〈월스트리트저널〉 등에 기고하며 실리콘밸리와 관련된 글을 계속 썼다.)

"몇 가지 해석 가운데 장난 삼아 타임캡슐로 맥주 상자를 묻었을 것이란 이야기가 그럴듯해 보인다. 그런데 구체적인 이유가 무엇이었든 한 가지 분명한 점은, 이 오래된 맥주 상자가 HP의 오랜 전통이었던 '금요일 오후의 맥주 파티'를 연상시킨다는 것이다."[2]

1939년 1월 HP가 공식적으로 세워지고 점차 직원이 늘면서 금요일 오후마다 맥주 파티가 열렸다. 제2차 세계대전 중이던 당시 고된 업무와 빠듯한 살림살이에 지친 직원들의 활기와 의욕을 북돋우기 위해 시작한 작은 이벤트였다고 한다. 금요일에 직원들은 양복이나 작업복에서 벗어나 평상복 차림으로 출근하여, 평소보다 업무를 좀 일찍 끝내고 오후에 두 창업자와 함께 맥주와 크래커 등을 먹고 마시며 스트레스를 풀었다.[3] 금요일 오후의 맥주 파티는 직장 내의 수직적인 위계질서를 완화하고, 구성원들 간의 의사소통을 보다 원활하게 해주는 윤활유였다.

금요일 오후의 맥주 파티는 뭔가 새로운 아이디어를 생각하는 날이라는 의미의 '블루 스카이 데이Blue Sky Day'로 확대되었다. 금요일의 맥주 파티가 업무에서 벗어나 새로운 아이디어와 기술을 고안하는 시간이 되었던 것이다.

이제 맥주 파티는 실리콘밸리의 대표적인 기업 문화로 자리 잡았다. 실리콘밸리의 크고 작은 회사들은 금요일 오후, 아니면 회사의 성과를 기념하는 어느 날 오후, 파티를 연다. 언제든 스트레스를 풀고 동료들과 이야기를 나눌 수 있도록 아예 맥주를 냉장고에 채워놓는 회사들도 있다. 옐프Yelp 같은 회사는 생맥주를 따라 마실 수 있도록 케그keg(맥주 저장통)를 사내에 비치해두었다.

지금의 실리콘밸리를 상징하는 캐주얼한 근무 복장의 선구자도 HP였다. HP를 다니다가 이직하거나 창업한 사람들, 아니면 HP를 방문했다가 기업 문화에 신선한 충격을 받은 사람들이 캐주얼한 근무 복장을 실리콘밸리에 확산시킨 것으로 여겨지기 때문이다. 1980년대 초반 애플, 아타리Atari 같은 회사들이 이미 금요일만이 아니라 일주일 내내 직원들에게 캐주얼 복장으로 근무하도록 했다. 모두 HP의 영향을 받은 것이었다.[4] 물론 HP 이전에도 이런 기업 문화가 있었을 수도 있다. 하지만 실리콘밸리에서 창업해 세계적인 기업으로 성장한 첫 번째 기업 HP를 통해 이런 문화가 알려졌으므로 HP를 캐주얼한 근무 복장의 선구자라 해도 무방할 것이다.

이 외에도 HP가 시작했다고 평가받는 것들이 많다. 직원의 사정에 따라 조금 늦게 출근하고 그만큼 늦게 퇴근하거나, 아니면 조금 일찍 출근해 일찍 퇴근하게 하는 근무시간 유연제, 금요일 맥주 파티 외에 매일 오전 오후 한 차례씩 커피와 도넛을 제공하며 사내 의사소통을 원활하게 하는 커피 타임, 결격 사유가 없는 한 다른 회사로 이직했던 직원들의 재입사를 적극적으로 환영하는 정책 등이 HP가 선도한 것들이다.

1950년대부터 HP는 이익이 늘면 직원들의 급여도 그만큼 올려주기 시작했고 주인 의식을 높이는 차원에서 회사 주식을 살 수 있는 제도도 운영했다. 창업자인 윌리엄 휼렛William Hewlett과 데이비드 패커드David Packard가 '회사 구성원은 가족'이라는 철학을 갖고 있었기 때문에 가능했던 일이었다. 이런 HP의 문화는 'HP 방식The HP Way'으로 불리는데, 가장 극적인 사례가 1970년의 임금 삭감이었다. 당시 불경기 때문에 제품 주문이 크게 줄면서 HP는 직원의 10퍼센트를 정리 해고해야 하는 상황이었다. 하지만 HP는 정리 해고를 하지 않았다. 대신 근무시간을 10퍼센트 줄이고 임금도 10퍼센트 삭감했다. 누구도 내보내지 않는 대신 모든 직원의 근무시간을 10퍼센트씩 줄여 고통을 분담하는 방식을 택한 것이었다.[5]

차고에서 태어난 실리콘밸리

HP는 여러 모로 실리콘밸리의 선구자였다. 실리콘밸리의 태동을 알린 이 기업은 두 친구의 의기투합으로 탄생했다. 흔히 친구 간에는 절대 동업도 돈거래도 하지 말라고들 하지만 이 두 친구는 예외였다. 아니 친구끼리 창업해 성공한 대표적인 사례로서 실리콘밸리의 역사에 남았다고 해야겠다.

그 역사는 1938년 여름 미국 동부 뉴욕주의 소도시에서 제너럴 일렉트릭^{GE, Generel Electric} 엔지니어로 근무하던 데이브(데이비드의 애칭)가 회사를 1년 휴직하고 아내 루실^{Lucile Packard}과 함께 팰로앨토로 돌아오면서 시작됐다(그는 1년 뒤 회사를 아예 사직했다). 4년 전 스탠퍼드 대학을 졸업한 그에게 팰로앨토는 제2의 고향이었다. 그러니 대학을 졸업하면서 서부 태평양 연안의 팰로앨토를 떠나 동부 대서양과 가까운 뉴욕주로 떠났던 그에게 '귀향'의 감회가 남달랐을 것이다.

그의 귀향에는 특별한 계기가 있었다. 전기공학과를 우수한 성적으로 졸업한 그를 끔찍하게 아꼈던 스탠퍼드 공대의 프레드 터먼 교수가 1년 동안 500달러를 지원하는 연구원 프로그램을 주선해주었던 것이다. 당시 GE에서 약 90달러(현재 가치로 1600달러 정도)의 월급을 받았던 데이비드는 수입이 절반 이하로 줄어드는데도 은사의 제의를 받아들였다. 창업을 하고 싶다는 욕구 때문이었다.[6]

데이브는 대학 시절 같은 과 친구였던 빌(윌리엄의 애칭)과 언제든 함께 창업을 해보자며 의기투합했다. 하지만 둘의 거사는 쉽게 이뤄지지 않았다. 졸업 후 데이브가 GE에 취업해 동부로 떠났기 때문이었다. 두 사람이 졸업하던 시점은 대공황의 절정기였다. 좋은 대학을 우수한 성적으로 졸업해도 일자리를 얻기 쉽지 않던 시절이었다. 그래서 어렵게 입사 제의를 받은 그에게 늘 창업을 권유하던 멘토이자 은사인 터먼 교수마저도 일단 사회 경험을 쌓아보라며 격려했던 터였다.

데이브가 터먼 교수의 부름을 받고 팰로앨토로 돌아왔을 때 매사추세츠 공대^{MIT}에서 전기공학 석사 학위를 받은 친구 빌도 스탠퍼드로 돌아왔다. 당시 빌은 시카고의 스피커 회사 젠슨 스피커^{Jensen Speaker}의 입사 제의를 받고 터먼 교수에게 상담 편지를 보냈다. 그러자 터먼 교수

는 연구 프로젝트를 따내 그를 학교로 불러들였다. 데이브와 빌이 함께 창업하도록 지원하기 위해서였다.[7]

다시 뭉친 두 사람은 스탠퍼드 대학에서 자전거로 10분 거리에 있는, 팰로앨토 중심가 근처 애디슨애비뉴의 2층 주택에 세를 들었다. 집주인은 2층, 신혼이었던 데이브 부부는 1층, 미혼이었던 빌은 전기도 들어오지 않는 차고에 살았다. 월세는 45달러 정도였다. 당시 물가와 세 사람의 수입에 비춰보면 적은 금액은 아니었다(데이브의 아내 루실은 스탠퍼드 대학 학적과에서 근무했는데, 월급은 얼마 되지 않았다).

차고는 곧바로 두 사람의 작업장이 됐다. 그리고 몇 달 뒤인 1939년 1월, 두 사람은 회사를 공식 창업했다. 회사 이름은 두 사람의 성姓을 합쳐서 짓기로 했고 동전 던지기로 누구의 성을 앞에 쓸지 정했다. 빌이 동전 던지기에서 이기면서 빌의 성 휼렛, 데이비드에 성 패커드를 합친 휼렛 패커드가 탄생했다.

HP는 음향 발진기audio oscillator인 HP 200A를 첫 번째 제품으로 내놓았다. 가격 대비 성능이 우수했던 이 제품은 1940년 개봉된 디즈니 음악 애니메이션 〈판타지아〉에 사용되면서 명성을 얻었다. "디즈니 엔지니어들은 1940년 〈판타지아〉를 개봉했을 때 HP 200A로 극장의 스피커 시스템과 레코딩 장비 등을 테스트했다"고 한다.[8] 이후 HP는 각종 무선통신 제품을 생산하다가 컴퓨터와 프린터를 비롯한 첨단 전자 제품을 생산하는 거대 기업으로 성장했다.

정말 어마어마한 속도였다. 1939년에 창업하여 1950년에는 직원 146명에 연 매출 200만 달러를 달성했다. 그리고 1960년에는 3000명이 넘는 직원에 연 매출 6100만 달러의 회사가 됐다. 10년 동안 30배

넘게 폭발적으로 성장한 것이다. 성장세는 거기서 그치지 않았다. 다시 10년이 지난 1970년 HP는 직원 1만 6000명에 연 매출 3억 3000만 달러의 글로벌 기업이 됐다.[9]

1980년대에도 잉크젯 프린터, 레이저 프린터 등이 인기를 끌었고 명성은 1990년대까지 이어져 1995년 말 기준으로 직원 10만 명에 310억 달러의 연 매출을 기록했다.[10] 1996년 3월 공동 창업자인 데이비드 패커드가 사망한 이후 1990년대 후반에는 경제 위기를 겪었고 2002년에는 CEO였던 칼리 피오리나Carly Fiorina의 주도 하에 컴팩Compaq과의 합병과 대규모 정리 해고를 겪으며 사실상 하강 국면으로 접어들었다. HP는 2015년 11월 컴퓨터와 프린터 부문을 따로 떼어내 HP Inc.와 HPEHewlett-Packard Enterprise라는 두 개의 회사로 나누었다. 그해 연간 매출은 1390억 달러였고 종업원 수는 31만 5000명이었다.

HP가 창사 50주년을 맞던 1989년 빌과 데이브가 창업한 차고는 '실리콘밸리가 태어난 곳Birthplace of Silicon Valley'이라는 명칭과 함께 캘리포니아주의 역사적 랜드마크California Historical Landmarks 제976호로 지정됐다.[11] 2000년 HP는 개인 소유였던 이 차고와 건물을 사들여 보수한 뒤 박물관으로 만들었고 2007년 미국 연방정부는 이곳을 역사적 장소National Register of Historic Places로 지정했다.[12]

차고 앞에 세워진 팻말에는 이런 문구가 새겨져 있다.

"이 차고는 세계 최초의 첨단 기술 지역 '실리콘밸리'가 태어난 곳이다. 그 같은 아이디어는 제자들에게 동부에 있는 대기업에 취업하는 대신 이 지역에서 전자 제품 회사를 창업하도록 독려했던 스탠퍼드 대학의 프레더릭(프레드) 터먼 교수로부터 비롯됐다. 그의 조언에 따른 첫 번째 제자들이 바로 1938년 이 차고에서 자신들의 첫 번째 제품인 음향 발진기를 만들었던 윌리엄 휼렛과 데이비드 패커드였다."[13]

학습 장애를 집중력으로 바꾼 휼렛

휼렛과 패커드는 어떤 사람들이었을까. 둘은 틈만 나면 산과 강을 누비며 사냥과 낚시를 했고, 무선 라디오에 푹 빠져 있던 소년이었다는 공통점이 있었지만 성장 배경과 스탠퍼드 대학까지 오는 과정은 무척 달랐다.

빌 휼렛은 공부와 운동을 모두 잘하고 리더십 있는, 이른바 미국에서 인정받는 엘리트가 아니었다. 그가 스탠퍼드 대학에 입학한 것은 주로 아버지 덕택이었다. 그는 1913년 5월 미국 중서부 미시간주 앤아버에서 유명한 외과 의사이자 미시간 의대 교수였던 앨비언 월터 휼렛Albion Walter Hewlett의 아들로 태어났다. 세 살 되던 해에 아버지가 스탠퍼드 의대 학장직을 받아들이면서 가족이 샌프란시스코로 이사했다. 현재 스탠퍼드 의대는 팰로앨토의 대학 캠퍼스 안에 있지만 당시에는 팰로앨토에서 자동차로 한 시간 거리인 샌프란시스코 북쪽에 있었다.

지금도 그렇지만 그가 자랄 때도 샌프란시스코는 활기 찬 도시였다. 그가 이사해온 1916년은 샌프란시스코 대지진의 상처도 어느 정도 아물었을 때였다. 샌프란시스코 시내에 개인 도서관을 소유하고 문인들과 교류했던 그의 어머니는 시내 중심가나 바다 건너 UC버클리에서 열리는 각종 문화 공연과 행사에 아들을 데리고 다녔다. 아버지는 샌프란시스코에 있던 의대 사무실이나 팰로앨토의 스탠퍼드 대학 캠퍼스에 그를 데리고 다녔다.[14]

빌은 어린 시절 싸움에 수시로 휘말리는 말썽쟁이였다. 한번은 잉크를 뒤집어쓴 채 집에 돌아오기도 했다. 금속 문손잡이에 폭약을 채워 넣은 사제 폭탄을 만들었다가 죽을 뻔한 적도 있었다. 10대 때는 유럽 여행을 갔다가 오스트리아에서 권총을 사와 집 지하실에서 연습하다가 보일러에 구멍을 내기도 했다.

어쨌든 그는 유복한 소년 시절을 보냈다. 그러다 1925년 11월 아버지가 갑작스럽게 암으로 세상을 떠났다. 빌 휼렛은 12세, 아버지는 50세였다. 경제적 타격은 없었지만 정서적으론 커다란 충격이었다. 할머니는 가족의 상처를 추스르기 위해 가족을 이끌고 유럽으로 건너갔다.[15] 그의 가족은 15개월 동안 유럽에 머물렀다. 빌의 네 살 위 누나 루이즈Louise Hewlett를 파리에 있는 학교에 다니게 한 것을 보면 주로 파리에 머물며 주변 국가들로 여행을 다녔던 것으로 보인다.

빌의 할머니와 어머니는 유럽에 머무는 동안 빌을 학교에 보내지 않고 집에서 직접 가르쳤다. 빌에게는 공부와 관련해 남모르는 고통이 있었다. 그는 수업 시간에 노트 필기를 할 때마다 어려움을 겪었다. 나중에 고등학교 시절에도 수학, 물리, 화학 같은 과목에서는 빼어난 성적을 보였지만 영어와 역사 같은 과목에서는 좋은 성적을 얻지 못했다. 시간이 한참 흐른 뒤에야 그에게 난독증이 있다는 사실이 드러났다.[16] 당시에는 의사도 난독증이 정확히 어떤 증상인지 모를 때였기 때문에 할머니와 어머니가 보기에 빌은 단순히 책을 읽고 이해하는 것이 느린 아이였다. 빠른 속도로 책을 읽지 못한 대신 그는 수업 시간에 단 한마디도 놓치지 않기 위해 귀를 기울이며 대단한 집중력을 갖게 됐다고 한다.

빌은 1년 3개월의 유럽 여행에서 돌아와 샌프란시스코의 명문 로웰 고등학교에 입학했다. 빌은 실험하고 만들기를 좋아하는 학생이었다. 간단한 라디오를 조립하기도 하고, 고주파 변압기인 테슬라 코일Tesla coil 을 만들기도 했다. 수학 성적은 매우 뛰어났다. 몇몇 친구들과 함께 수학 교사를 찾아가 당시 고교 과정엔 포함되지 않았던 미적분을 배웠을 정도였다고 한다. 그러나 전체적인 성적은 스탠퍼드 대학에 들어갈 정도는 못 되었다. 책 읽기가 힘들었으니 모든 과목에서 좋은 성적을 받기는 어려웠을 것이다.

빌 휼렛은 자서전이나 회고록 등을 남기지 않아 그의 어린 시절에 대한 이야기는 친구이자 동업자인 데이브 패커드가 남긴 기록에 주로 의존한다. 데이브가 빌에게 들은 대학 입학 뒷이야기는 이렇다.

"고등학교를 졸업할 무렵, 빌 역시 다른 친구들과 마찬가지로 교장 선생님에게 대학 입학 추천서를 써달라고 부탁했다. 교장 선생님은 빌의 어머니를 불러 '아드님이 스탠퍼드 대학에 가고 싶다고 하는데, 추천해줄 만한 성적이 아닙니다. 왜 스탠퍼드 대학에 가고 싶어 하는 거죠?'라고 물었다. 그러자 빌의 어머니는 '아버지가 그곳에서 학생들을 가르쳤습니다'라고 대답했다. 그러자 교장 선생님의 표정이 환해지며 '빌의 아버지가 앨비언 월터 휼렛인가요?'라고 물었다. 어머니가 그렇다고 대답하자 교장 선생님은 '그는 내가 가르친 가장 훌륭한 학생이었습니다'라고 말했다. 빌은 그렇게 스탠퍼드 대학에 입학했다. 빌은 자신이 추천서를 받은 다음 해에 교장 선생님이 은퇴했다면서 '(교장 선생님이 은퇴하기 전에 추천서를 받아) 간신히 입학했다'고 덧붙였다."[17]

빌 휼렛은 HP에서도 주로 듣는 역할을 했다. 묵묵하게 제품 개발을 이끌면서 엔지니어들이 편안하게 일할 수 있는 환경을 만들었다. HP가 창업 초창기에는 값비싼 공구를 누군가 훔쳐갈까 봐 휴일이나 퇴근 시간 이후에는 작업실 문을 잠갔다고 한다. 하지만 휼렛은 직원들이 아무 때나 편하게 공구를 이용할 수 있도록 작업실 문을 늘 열어두게 했다.

공부도 운동도 잘했던 리더, 패커드

데이브 패커드는 1912년 9월 콜로라도주의 광업 도시 푸에블로에서 변호사인 아버지와 고등학교 교사인 어머니 사이에서 태어났다. 3년 뒤 여동생 앤 루이즈Ann Louise가 태어났다. 제철소와 주물공장이 즐비한 푸에블로에는 외부에서 일자리를 찾아온 노동자들이 많았다. 술집과 사창가, 불량배들이 많았고 주먹질과 총격이 드물지 않은 거친 동네였다.

그는 집 밖에 펼쳐진 초원을 누비며 자연 속에서 뛰어노는 걸 좋아하는 아이였다. 빌 역시 숲과 강에서 노는 것을 좋아했다니 둘은 기질적으로도 잘 맞았던 모양이다. 폭약으로 장난을 치다가 사고를 친 것도 비슷하다. 동파이프에 폭약을 넣고 파이프 한쪽 끝을 망치로 두드려 막으려다가 폭약이 터지는 바람에 평생 왼손 엄지손가락이 휘어진 채 살아야 했다.[18]

데이브는 당시 소년들 사이에 인기가 많았던 라디오 조립도 좋아했다. 고등학교에 입학할 즈음엔 콜로라도의 중심 도시 덴버에서 열린 무선통신 대회에 나갈 만큼 실력자가 됐다. 그는 센테니얼 고등학교에 입학해서 졸업할 때까지 내내 학생 회장을 했다. 데이브 패커드는 모든 과목에서 최고로 불릴 만큼 공부를 잘했고 운동에도 뛰어난 재능을 보였다.

그는 1929년 여름방학 때, 어머니의 대학 친구가 사는 팰로앨토에 놀러 갔다가 스탠퍼드 대학에 입학할 결심을 하게 되었다. 당시 스탠퍼드 대학에 다니던 어머니 친구의 딸이 데이브에게 유럽풍 건축 양식으로 지어진 대학 캠퍼스를 구경시켜줬다.

"당시 나는 스탠퍼드 대학에 대해 아무것도 알지 못했지만 그날 방문에서 굉장한 감명을 받았다. 그리고 스탠퍼드 대학 전기공학과가 우수하다는 것을 알게 됐다."[19]

게다가 스탠퍼드 대학을 포함한 팰로앨토 주변은 1년 내내 크게 덥지도 춥지도 않은 데다 겨울에나 비가 조금 내릴 뿐, 거의 맑은 날씨가 이어진다. 추운 콜로라도 산악 지대에서 자란 그에게 이런 기후가 인상적이었을 것이다.

비슷한 수준의 명문 대학이라면 날씨가 좋은 곳에 있는 대학에 가고 싶은 것이 인지상정이다. 콜로라도주 육상 대회에서 높이뛰기, 멀리뛰기, 장애물 달리기 등에서 우승하고 주 농구 대회에서는 최우수 센터로 뽑힐 만큼 운동까지 잘했던 데이브 패커드. 미국에서는 지금도 운동을 잘하면 대학 입학이 훨씬 유리한데, 데이브 정도의 학업 성적과 운동 경력이라면 어느 학교에든 입학할 수 있었을 것이다. 그래서 그가 전기 공학 분야가 우수한 콜로라도 대학을 놔두고, 서쪽으로 2000킬로미터 떨어진 스탠퍼드 대학에 진학한 이유 중 하나가 날씨였다고 말하는 것도 허무맹랑한 소리는 아니다. 데이브와 빌의 스승이자 멘토였던 프레드 터먼 교수도 지병인 결핵 치료를 위해 MIT가 아닌 스탠퍼드 대학 강단에 서기로 했으니 그들이 만난 건 날씨 덕이기도 했다.

데이브 패커드는 HP를 이끌어가는 리더였다. 빌 휴렛과 의논하며 부서 간, 직원 간의 의사소통을 원활하게 이끈 것도 그였다. 금요일 맥주 파티와 평상복 근무에 주도적이었던 사람도 그였다. 190센티미터가 넘는 훤칠한 키의 미남자이자 외향적인 성격이었던 그는 사람들 앞에 거의 나서지 않았던 친구 빌을 대신해 HP의 대외 활동을 도맡았다. 둘의 업무 분담은 각자의 성격과 특장점에 맞게 황금 비율로 이뤄졌다.

HP가 실리콘밸리에 뿌린 씨앗

HP의 창업은 단순히 세계적인 기업 하나가 팰로앨토에서 생겨나 팰로앨토를 실리콘밸리의 중심지로 성장시킨 것 이상의 의미를 지녔다. HP는 거래 관계에 있던 주변 기업들이 성장하는 토양을 제공했을 뿐만 아니라 실리콘밸리 기업의 전형을 만들었다.

먼저 HP는 이후 실리콘밸리를 중심으로 하는 수많은 차고 창업에 선례를 제공했다. 사실 일반 주택의 차고를 사업장으로 이용하는 것은 현

복원된 HP 차고 내부의 음향 발진기 시제품. 휼렛과 패커드는 1939년 자본금 538달러를 갖고 차고 창업에 뛰어들었다. '실리콘밸리의 발상지'로 불리는 팰로앨토의 차고는 2005년에 과거 모습으로 복원되어 보존하고 있다. (©Brian Solis / flickr)

행법 위반으로, 적발되면 벌금을 물어야 한다. 어쨌든 HP 이후 애플의 공동 창업자 스티브 잡스와 스티브 워즈니악이 차고에서 사업을 시작했다.

그뿐 아니었다. 구글의 공동 창업자 세르게이 브린Sergey Brin과 래리 페이지Larry Page 역시 첫 출발은 기숙사였지만 곧바로 학교(스탠퍼드 대학) 근처의 집에 세를 들었고 그 집 차고에서 일했다. 구글 창업자들에게 세를 내준 집주인은 당시 인텔에서 마케팅 업무를 하던 수잔 워치츠키였다. 그녀는 얼마 뒤 구글 최초의 마케팅 매니저로 합류했고 나중에 유튜브 최고 경영자가 됐다. 1998년 겨울을 차고에서 보낸 두 사람은 5개월 만에 팰로앨토 중심가 유니버시티애비뉴에 사무실을 얻었다. 오늘날 글로벌 기업으로 성장한 구글은 마치 2000년에 HP가 차고와 주택을 사들인 것처럼 2006년 창업자들의 작업장이었던 차고와 건물을 사들였다.[20]

사실 차고 창업으로만 따지면 1923년 월트 디즈니가 로스앤젤레스의 삼촌 차고를 영화 스튜디오로 사용한 것이 먼저다.[21] 1903년 오토바이 회사 할리 데이비슨이 차고는 아니지만 창고에서 창업한 선례도 있다.[22] 그렇지만 HP의 차고 창업은 실리콘밸리 차고 창업의 대표적인 선례라는 점에서 의미가 있다. 기술 기업이 창업 초기에 제품을 개발·생산·판매하는 것부터 추후에 투자를 받는 것까지 창업자가 회사를 키워가는 방식을 보여줬기 때문이다.

예컨대 휼렛과 패커드는 차고에서 제품(음향 발진기)을 조립한 뒤 제품 표면에 금속을 잘라 붙이고 페인트를 칠해 말렸다. 이때 그들은 돈을 아끼기 위해 공업용 건조기 대신 패커드의 주방에 있던 오븐을 사용했다. 사업이 커지면서 차고에서 3킬로미터쯤 떨어진 팰로앨토의 한 건물에 세를 얻은 뒤에도 한동안 패커드의 오븐을 사용했을 정도였다.[23]

HP는 실리콘밸리라는 지역사회에 많은 공헌을 한 것으로도 알려져 있다. 회사 차원에서, 또 창업자 개인 차원에서 어린이 병원을 세우고, 스탠퍼드 대학에 거액을 기부하고, 지역의 명소이자 해양생물 연구의 거점인 아쿠아리움을 건립했다. 실리콘밸리의 과학 꿈나무들에 대한 지원도 빠뜨릴 수 없다. HP는 애플의 스티브 잡스와도 인연이 있었다.

도넛형인 애플의 새로운 캠퍼스(본사)는 '거대한 우주선'으로 불린다. 잡스가 기존의 애플 캠퍼스 근처에 새 우주선 캠퍼스를 지은 것은 HP와의 인연 때문이었다. 그는 어려서부터 HP라는 기업을 존경해왔다. 어린 시절 옆집 엔지니어 아저씨에게 마이크를 비롯해 각종 전자 기기를 얻기도 하고 작동 원리를 배우기도 했던 잡스는 그의 권유로 HP에서 청소년을 대상으로 운영하던 '탐험가 클럽Explorers Club'에 가입했다. 이 클럽의 회원들은 화요일 밤 회사 카페테리아에 모여 다양한 전자 기기를 조립했다.

잡스는 세상을 떠나기 4개월 전인 2011년 6월 7일 쿠퍼티노 시의회에 출석해 자신의 숙원 사업인 '우주선 캠퍼스'를 현재 위치에 지을 수 있게 도와달라며 HP와의 인연을 털어놨다. 그가 사들인 새 캠퍼스 부지는 바로 HP 공장이 있던 땅이었다.

"우리는 기존 캠퍼스 외에 새로운 캠퍼스가 필요합니다. 그리고 여기 쿠퍼티노에 머물기 위해 계획을 세우고 땅을 사들였습니다. 저에게 이 땅은 특별합니다. 저는 13세에 (HP 공동 창업자) 빌 휼렛에게 전화했습니다. 당시 그는 팰로앨토에 살았고, 그때만 해도 전화번호부에 모든 사람의 전화번호가 나와 있었죠. 저는 그에게 (HP 탐험가 클럽의 프로젝트로) '주파수 측정기Frequency Counter를 만들고 있는데 부품을 좀 얻을 수 없겠느냐'고 물었습니다. 그는 도와주겠다고 했습니다.

그뿐만이 아니었습니다. 그는 제게 부품보다 훨씬 중요한 것, 바로 일자리를 주었습니다. 그해 여름방학에 바로 이 동네에 있는 HP의 주파수 측정기 부문에서 일하게 해준 것입니다. 천국에 온 것처럼 얼마나 기뻤는지 모릅니다. 바로 그 시점에 휼렛과 패커드는 이곳 쿠퍼티노의 땅을 사들여 컴퓨터 시스템 부문 공장을 지었습니다. 그런데 최근에 HP가 위축되면서 그 부지를 팔았고, 우리가 그것을 사들였습니다. 그리고 예전에 살구 과수원이 있던 주변 부지도 사들였습니다. 우리는 그 부지에 새로운 캠퍼스를 지으려고 합니다."[24]

2001년 1월 13일 빌 휼렛이 사망했을 때, 잡스는 다음과 같이 애도했다.

"(휼렛과 패커드) 그들은 최초의 실리콘밸리 회사를 만들었다. 1996년 데이비드 패커드가 사망하면서 한 시대가 저물기 시작했고 오늘로서 그 시대는 끝나버렸다."[25]

잡스의 동업자 워즈니악도 HP와 인연이 깊다. 그는 UC버클리 3학년을 마친 뒤 HP에 입사했다. 컴퓨터가 아니라 전자계산기를 설계하는 일이었지만 그는 HP가 꿈의 직장이었다고 회고한다. 대학 시절 처음으로 돈을 모아 샀던 값비싼 물건이 400달러(현재 가치로는 3000달러 정도)짜리 HP 계산기였는데, 그런 계산기를 만드는 기술 기업에서 일하게 된 것이 영광이었다는 것이다. 또 엔지니어를 우대하여 평생 관리자가 되지 않고 엔지니어로만 근무하게 해주는 회사였기 때문에 나중에 잡스가 애플을 창업하면서 HP를 사직하라고 재촉했을 때도 한참을 망설였다고 한다.[26]

스탠퍼드 대학에서 한 시간 남짓 꼬불꼬불한 산길을 자동차로 달리면 실리콘밸리 주민들이 사랑하는 레드우드(미국삼나무) 숲 리틀베이슨이 나타난다. 동네 근처에서 가족 단위 캠핑을 즐길 수 있는 곳이다. 이곳에는 2층 침대가 두 개씩 구비된 통나무집 12채, 야영할 수 있는 캠핑장 38곳, 수백 명이 텐트를 칠 수 있는 그룹 캠핑장이 있다. 낚시를 할 수 있는 호수도 있고 야구장, 배구장도 있다. 겨울을 제외하면 주말이나 휴일에는 예약이 거의 꽉 차 있다. 전체 면적이 여의도 면적(2.9제곱킬로미터)의 3분의 2 정도인 2.1제곱킬로미터로 아침저녁이면 텐트 근처에서 사슴 가족이 산책을 즐기기도 한다.

인접한 빅베이슨 레드우드 주립공원에 속하는 이곳은 2011년 여름에야 일반에 개방됐다. 그전까지 40여 년간 리틀베이슨은 주립공원의 일부가 아니라 어느 회사의 휴양지였다.[27] 회사에서 야유회를 오고 직원 가족들이 캠핑을 하는 장소였다. 야유회를 하면 회사의 창업자들이 앞치마를 두르고 스테이크를 구우며 직원들과 맥주를 마시곤 했다. 앞치마를 둘렀던 창업자들은 바로 휼렛과 패커드였다. 실리콘밸리의 탄생을 알린 HP의 명성은 예전 같지 않지만 그들이 남긴 유산은 여전히 실리콘밸리에 살아 숨 쉬고 있다. 주민들이 사랑하는 숲속에도, 청바지에 티셔츠 차림으로 회사에서 CEO와 함께 맥주를 마시는 사람들 속에도, 어느 집 차고에서 창업을 준비하는 청년들 속에도.

캘리포니아의 역사적 랜드마크

캘리포니아 주정부는 역사적으로 기념할 만한 건물과 장소 등을 '캘리포니아주의 역사적 랜드마크'로 선정한다. 현재 그 수는 1000개가 넘는다. 그중에는 그야말로 '역사적인 랜드마크'도 있고 '역사와 관련된 랜드마크'도 있다. 넓은 의미에서 역사와 관련된 건물이나 장소 등이 선정되었다고 보면 되겠다. 미국 역사상 중요한 건물과 장소 등을 선정하는 연방정부 차원의 역사적 랜드마크^{National Historic Landmarks}와는 성격이 조금 다르다. 그렇기 때문에 영어 단어도 '역사의', '역사에 바탕을 둔'이란 의미의 '히스토리컬^{historical}'과 '역사적으로 유명한', '역사적으로 중요한'이란 의미가 강한 '히스토릭^{historic}'으로 나뉘었을 것이다. 연방정부의 역사적 랜드마크는 현재 2500개가 넘는다.

1932년 6월 캘리포니아주의 역사적 랜드마크 제1호로 지정된 곳은 아름다운 해안 도시 몬터레이에 있는 세관이었다. 이 세관은 1846년 7월 미 해군 장교가 처음으로 성조기를 게양하면서 이전까지 멕시코 통치를 받았던 캘리포니아가 이제 미합중국의 일원이라고 선언한 장소였다. 캘리포니아는 과거 스페인에 이어 멕시코의 지배를 받았었다. 그런가 하면 팰로앨토의 휼렛 패커드 차고^{HP Garage}는 '실리콘밸리가 태어난 곳'이란 이름과 함께

1989년 5월 제976호 랜드마크로 지정되었다. 훗날 인텔을 공동 창업하는 로버트 노이스가 1959년 최초의 상업용 집적회로를 발명한 팰로앨토의 페어차일드 반도체 부지는 1991년 5월 제1000호 랜드마크의 영예를 얻었다.

캘리포니아 주정부가 지정했든, 미국 연방정부가 지정했든 역사적 랜드마크는 미국 사회에서 커다란 의미를 지닌다. 미국이란 국가의 역사가 길지 않아 역사에 대한 애착이 강한 것이 아니냐는 생각도 든다. 주변에는 시간이 날 때마다 이런 곳을 찾아다니는 여행자들도 종종 눈에 띈다. 캘리포니아 주정부의 역사보전사무소Office of Historic Preservation, 연방 내무부 산하의 국립공원관리청National Parks Service 웹사이트에 가면 관련 정보를 볼 수 있다.

• 캘리포니아주 역사보전사무소 : http://ohp.parks.ca.gov/?page_id=21387
• 국립공원관리청 : https://www.nps.gov/nhl/

2장

실패한 기업가 쇼클리, 실리콘밸리에 주춧돌을 놓다

1971년 1월 11일 〈일렉트로닉 뉴스Electronic News〉에 "실리콘밸리 유에스에이Silicon Valley U.S.A."라는 제목의 기사가 실렸다. 〈일렉트로닉 뉴스〉는 당시 샌타클래라밸리(팰로앨토, 마운틴뷰, 서니베일 등 대부분의 실리콘밸리 도시들을 포함하는 지역을 일컫던 말) 일대의 기업 리더들이 빼놓지 않고 구독하는 인기 주간지였다. 그들은 매주 월요일에 배달되는 이 주간지를 읽고 나서야 하루 일과를 시작했다고 한다.

그런데 이날 기사는 실리콘밸리 역사에서 빼놓을 수 없는 기록으로 남게 된다. '실리콘밸리'라는 표현이 매체에 처음 등장한 기사였기 때문이다. 〈일렉트로닉 뉴스〉의 칼럼니스트였던 돈 호플러Don Hoefler는 3부작 기획 기사의 1편에서 1960년대 급성장한 샌타클래라밸리의 반도체 산업을 다루면서 반도체의 핵심 소재인 실리콘에 빗대어 이 지역을 실리

콘밸리라고 불렀다.[1]

호플러가 실리콘밸리라는 말을 스스로 만들어낸 것은 아닌 듯하다. 기업가 친구에게 들었다는 이야기도 있고, 반도체 업계의 마케팅 담당자와 점심을 먹다가 들었다는 설도 있다. 당시 반도체 제품을 사기 위해 미국 동부에서 뻔질나게 이곳을 방문하던 기업 구매 담당자들 사이에서는 실리콘 반도체를 생산하는 샌타클래라밸리를 실리콘밸리라고 부르는 것이 일반적이었다는 이야기도 있다. 어찌 됐든 그가 이 명칭을 사용하기 전인 1960년대부터 업계에서는 이미 실리콘밸리라는 애칭이 사용되었던 것은 확실하다.

'역사적인' 기사는 다음과 같이 시작한다.

"이야기는 1947년 12월 23일 시작됐다. 그날은 뉴저지주 머리힐(뉴욕시 맨해튼에서 서쪽으로 50킬로미터가량 떨어진 도시)의 벨 연구소에서 세 명의 뛰어난 과학자 존 바딘John Bardeen, 월터 브래튼Walter Brattain, 그리고 윌리엄 쇼클리William Shockley 박사가 최초로 트랜지스터를 시연한 날이었다. 게르마늄 소재에 뾰족한 침으로 연결되는 광석 검파기(라디오 등에서 수신한 전파 중 원하는 주파수를 가려내는 장치)처럼 보이는 장치였다. 1956년 세 발명가는 그 공로를 인정받아 노벨물리학상을 수상했다. 하지만 세 사람 중 쇼클리 박사만이 트랜지스터를 상용화할 생각을 갖고 있었다. 샌프란시스코 실리콘 (산업 및 실리콘밸리) 스토리는 바로 쇼클리에게서 시작된다."[2]

트랜지스터를 발명한 천재 과학자

HP가 실리콘밸리라는 공동체의 시작을 알렸다면 쇼클리가 창업한 쇼클리 반도체 연구소^{Shockley Semiconductor Laboratory}는 산타클래라밸리에 실리콘밸리라는 새로운 명칭을 붙여준 반도체 산업의 시작을 의미했다. 사실 HP가 등장하기 이전인 1910~40년 샌프란시스코베이 지역에는 무선통신과 TV, 그리고 군사용 전자 기기 산업이 자라고 있었다. 그런 기반 위에 HP가 등장하고, 제2차 세계대전 이후 인력이 유입되면서 반도체 산업이 성장했다.[3] 그리고 쇼클리가 바로 실리콘밸리에 반도체, 정확히는 실리콘 반도체를 들여온 인물이었다.

호플러의 기사에 소개된 것처럼 쇼클리는 벨 연구소에서 다른 두 명의 과학자와 함께 트랜지스터를 발명했다. 사실 1947년 12월 최초의 트랜지스터인 '점접촉 트랜지스터'를 발명한 건 쇼클리가 아니라 그가 팀장으로 있던 연구팀의 바딘과 브래튼이었다. 1948년 초 충격에 약한 점접촉 트랜지스터의 단점을 보완한 '접합 트랜지스터'를 개발한 주인공이 쇼클리였다. 쇼클리가 고안한 접합 트랜지스터는 이후 여러 기업이 만드는 트랜지스터 제품의 표본이 됐다. 1956년 바딘, 브래튼, 쇼클리가 노벨물리학상을 공동 수상한 것을 보면 트랜지스터를 세 명의 합작품이라고 불러도 큰 무리는 없을 듯하다.[4]

트랜지스터가 얼마나 대단한 물건이기에 노벨상까지 받게 됐을까. 트랜지스터는 진공관을 대체함으로써 세상을 변혁한 물건이다. 진공관은 텔레비전이나 라디오 등에 들어가 전기신호를 증폭하거나 전류의 흐름을 제어하는 스위치 기능의 부품이다.

1956년 '접합 트랜지스터' 개발로 노벨물리학상을 공동 수상한 벨 연구소 삼총사(왼쪽에서부터 존 바딘, 윌리엄 쇼클리, 월터 브래튼). 1947년 최초의 트랜지스터인 '점접촉 트랜지스터' 개발에 성공한 뒤 셋은 특허권 등록 문제로 갈등을 겪는다. 논쟁 끝에 특허권은 바딘과 브래튼만 이름을 올렸고, 이를 계기로 두 사람과 쇼클리는 각자의 길을 걷게 된다. (Public domain / Wikimedia)

그런데 유리로 만든 진공관은 쉽게 뜨거워지고 고장도 많이 났고 부피도 컸다. 거기다 전력 소모도 심했다. 그런 진공관을 크기가 작고 전력 소비가 적으며 성능은 뛰어나고 가격도 저렴한 트랜지스터가 대체했다. 트랜지스터는 처음에는 게르마늄 소재로 만들어지다가 나중에는 게르마늄보다 훨씬 값이 싸고 효율이 높은 실리콘으로 제작되면서 본격적인 대량생산 시대가 열렸다.[5]

우리가 매일 사용하는 컴퓨터, 휴대전화, TV, 라디오 같은 전자 기기엔 모두 트랜지스터가 들어간다. 트랜지스터 덕분에 전자 기기가 소형화되었다. 초창기 컴퓨터의 대명사 에니악[ENIAC]만 봐도 알 수 있다. 트랜지스터가 없던 시절(1943~5년) 1만 8000개의 진공관이 들어간 에니악은 길이만 25미터에 무게는 30톤이나 나가는 빌딩 같은 컴퓨터였다.[6]

트랜지스터가 없었다면 실리콘밸리도 없었을 것이라는 말이 나오는 것은 바로 이런 이유 때문이다. 실리콘밸리에 '실리콘'이라는 말이 붙은 것은 실리콘 트랜지스터를 기반으로 반도체 산업이 성장하고 이를 기반으로 컴퓨터와 인터넷 등의 첨단 기술 산업이 발전했기 때문이다. 실리콘 트랜지스터를 만들기 위해 지금의 실리콘밸리 지역에서 처음으로 창업한 인물이 바로 쇼클리다. 그와 함께 노벨상을 공동 수상한 바딘과 브래튼은 벨 연구소를 떠나 대학 강단에 섰다. 특히 일리노이 대학 교수로 자리를 옮긴 바딘은 1972년 초전도 연구로 다시 한 번 노벨물리학상을 수상했다.[7]

실리콘을 들고 팰로앨토로 돌아오다

1955년 여름 쇼클리는 벨 연구소에 사표를 냈다. 벨 연구소는 그가 MIT에서 박사 학위를 받자마자 채용돼 20년 동안 근무한 직장이었다. 과학자나 엔지니어라면 누구나 선망하는 직장을 그만둔 중요한 이유는 상대적 박탈감이었다. 벨 연구소의 모기업인 AT&T는 직원들이 재직 중에 개발한 기술의 특허는 회사에 귀속된다는 계약을 하고 계약금으로 1달러를 줬다고 한다. 아무리 대단한 발명을 하고 기술을 개발해도 그 특허가 회사에 귀속되는 상황이었던 것이다. 쇼클리도 접합 트랜지스터의 특허를 냈지만 돈을 버는 것은 회사에 특허 기술 사용료를 내고

제품을 만들어 파는 기업들이었다.[8]

승진을 시켜주지 않는 것에 대한 불만도 커졌다. 제2차 세계대전과 한국전쟁 중에는 국방부의 무기 연구 프로젝트에 차출되고 국방부 기술고문으로 임명될 만큼 연구소 안팎에서 실력을 인정받고 있었지만 거만하게 남을 무시하고, 대놓고 비난하고, 버럭버럭 화를 내는 성격이 문제였다. 그런 성격 탓에 쇼클리와 함께 일하려는 연구자를 찾아보기 힘들었고, 연구소 측도 그의 눈치는 보면서도 승진과 처우에는 신경 써주지 않았던 것이다. 그가 창업할 당시 벨 연구소에서는 단 한 명도 합류하지 않은 것 또한 이런 이유 때문이었다. 쇼클리의 창업에 동참한 젊은 인재들은 그의 명성은 알았으나 악명은 몰랐던 사람들이다.[9]

회사를 그만둘 때 쇼클리의 창업 의지는 불타고 있었다. 퓰리처상을 받은 과학 전문 저술가인 조엘 셔킨Joel Shurkin은 쇼클리 전기에서 그가 얼마나 창업의 꿈에 부풀어 있었는지 보여주는 사례를 소개한다.

쇼클리는 당시 연인이었던 에미 래닝Emmy Lanning에게 편지를 보냈다(쇼클리는 1933년 첫 번째 부인 진 베일리Jean Bailey와 결혼해 2남 1녀를 두었지만 1955년 8월경 이혼하고 같은 해 11월 래닝과 재혼했다). "나는 남들보다 머리가 좋고 정력적이며 대부분의 사람들보다 대중을 잘 이해하기 때문에 반드시 성공할 것으로 확신하오." 그는 어머니에게 보낸 편지에서는 "많은 사람이 앞으로 2년 동안 50만 달러(2017년 가치로 환산하면 대략 50억 원) 이상을 제게 투자하려고 한답니다"라고 자랑하기도 했다.[10]

1955년 여름 사표를 내고, 실제로 회사를 창업하기까지 1년 정도가 걸렸다. 캘리포니아 공과대학Caltech 동문이자 산업용 기기 회사를 창업한 화학 박사 출신의 기업가 아널드 베크만Arnold Beckman이 자금을 대기로 했다(쇼클리는 고등학교 졸업 후 UCLA에 입학했다가 캘리포니아 공대에 편입했다). 베크만 회사의 독립된 자회사로 창업하기로 하고 필요한 자금을 지원받았던 것이다.[11]

1956년 쇼클리 반도체 연구소가 설립된 곳은 현재 구글의 도시로 유명한 마운틴뷰였다. 고향 팰로앨토와 스탠퍼드 대학에 가까운 곳이었다. 자금을 지원한 베크만은 자신의 회사 본사가 있는 로스앤젤레스 주변에서 창업하기를 바랐지만 쇼클리는 이런저런 이유를 들어 팰로앨토 주변을 고집했다.

쇼클리가 실리콘밸리에서 창업한 이유는 복합적이었다. 일단 팰로앨토는 어머니가 살고 있는 고향이었다. 쇼클리는 1910년 2월 MIT 출신의 광산 엔지니어였던 52세의 아버지와 스탠퍼드 대학에서 수학과 미술을 전공하고 광산 측량사로 일하던 30세의 어머니 사이에서 태어났다. 네바다주의 한 광산에서 만난 두 사람은 결혼 후 직장 때문에 런던으로 갔다가 쇼클리가 세 살 되던 해에 팰로앨토로 이주했다. 팰로앨토는 쇼클리의 외할머니와 친척들이 살던 곳이자 어머니의 모교 스탠퍼드 대학이 있는 곳이기도 했다. 쇼클리는 고등학교 입학 전까지 대부분의 어린 시절을 팰로앨토에서 보냈기 때문에 그곳이 사실상의 고향이었다(고등학교는 로스앤젤레스에서 다녔다).[12]

스탠퍼드 공대 프레드 터먼 교수의 적극적인 권유도 있었다. 터먼의 전기 작가인 웨슬리안 대학의 스튜어트 길모어Stuart Gilmore 교수(역사학)는 이렇게 설명한다.

"터먼은 1954년부터 쇼클리와 트랜지스터 분야의 연구 계획을 논의했다. 쇼클리와 마찬가지로 팰로앨토에서 자란 터먼은 수년간 그와 알고 지냈다. 쇼클리가 벨 연구소를 그만두고 샌프란시스코베이로 돌아와 트랜지스터 회사를 창업하기까지 터먼이 중추적인 역할을 했다."[13]

1955년 쇼클리를 스탠퍼드 공대 강사로 임명하고 1963년 교수로 채용한 것도 터먼이었다. 쇼클리가 팰로앨토로 돌아온 이유 가운데는 '학교 근처에서 창업하면 서로 협력할 수 있고, 내가 여러 가지 편의도 제공하겠다'고 설득한 터먼 교수가 있었다는 이야기다.

팰로앨토 주변 지역은 '제2차 세계대전의 혜택'을 받고 있기도 했다. 일단 전후 베이비붐 덕분에 유럽을 중심으로 한 전자 제품 수요가 늘면서 HP를 비롯한 실리콘밸리 기업들의 매출이 증가하고 있었다. 특히 제2차 세계대전 당시 샌프란시스코 항을 거쳐 참전했던 100만 명 이상의 청년 상당수가 온화한 기후에 첨단 산업이 성장하기 시작하던 샌프란시스코 일대로 돌아와 정착했다. 전쟁 중에 무기와 전자 장비를 다루며 기술을 익힌 청년들이 실리콘밸리 노동력이 된 것이다.[14]

많은 이주민이 로스앤젤레스를 중심으로 하는 남부 캘리포니아의 항공 산업에서 일자리를 찾았지만 그에 못지않게 많은 사람들이 샌프란시스코베이 지역으로 왔다. 팰로앨토에서 조금 떨어진 서니베일에 록히드 Lockheed의 미사일 우주 항공 부문이 들어서고, IBM을 비롯한 동부의 기업들이 점차 연구소와 생산 시설을 세우면서 일자리도 계속 늘어났다.

삼박자를 갖추고도 실패하다

쇼클리의 창업은 성공하기에 좋은 조건들을 두루 갖추고 있었다. 일단 사업에 필요한 기술을 보유하고 있었다. 게르마늄 트랜지스터가 대부분이던 시절에 성능이 뛰어난 실리콘 트랜지스터를 만들어 시장에 내놓겠다는 계획은 성공할 것이 확실해 보였다. 그는 그 분야에서 자타공인 최고의 과학자였기 때문이다. 그는 1956년 4월부터 본격적으로 연구 개발에 나섰고 그해 11월에 노벨상 수상자로 선정됐다(시상식은 12월이었다). 노벨상 수상 전에도 물리학자로서 최고의 상들을 받은 터였다. 명성을 기반으로 창업에 필요한 자금도 손쉽게 조달했다.

인재를 고르는 안목도 뛰어났다. 훗날 인텔을 공동 창업한 로버트 노이스Robert Noyce와 고든 무어Gordon Moore, 실리콘밸리 최고의 벤처 투자사인 클라이너 퍼킨스를 공동 창업한 유진 클라이너Eugene Kleiner 등 뛰어난 인재들을 채용했다. 대학과 연구소, 기업 등의 인재 정보를 모아 직접 전화하거나 공개 강연에서 광고하기도 했고 미국 전역, 필요하면 유럽까지 날아갈 만큼 인재 발굴에 공을 들였다. 그는 사무직과 건물 관리직 같은 소수 직원을 제외하곤 모두 박사 학위를 가진 엔지니어로 뽑았다. 모두 12명 정도였다.[15]

쇼클리 반도체 연구소는 기술력도 있고, 자금도 탄탄하고, 인재들도 모았으니 이제 성공할 일만 남은 듯 보였다. 하지만 쇼클리 반도체 연구소는 불과 1년 6개월 만에 몰락으로 접어들었다. 쇼클리가 총애했던 노이스를 비롯해 핵심 인력 여덟 명이 회사를 나가 창업한 것이었다. 이른바 '8인의 배신자'가 빠져나가면서 쇼클리 반도체 연구소는 제품

하나 제대로 내놓지 못하다가 결국 역사의 뒤안길로 사라지고 말았다 ('8인의 배신자'는 분노한 쇼클리가 한 말이라는 주장도 있지만 회사를 그만둔 여덟 명이 나중에 농담처럼 한 말이라는 주장도 있다).

우선 지나치게 이상적이었던 창업자의 비전이 갈등의 불씨가 됐다. 8인의 배신자였던 고든 무어는 당시를 이렇게 회고한다.

"나는 1년 반 정도 근무했다. 우리는 (당장 시판할 수 있는) 제품을 만들어보려고 했는데, 어느 날 쇼클리가 방향을 바꿔버렸다. 처음 회사에 합류했을 때 쇼클리는 트랜지스터를 만들려고 했다. 그러다 나중에는 (트랜지스터보다 개념이) 좀 더 모호한 (그리고 만들기 어려운) 4층 다이오드라는 것을 만들려고 했다. 우리는 이를 바로잡기 위해 쇼클리에게 갔다. 베크만에게도 갔지만 그는 쇼클리가 보스라며 그에게 맞추라고 했다."[16]

여기에 쇼클리의 괴팍한 경영 방식이 기름을 부었다. 부하 직원을 의심하고 상대의 마음을 헤아리지 않는 이기적인 성격이 갈수록 직원들에게 상처를 줬다.

한번은 노이스가 새로운 연구 성과를 들고 쇼클리를 찾아갔다고 한다. 쇼클리는 과거 동료였던 벨 연구소 연구원에게 전화를 걸어 노이스의 말이 맞는 것 같으냐고 물었다. 쇼클리는 노이스가 분노하여 자리를 떠났다는 것조차 알아차리지 못했다. 노이스는 쇼클리가 가장 아끼는 직원이었는데도 말이다. 그는 새로운 경영 기법을 도입한다면서 모든 직원의 임금을 회사 게시판에 붙였고 정기적으로 직원들이 서로를 평가해 점수를 매기도록 했다. 한번은 누군가 고의로 프로젝트를 방해하

고 있다면서 직원들을 대상으로 거짓말 탐지기 조사를 하기도 했다.[17]

미국의 다른 지역이었다면 직원들이 쇼클리의 이런 기행을 좀 더 참아 넘겼을 가능성도 있다. 특히 대기업이 많은 미국 동부처럼 위계적인 기업 문화가 강한 지역이었다면 그랬을 수도 있다. 그러나 쇼클리 반도체 연구소 주변에는 HP와 같은 기업들이 있었다. 직원을 위한 휴양림을 운영하고, 금요일 오후에는 창업자들이 맥주 파티를 열며, 수평적인 의사소통을 중시하는 기업 문화가 강한 동네에 있었던 것이다. 쇼클리 반도체 연구소 직원들의 상대적 박탈감, 소외감, 불만이 커질 수밖에 없는 환경이었다.

쇼클리의 공헌

8인의 배신자가 쇼클리의 경영 방침에 반기를 들고 사표를 낸 것은 1957년 9월의 어느 날이었다. 쇼클리 반도체 연구소에서 연구 개발 업무가 시작된 시점을 1956년 4월이라고 보면 불과 1년 5개월 만에 회사의 핵심 인력이 빠져나간 것이었다. 12명의 박사 인력 중 여덟 명이 이탈했고, 그중에는 쇼클리가 그렇게도 아꼈다는 노이스도 포함되어 있었다.

이들은 함께 사직서를 던지고 한 달 만에 회사를 창업했다. 아버지가 벤처 투자가였던 유진 클라이너가 투자 회사를 수소문해서 항공 카메라와 산업용 장비를 만드는 기업의 투자를 받아냈다. 그러고는 마치 쇼클리 반도체 연구소가 투자 기업의 독립 자회사로 창업했던 것처럼 해당 기업의 독립 자회사 페어차일드 반도체를 창업했다.

페어차일드 반도체는 IBM에 실리콘 트랜지스터를 납품하는 것을 시작으로 트랜지스터 상용화에 성공했고 집적회로IC를 개발하며 실리콘밸리의 반도체 산업을 발전시켰다. IC는 각종 전자 기기에 빠지지 않고 들어가는 핵심 부품으로 초소형 기판에 트랜지스터와 각종 소형 부품을 조립한 것이다. 예를 들면 컴퓨터의 두뇌 역할을 하는 CPU도 IC의 일종이다.

페어차일드 반도체는 쇼클리의 꿈을 실현시켰다. 페어차일드 반도체 출신들은 실리콘밸리의 쟁쟁한 반도체 회사들을 창업했다. 인텔Intel, 내셔널 반도체National Semiconductor(2011년 텍사스 인스트루먼츠에 인수 합병), AMD 등은 모두 페어차일드 반도체 출신들이 창업한 회사들이다. 페어차일드 반도체 출신들이 창업한 회사가 20~30개(많게는 40개)에 이르는 것을 보면 실리콘밸리 형성에 어느 정도 영향을 미쳤는지 가늠할 수 있다.[18]

어찌 보면 쇼클리 반도체 연구소에 유능한 인재들을 불러 모아 그들을 창업으로 이끈 것이 쇼클리의 진짜 공로일지도 모르겠다.

쇼클리는 회사가 망한 뒤에는 스탠퍼드 대학에서 교수로 일했다. 그는 우생학을 신봉하는 발언으로 끊임없이 논란에 휩싸였고 인종차별주의자라는 거센 비난을 받았다. 전처와 세 자녀와도 사이가 좋지 않아 사실상 인연을 끊고 살았다. 말년에는 전립선암으로 투병하다가 1989년 8월 12일 79세를 일기로 세상을 떠났다. 혼자서 남편의 임종을 지켜본 두 번째 아내는 쇼클리의 유언대로 자녀들에게 아버지의 죽음을 알리지 않고 대신 신문에 부고를 냈다. 자녀들은 신문을 통해 아버지의

죽음을 전해 들었다.[19]

구글 본사에서 멀지 않은 마운틴뷰의 어느 보도 한가운데에는 동판 하나가 깔려 있다. 사람들이 무심코 밟고 다니는 동판에는 이렇게 적혀 있다.

"쇼클리 반도체 연구소

사우스샌안토니오로드 391번지. 이 장소는 과거 쇼클리 반도체 연구소가 있던 곳이다. 1956년 윌리엄 쇼클리 박사는 이 지역에서 최초로 실리콘을 이용한 기기를 연구하고 제조하는 회사를 설립했다. 이곳에 모였던 사람들은 실리콘밸리를 개척한 스타트업 페어차일드 반도체를 만들었고, 최초로 집적회로를 상용화했다. 이곳에서 나온 앞선 연구와 아이디어는 실리콘밸리의 성장과 컴퓨터 산업의 비약적인 발전으로 이어졌다."

윌리엄 쇼클리의 부고

1989년 8월 12일 윌리엄 쇼클리가 세상을 떠나자 언론에 부고가 실렸다. 부고에는 인생의 전반부엔 천재 물리학자이자 실리콘밸리 형성에 기여한 창업가로 살았고 후반부엔 인종차별주의자로서 비난과 논란의 대상이 되었던 그의 생애가 압축됐다. 8월 14일 〈뉴욕타임스〉에 실린 부고는 이렇게 시작되었다.

"트랜지스터 발명에 기여한 공로로 노벨물리학상을 공동 수상했으며, 인종 간에는 유전적 차이가 있다는 주장으로 분노를 불러일으켰던 윌리엄 브래드퍼드 쇼클리가 전립선암으로 캘리포니아 자택에서 숨졌다.

고인은 향년 79세로 스탠퍼드 대학 캠퍼스 내의 자택에 거주해왔다. 고인은 스탠퍼드 대학의 전기공학과 명예교수였으며 많은 강의와 저술 활동을 했다.

하지만 생애 초의 많은 업적은 그가 인종에 대한 주장(우생학)으로 논란에 휘말리면서 그 의미가 퇴색했다. 그는 '퇴보적 진화retrogressive evolution'라는 개념을 주장했다. 그는 인간의 지능은 유전적으로 물려받는 것이라면서 '흑인은 백인보다 열등하고 백인의 지적 수준에 도달할 수 없다'고 생각했다. 결과적으로 그는 흑인이 백인보다 빠르게 자손을 번식하고 있는 것이 인간 진화의 퇴보라고 주장했다."[20]

〈로스앤젤레스타임스〉는 부고에서 쇼클리가 우생학에 얼마나 집착했는지를 다음과 같이 표현했다.

"쇼클리는 자신의 우생학 연구를 (그에게 노벨물리학상을 안겨줬던) 트랜지스터 연구보다 중요하게 여겼다. 부인의 말에 따르면 그는 세상을 떠나기 며칠 전까지도 자신의 논쟁적인 주장과 관련된 자료를 분석하고 논문을 계속 수정했다고 한다."[21]

주요 언론의 부고에는 실리콘밸리 지역에 최초로 실리콘 반도체를 만드는 회사인 쇼클리 반도체 연구소를 세웠던 그의 공헌도 기록됐다. 하지만 우생학에 빠진 말년의 어두운 삶이 부고 전체를 덧칠했다.

3장

혁신의 요람 스탠퍼드 대학은
누가 만들었을까

2005년 6월 12일 일요일 스탠퍼드 대학 운동장에서 열린 114회 졸업식. 축사를 위해 연단에 오른 사람에게 박수가 쏟아졌다. 당시 애플 최고 경영자였던 스티브 잡스였다.

"세계적인 명문 대학의 졸업식을 함께하게 되어 영광입니다. 나는 대학을 졸업하지 못했습니다. 사실 대학 졸업 근처에 와본 것은 오늘이 처음입니다. 오늘 여러분에게 내 인생의 세 가지 이야기를 하려 합니다. 그게 전부입니다. 별거 아니죠? 그저 세 가지 이야기일 뿐입니다. (중략)

늘 갈망하고 미련하게 도전하라. 나는 항상 내 자신이 그렇게 살기를 바랐습니다. 그리고 지금, 대학을 졸업하며 새롭게 시작하는 여러분도 그렇게 살기를 바랍니다. 늘 갈망하고 미련하게 도전하라."[1]

당시는 소셜미디어SNS가 지금처럼 보편화되어 있지 않았다. 하지만 잡스의 축사는 입에서 입으로 전해져 대단한 울림을 만들어냈다. 그날의 축사를 보고 싶다는 요청이 곳곳에서 밀려들었고 스탠퍼드 대학은 동영상을 올렸다. 2008년 3월 스탠퍼드 대학이 유튜브에 올린 잡스의 졸업식 축사 영상은 조회 수가 2600만 회를 넘어섰다.[2]

이날 잡스의 축사는 여러 모로 특별했다. 그전까지 여러 대학의 졸업식 축사 요청을 모두 거절해온 그가 흔쾌히 받아들인 그의 생애 처음이자 마지막 졸업식 축사였기 때문이다. 잡스는 업무상 많은 공개 연설과 프레젠테이션을 했지만 대학 졸업식 축사를 하는 것이 무슨 의미가 있느냐는 생각을 하고 있었다. 그러나 스탠퍼드 대학은 그에게 특별한 의미가 있었다. '실리콘밸리라는 공동체와 깊이 연결돼 인재를 키워내는 대학'이라는 일종의 존경심을 갖고 있었기 때문이다.

잡스는 오리건주의 리드 칼리지를 중퇴하고 캘리포니아주 실리콘밸리 지역에 있는 집으로 돌아와 게임 회사 아타리에 취직했다. 그는 밤에는 회사에서 일하고 낮에는 스탠퍼드 대학에서 학생들과 어울렸다. 물리학 강의를 청강하면서 '똑똑한 청년들'과 함께 보내는 시간을 즐겼다. 그때부터 그에게 스탠퍼드 대학은 특별한 의미가 있는 공간이었다.

잡스는 졸업식 몇 개월 전에 스탠퍼드 대학의 존 헤네시John Henessy 총장에게 축사 요청을 받자 잠시 고민한 뒤 곧바로 '예스'라고 답했다. 잡스의 아내 로린Raurene Jobs의 이야기다. "그는 졸업식 축사를 한다면 딱한 번만 할 생각이었어요. 그리고 그 장소는 다른 어느 곳도 아닌 스탠퍼드 대학이어야 한다고 생각했어요."[3] 그러고는 축사 원고를 어떻게 쓸지 영화 〈어 퓨 굿 맨〉(1992년)의 시나리오 작가이자 TV 드라마 〈웨스트 윙The West Wing〉 등의 제작자인 에런 소킨Aaron Sorkin에게 자문을 구했다고 한다. 그가 어느 정도 부담을 느꼈는지 짐작이 가는 대목이다. 축사 당일에도 긴장 때문에 자동차 열쇠와 졸업식 귀빈용 주차권을 어디에 뒀는지 찾지 못할 정도였다고 한다. 웬만하면 누군가의 권위를 절대 인정하지 않는, 그래서 제멋대로 행동하는 오만한 인간으로 욕을 먹기도 했던 천하의 잡스도 스탠퍼드 대학에는 각별한 애정과 존경을 표했던 셈이다.

실리콘밸리에서 스탠퍼드 대학이란?

잡스를 비롯한 실리콘밸리 사람들에게 스탠퍼드 대학은 각별하다. 스탠퍼드 대학이 있었기에 지금의 실리콘밸리가 있다는 사실에 이의를 제기하는 사람은 거의 없다. 물론 실리콘밸리와 스탠퍼드 대학은 서로 영향을 주고받으며 성장해왔다고 하는 편이 옳을 것이다.

1세대 실리콘밸리 기술 기업을 대표하는 휼렛 패커드를 비롯해 2010년 1월 오라클Oracle에 74억 달러에 인수된 선 마이크로시스템스SUN Microsystems, 인터넷 검색 신화의 시작이었던 야후, 그리고 구글에 이르기까지 적지 않은 실리콘밸리 기업들이 스탠퍼드에서 잉태되었다. 학교에서 진행하던 프로젝트가 사업으로 확장된 경우가 비일비재하다. 강의 시간에 만든 프로그램을 기반으로 기업이 탄생하는 대학, 그래서 '실리콘밸리 기업을 낳아 키워온 대학'이란 수식어가 전혀 어색하지 않다.

예컨대 미국에서 페이스북을 제치고 '10대들의 소셜미디어'로 부상한 스냅챗Snapchat은 공동 창업자 에번 스피걸Evan Spiegel이 스탠퍼드 대학 재학 시절에 떠올린 아이디어를 토대로 창업한 회사다(스피걸은 졸업을 앞두고 사업에 매진하겠다며 자퇴했다). 2011년 봄 그는 스탠퍼드 대학에서 제품 디자인 강의를 듣고 있었다. 시각 디자인과 공학을 접목한 제품을 주제로 하는 이 강의에서 그는 웹사이트를 하나 만들 생각이었다. 이용 자들이 웹사이트에 사진을 올리면서 타이머를 맞춰놓으면 그 시간에 사진이 자동으로 사라져 프라이버시를 보호해주는 웹사이트였다. 그러 다가 그는 모바일 앱을 개발하는 쪽으로 방향을 수정했다. 최종 발표에 서 그는 서로 사진을 주고받으면 몇 초 뒤에 기록(사진)이 사라지는 앱 을 내놨다. 친구들끼리 사진과 동영상을 공유하고 채팅을 나누면 몇 초 뒤에 그 기록이 사라지는 앱, 스냅챗은 그렇게 탄생했다.[4]

시간을 조금 더 거슬러 올라가면, 선 마이크로시스템스는 1982년 2 월 당시 스탠퍼드 대학원생이던 앤디 벡톨샤임Andy Bechtolsheim, 비노드 코 슬라Vinod Khosla, 스콧 맥닐리Scott McNealy 등이 창업했다. 벡톨샤임이 대학 원에서 과학기술 연산, 컴퓨터 그래픽스 등 전문 분야의 작업이 가능한 고성능 개인용 컴퓨터를 고안하면서 회사를 창업한 것이었다. 선 마이 크로시스템스의 선SUN은 벡톨샤임의 대학원 프로젝트 이름이던 '스탠 퍼드 대학교 네트워크Stanford University Network'를 의미했다. 야후와 구글도 스탠퍼드 대학원생들이 창업한 회사들이다. 2013년 설립된 온라인 음 식 배달 업체 도어대시DoorDash 같은 경우는 강의를 함께 들었던 스탠퍼 드 대학원생과 학부생이 함께 창업한 회사였고 2012년 10억 달러에 페 이스북에 인수된 인스타그램Instagram도 두 명의 공동 창업자가 스탠퍼드 대학 출신이었다.

스탠퍼드 출신의 기업인들이 워낙 곳곳에 퍼져 있다 보니 몇 년 전에는 스탠퍼드 출신들이 그동안 창업을 얼마나 했고, 실물경제에서 어느 정도의 비중을 차지하는지를 조사 분석한 보고서가 나오기도 했다. 당시 스탠퍼드 공대와 경영대학원 교수 두 사람의 공동 연구에서는 스탠퍼드 출신의 기업인들이 창출하는 연간 매출이 2조 7000억 달러에 이르고, 1930년대부터 창출한 일자리가 총 540만 개라는 조사 결과가 나왔다.[5]

스탠퍼드 대학을 설립한 스탠퍼드

실리콘밸리의 혁신가들이 사랑하는 대학 스탠퍼드는 시작부터 남달랐다. 샌프란시스코 공항에서 자동차를 타고 남쪽으로 20~30분 정도 달리면 스탠퍼드가 있는 도시 팰로앨토가 나타난다.[6] 현재 6만 7000명가량의 주민이 살고 있는 이 도시는 특정한 목적을 위해 만들어진 계획도시다. 다시 말해 '대학 설립자 스탠퍼드가 스탠퍼드 대학을 위해 만든 도시'다.

팰로앨토시의 설계도가 나온 것은 1888년 3월의 일이다. 당시 시의 명칭은 유니버시티 파크University Park, 즉 대학 동네였다. 대학을 설립하면서 그에 필요한 마을로 조성된 것이 팰로앨토였다. 철도 사업으로 거부巨富가 된 사업가이자 캘리포니아 주지사와 미국 연방 상원의원을 지낸 정치인이었던 릴런드 스탠퍼드Leland Stanford가 아내 제인과 함께 스탠퍼드 대학을 설립하면서 대학 동네로 만든 도시가 팰로앨토였다. 그래서 팰로앨토의 역사는 스탠퍼드라는 인물을 빼놓고 이야기할 수 없다.

릴런드 스탠퍼드는 1824년 3월 뉴욕주 올버니에서 농부의 아들로 태어났다. 스탠퍼드의 부모는 농사일만으로는 8남매를 부양하기 힘들자 마차 회사의 직원들에게 식사를 제공하는 사업을 했다. 지금으로 치면 택시 회사의 사내 식당을 맡아 운영한 셈이다. 아버지는 자식들 가운데 릴런드를 법률가로 키우기로 했다. 짐작건대 릴런드가 형제들 가운데 가장 똘똘한 아이였던 모양이다.

릴런드 스탠퍼드는 지역에 있던 학교를 거쳐 뉴욕주 시러큐스에 있는 신학 대학에 편입했고, 공부도 제법 잘했다고 한다. 다만 경제적 사정 때문이었는지 졸업은 하지 못했다. 21세에 지역에서 잘나가던 로펌에 취직해 사무 보조로 일하면서 변호사 시험을 계속 준비한 끝에 24세가 되던 1848년 마침내 변호사 시험에 합격했다. 그는 근무하던 로펌에서 변호사로 일해달라는 제의를 받았지만 서쪽으로 1500킬로미터 떨어진 위스콘신주의 포트워싱턴으로 이주해 개업하는 길을 선택했다.[7]

포트워싱턴은 미시간호(오대호 중의 하나로 우리나라 면적의 절반 크기다) 연안에 있는 항구 도시다. 릴런드 스탠퍼드가 동업자와 함께 변호사 사무실을 차렸을 당시 포트워싱턴은 기회의 땅이었다. 스탠퍼드는 아메리칸 드림을 꿈꾸며 그곳에 자리 잡은 것이었다.

"포트워싱턴은 1835년 미시간호 서부 연안에서 새로운 삶을 찾으려던 미국인들과 이민자들이 만든 공동체다. 그들은 기근과 가난에서 벗어나 숲과 물, 희망과 가능성이 있는 땅에 정착하기 위해 미국 동부, 독일, 룩셈부르크, 아일랜드 등지에서 이곳으로 왔다. 그중 많은 사람이 사업을 했다. 초기 정착자 중에는 1848~52년 변호사 사무실을 운영하다가 캘리포니아로 건너가 스탠퍼드 대학을 설립한 릴런드 스탠퍼드가 있었다. 여러 세대에 걸쳐 이들은 집을 짓고 회사를 세우고 가정을 이뤘다."[8]

스탠퍼드는 포트위싱턴에 정착한 지 2년 뒤인 1850년 자신과 마찬가지로 뉴욕주 올버니에서 나고 자란 제인 레이스롭Jane Lathrop과 결혼했다. 사업도 잘됐다. 포트위싱턴에서의 새 삶은 순조로워 보였다. 그러나 1852년 3월 발생한 화재가 그의 삶을 완전히 바꿔놓았다. 이 화재로 우체국 건물을 포함한 상가 여러 채가 불에 타면서 스탠퍼드의 사무실도 잿더미로 변해버렸다.[9]

빈털터리로 고향에 돌아온 그는 골드러시Gold Rush 때 다섯 형제들이 이주한 캘리포니아주 샌프란시스코로 향했다. 금을 캐기 위해서가 아니라 사업을 하기 위해서였다. 1850년 샌프란시스코에 식료품점을 냈던 큰형 조사이어Josiah는 장사가 잘되자 상업과 농업, 교통의 중심지인 새크라멘토로 가서 대형 상점을 차렸다. 조사이어는 뉴욕에서 동생들이 오자 금광이 있는 지역에 작은 점포를 하나씩 차려주었다. 릴런드 스탠퍼드도 형제들의 도움으로 점포 하나를 맡아 운영했다. 큰형이 샌프란시스코로 다시 이주하자 그가 새크라멘토 점포를 인수했다. 당시 릴런드 스탠퍼드는 식료품을 비롯해 술, 담배, 밀가루, 우유, 달걀, 생선, 그리고 광부용 장비까지 금광 마을에 필요한 웬만한 제품을 모두 파는 일종의 도매상이었다.[10]

한번은 상인에게서 물품 대금으로 새크라멘토 근처 광산의 지분을 받았다. 전체 광산 주식이 93주였는데, 그중 76주를 받아 사실상 광산을 인수한 셈이었다. 채굴량이 변변치 않은 광산이어서 5000달러(현 9만 3000달러)에 팔려다가 지금 팔면 손해라는 전 주인의 조언을 듣고 그에게 광산 경영을 맡겼다. 그러자 광산은 적지 않은 수익을 내는 알짜배기로 변모했고 스탠퍼드의 재산은 점점 불어났다. 스탠퍼드는 1872년 이 광산을 40만 달러(현 750만 달러)의 거액에 팔았다.[11]

그뿐만 아니라 스탠퍼드는 새크라멘토에서 만난 사업 파트너들과 함께 철도를 중심으로 하는 운송 제국을 건설했다. 미국 서부와 동부를 잇는 최초의 철도를 가설하기 시작했을 뿐만 아니라 다른 철도 회사를 인수하여 샌프란시스코에서 오리건주 북부의 포틀랜드, 샌프란시스코에서 남부 산호세, 다시 산호세에서 캘리포니아 최남단 샌디에이고까지 철길을 연결했다. 미국 서부의 북단(포틀랜드)과 남단(샌디에이고)을 연결하는 철도가 생긴 것이었다. 그는 정치적 야심도 대단했다. 포트워싱턴에서 변호사로 일하던 20대에 이미 선출직 검찰 공무원에 도전했다가 낙선한 이력도 있었다. 이후 캘리포니아 공화당 조직을 이끌며 대통령 선거에서 공화당 에이브러햄 링컨 후보의 선거운동을 했고 1861년에는 캘리포니아 주지사로 당선됐다. 또 1885년에는 미국 연방의회 상원의원에 당선됐고 1889년에는 재선에 성공했다.[12]

죽은 아들을 위해 대학을 세우다

릴런드 스탠퍼드는 대체로 운이 좋았다. 변호사 사무실이 불에 타버린 초기의 불운은 그 후의 성공에 비하면 불운이라고 하기도 민망할 정

스탠퍼드 대학의 상징 '후버 타워'. 여의도 면적의 4배에 달하는 스탠퍼드 대학 캠퍼스는 하나의 마을처럼 조성되어 있다. 다른 건물들과 달리 우뚝 솟은 후버 타워는 제1회 졸업생이자 미국의 31대 대통령인 허버트 후버(Herbert Hoover)를 기념하기 위해 세워졌다. (ⓒAustin/flickr)

도였다. 운송 재벌이 되는 과정에서 남의 회사를 강탈했다는 비난을 듣기도 했지만 그는 별로 개의치 않았던 듯하다. 큰돈을 번 뒤에는 1875년 샌프란시스코의 부촌에 중세의 성을 연상시키는 저택을 지어 부를 과시하기도 했다. 그는 1876년 팰로앨토 일대의 땅을 사들여 두 개의 경마장을 짓는 한편 인부 150명에 말 600마리가 있는 36제곱킬로미터 넓이의 광활한 목장도 조성했다. 그리고 목장 안의 호화로운 저택에서 전원생활을 즐겼다.[13]

그러나 그는 60세 되던 해에 아들 릴런드 스탠퍼드 주니어^{Leland Stanford Jr.}를 잃게 된다. 스탠퍼드 부부는 오랫동안 아이가 없었다. 그러다가 결혼 18년 만인 1868년 금지옥엽 같은 아들이 태어났다. 아버지의 나이 44세, 어머니의 나이 40세에 얻은, 부부의 단 하나뿐이었던 아이였다. 스탠퍼드는 아들에게 보여주기 위해 팰로앨토 목장의 수목원에 작은 철길을 놓기도 했다. 부부는 아들을 하버드 대학에 보낼 생각으로 팰로앨토 목장 주택과 샌프란시스코의 저택 외에 뉴욕에도 주택을 한 채 임대했다. 1884년 3월, 부부는 아들과 함께 유럽 여행을 떠났다. 출장을 겸한 가족 여행이었다. 그런데 이탈리아에서 아들이 장티푸스에 걸려 숨지고 말았다. 16세 생일을 얼마 남겨놓지 않은 시점이었다.[14]

아들의 갑작스러운 죽음으로 절망감과 상실감에 빠졌던 부부는 일찍 떠난 아들을 추모하고 추억을 기리기 위해 대학을 설립하기로 했다. 부부는 동부의 명문대인 하버드 대학 총장 등을 만나 조언을 구했고, 결국 아들의 이름을 붙인 대학과 미술관을 짓기로 했다. 그렇게 해서 1887년 5월 14일, 지금의 스탠퍼드 대학 부지에 초석이 놓였고 1891년 10월 1일 학교가 문을 열었다. 통상 스탠퍼드 대학이라고 불리는 이 대학의 정식 명칭은 릴런드 스탠퍼드 주니어 대학Leland Stanford Junior University이다.

1894년엔 릴런드 스탠퍼드 주니어 미술관이 대학 캠퍼스에 들어섰다. 오귀스트 로댕의 작품이 많기로 유명한 이 미술관은 캔터 아츠 센터Cantor Arts Center로 이름이 바뀌었다. 미국의 대형 금융 회사인 캔터 피츠제럴드Cantor Fitzgerald의 창업자이자 미술관에 막대한 지원을 한 자선 사업가 버나드 제럴드 캔터Bernard Gerald Cantor의 이름을 딴 것이다.[15] 이곳은 이제 예술 작품을 전시할 뿐만 아니라 스탠퍼드 대학생들과 지역 초·중·고교 학생들에게 교육 프로그램을 제공하는 곳으로 운영되고 있다.

그런데 스탠퍼드 대학의 설립과 관련해서 널리 퍼져 있는 이야기가 하나 있다. 원래 스탠퍼드 부부는 하버드 대학에 다니다가 갑작스러운 사고로 사망한 아들을 추모하기 위해 하버드 대학에 막대한 재산을 기부할 생각이었다고 한다. 그런데 부부가 초라한 행색으로 하버드 대학을 방문했다가 당시 총장에게 박대를 당하자 격분하여 캘리포니아에 스탠퍼드 대학을 설립했다는 것이다. 그러나 이것은 누군가 그럴듯하게 꾸며낸 이야기로 보인다. 이런 이야기를 믿는 사람이 어찌나 많았던지 스탠퍼드 대학은 웹사이트에 공식 답변을 올려두었다.

"스탠퍼드 부부가 남루한 옷차림으로 하버드 대학 총장을 방문해 아들 릴런드 스탠퍼드 주니어를 추모하는 시설을 지어달라며 돈을 기부하겠다고 했다가 거절당했다는 이야기가 광범위하게 퍼져 있다. 이후 스탠퍼드 부부는 서부로 돌아와 스탠퍼드 대학을 세웠다는 것이다. 릴런드 스탠퍼드 주니어는 16세 생일이 얼마 남지 않은 1884년 3월 13일 이탈리아 피렌체에서 장티푸스에 의한 고열로 사망했다. 그는 하버드 대학에 다닌 적이 없고, 갑작스러운 사고로 숨지지도 않았다. 아들이 숨지자 스탠퍼드 부부는 캘리포니아의 아이들을 위한 교육 시설을 설립하기로 했다. 부부는 (아들을 잃고) 유럽 여행에서 돌아오는 길에 동부에 머물면서 많은 대학의 총장들과 만나 조언을 구했다.

스탠퍼드 부부가 당시 하버드 대학 총장이었던 찰스 엘리엇Charles Elliot 과 만났을 때의 상황은 엘리엇 총장이 1919년 6월 26일 (스탠퍼드 대학 초대 총장) 데이비드 스타 조던David Starr Jordan에게 보낸 편지에 잘 드러나 있다. 엘리엇 총장을 만날 무렵 스탠퍼드 부부는 대학을 설립할지, 아니면 기술학교나 미술관을 세울지 아직 결정하지 않았다고 한다. 엘리엇 총장은 대학 설립을 권고하면서 초기 자금이 500만 달러는 있어야 한다고 했다. 그러자 부부는 서로를 쳐다보며 그 정도 금액은 감당할 수 있다고 했다.

당시 매우 부유했던 스탠퍼드 부부가 남루한 옷차림으로 하버드 대학을 찾아갔다는 설정은 무척 흥미롭긴 하지만 부정확하다. 또 (루머에 따르면) 부부가 하버드 대학 총장 집무실 밖에서 기다렸다고 하지만 캘리포니아 주지사를 지냈고 철도 재벌로 유명했던 릴런드 스탠퍼드와 그의 부인이 그랬을 것으로 보이지는 않는다. 또 스탠퍼드 부부는 (하버드 대학만이 아니라) 코넬 대학, MIT, 존스 홉킨스 대학도 방문했다."[16]

'술 없는 도시' 팰로앨토

스탠퍼드 부부는 대학을 세우기로 하고 대학이 들어설 부지와 인접한 지역을 찾아다녔다. 동네 유지들과 주민들을 만나 자신이 '대학을 세우려고 하니 기존의 술집들을 폐쇄하고 술을 팔지 말라'고 요청하기 위해서였다. 돌아온 답변은 예상 가능한 대로 '노No'였다. 그러나 좀처럼 단념이라곤 해본 적이 없는 저돌적인 사업가 스탠퍼드는 아예 '술 없는 도시'를 건설하기로 했다. 주변 지역들이 협조하지 않으니 이참에 대학 주변을 금주의 도시, 금욕의 도시로 개발하겠다는 구상이었다. 학생들이 오직 공부에만 전념하게 하려면 일단 술부터 멀리해야 한다는 굳은 의지(?)가 있었던 셈이다.

스탠퍼드는 대학 도시를 건설할 부지를 판다는 광고를 캘리포니아와 미국 전역에 내고 학교 부지 주변의 땅을 팔았다. 계약서에는 만일 술을 판매할 경우 땅의 소유권은 대학으로 넘어간다는 조건을 붙였다. 대학 캠퍼스 내에서도 술 판매는 금지됐다. 외부에서 술을 구해와 마실 수는 있었다. 학생들은 학교 지적에 있는 동네에 가서 술을 마시고 다시 기숙사로 돌아오기도 했다. 그러나 1908년 한 학생이 외부에서 술을 마시고 기숙사로 돌아오는 길에 실수로 팰로앨토의 남의 집에 들어갔다가 총에 맞아 숨지는 사건이 발생한 뒤로는 대학 캠퍼스에서 음주 자체가 금지됐다.

물론 공식적으로는 '금주의 도시'였지만 몰래 술을 마시는 사람들이 있었다. 샌프란시스코의 상점에 주문하면 마치 책 상자처럼 포장해 술을 캠퍼스로 배송했던 것이다. 학교 직원이 교수에게 전화를 걸어 "책 상자에서 액체가 새어 나오고 있으니 얼른 찾아가시라"고 했다는 일화도 있다.[17]

금주법(1920~33년)이 폐지되고도 오랫동안 팰로앨토시는 술 판매를 금지하다가 1953년에야 최초의 주류 판매점이 문을 열었다. 물론 술 판매가 금지된 기간에도 스탠퍼드 안팎의 애주가들은 팰로앨토와 맞닿은 이스트팰로앨토(팰로앨토 동쪽에 있으며 팰로앨토와는 별개의 도시)의 술집에 가거나, 몰래 팰로앨토로 술을 반입했다고 한다.[18] 그러나 면학 분위기를 조성하기 위해 적어도 학교 캠퍼스 주변에서는 술을 마시기 어렵게 했던 설립자 스탠퍼드 부부의 의지는 스탠퍼드 대학이 명문으로 자리매김하는 데 크게 기여했다.

스탠퍼드 부부가 외아들을 잃은 슬픔을 달래며 아들의 이름으로 세운 대학. 캘리포니아의 아들딸을 위해 '서부의 하버드', '서부의 MIT'를 목표로 '술 없는 도시'까지 조성하며 설립한 스탠퍼드 대학은 1891

년 10월 입학생 555명, 교수진 15명으로 첫 발을 뗐다. 그리고 120여 년이 지난 2016년 현재 학생 1만 6122명(학부생 6994명, 대학원생 9128명), 교수진 2153명에 연간 연구비 총액만 12억 2000만 달러(1조 3600억 원)에 이르는 거대한 대학으로 성장했다.[19] 기업을 낳아 키우며 실리콘밸리 혁신의 중심 대학이라는 평가를 받으면서.

존 헤네시 총장의 스티브 잡스 소개사

존 헤네시 스탠퍼드 대학 총장은 왜 잡스에게 축사를 요청했을까. 그가 졸업식 당일 잡스를 소개하며 언급한 것은 바로 '혁신'과 '창의성'이었다. 잡스의 혁신과 창의성이 스탠퍼드 대학의 정신을 정확히 반영하고 있으므로 그에게 축사를 요청했다는 것이었다. 잡스의 축사만큼 알려지지는 않았지만 헤네시 총장의 소개사는 잡스와 스탠퍼드, 나아가 둘이 함께한 실리콘밸리라는 공간을 이해하는 데 매우 유용한 내용을 담고 있다.

"올해 졸업식 축사를 해주실 연사를 여러분께 소개하게 되어 무척 기쁩니다. 애플과 픽사Pixar 애니메이션 스튜디오의 최고 경영자이자 공동 창업자인 스티브 잡스입니다. 스탠퍼드 대학은 설립 이후부터 지금까지 과감하게 새로운 도전에 나서는 굳은 의지를 가진 대학으로 알려져왔습니다. 그리고 이는 오늘 연사와 상당히 공통된 부분입니다. 그는 개척자이자 비전을 제시하는 리더로서 거의 30년 동안 자신과 회사의 이름을 혁신과 창의성의 동의어로 만들어왔습니다.

로스앨터스(실리콘밸리에 있는 도시)에서 자란 소년 스티브 잡스는 실리콘밸리와 함께 나이를 먹어왔습니다. 그는 스탠퍼드 대학의 강의를 청강했고, (고등학교 시절) 여름방학에는 (스탠퍼드 대학 바로 옆에 있는) 휼렛 패커드에서 아르바이트를 했습니다. 고등학교를 졸업한 그는 캘리포니아를 떠나 리드 칼리지에 진학했습니다. (요가에 심취해 요가 스승을 찾기 위해) 인도 여행을 떠났고 비디오게임 회사 아타리에서 게임 디자이너로 일하기도 했습니다.

1974년 실리콘밸리로 돌아온 그는 스티브 워즈니악과 함께 스탠퍼드 선형 가속기 센터SLAC, Stanford Linear Accelerator Center에서 모이던 홈브루 컴퓨터 클럽Homebrew Computer Club(실리콘밸리 초창기 컴퓨터광들의 모임)의 정규 회원이 됐습니다. 그리고 얼마 뒤 애플1(애플의 첫 컴퓨터)의 시제품을 만듭니다. 4킬로바이트를 20초에 읽고 쓰는, 당시로서는 매우 빠른 컴퓨터였습니다. (물론) 지금 우리가 사용하는 컴퓨터보다 2만 배쯤 느렸지만 말이지요.

애플2는 더욱 빨라졌습니다. 게다가 그는 가정용 컴퓨터에 컬러 모니터를 도입했습니다. 1980년대 중반 애플은 최초로 사용자 친화적인 개인용 컴퓨터PC를 내놨습니다. 전문가가 아니라도 컴퓨터를 설치하고, 소프트웨어를 사용하고, 한 응용프로그램에서 다른 응용프로그램으로 정보를 옮길 수 있었습니다. (애플이 내놓은) 마우스는 사용의 편리함을 제공했습니다. 그러면서 누구나 컴퓨터를 사용할 수 있는 문을 열어주었습니다. 저는 당시 시장에 나와 있던 다른 개인용 컴퓨터들과 완전히 달랐던 (애플) 컴퓨터를 보고 놀라던 사람들의 표정을 아직도 기억합니다.

스티브는 또한 영화 산업을 혁명적으로 변화시킨 픽사 애니메이션 스튜디오를 공동 설립했습니다. (픽사 애니메이션 스튜디오는) 짧은 역사에도 불구하고 뛰어난 기술로 아카데미상을 받은 두 편의 영화를 제작했습니다. 바로 〈토이 스토리〉와 〈니모를 찾아서〉입니다. (회사를 떠났다가) 8년 전 애플에 다시 돌아온 스티브는 음악과 새로운 디지털 미디어로 지평을 넓히며 애플을 재탄생시켰습니다. 아이팟과 아이튠스는 우리가 음악을 듣고 저장하고 구매하는 (소비) 방식을 완전히 변화시켰습니다. 제 경우에는 책 읽는 방식이 달라졌죠. 이제 99센트를 내고 클릭만 하면 좋아하는 음악들을 완전히 합법적으로 들을 수 있습니다. 아이포토와 아이무비는 소비자들이 디지털 사진과 비디오를 편집하고 정리하는 방식을 혁명적으로 바꿨습니다. 한때 수천 달러가 들었던 일을 매킨토시 사용자들에게 가능하게 만들어준 것입니다.

스티브는 애플을 혁신의 아이콘으로 만들었을 뿐만 아니라 애플 내부를 혁신한 것으로 널리 알려져 있습니다. 지난 30년 동안의 애플 광고를 생각해봅시다. 1976년 광고 전단에는 사과가 떨어지려는 찰나 사과나무 아래에 앉아 있는 아이작 뉴턴의 모습이 그려져 있었습니다. '바이트 인투 언 애플Byte into an Apple(사과를 베어 먹는다는 의미의 Bite into an apple을 변주해 애플 컴퓨터를 체험한다는 의미의 광고 문구)'이라는 매혹적인 문구와 더불어서 말이죠. 상징적인 슈퍼볼(미국 프로 풋볼 리그인 NFL 챔피언 결정전) 광고도 있었습니다. (애플이 거대 기업 IBM에 맞선다는 이미지를 만들기 위해 빅 브러더와 싸우는 여전사를 등장시킨 이 광고는) 매킨토시 컴퓨터의 등장을 알리면서, 왜 현실의 1984년이 (빅 브러더가 통제하는 암울한 조지 오웰의 동명 소설)《1984》와 같지 않은지 알려주겠다고 했습니다. 그리고 1990년대 후반 우리는 파블로 피카소, 알베르트 아인슈타인, 마사 그레이엄, 마하트마 간디가 등장해 '남들과 다르게 사고하라Think Different'고 이야기하는 많은 (애플) 광고를 보았습니다.

스티브 잡스는 창의성과 혁신이 남들과 다르게 사고하는 데서 시작된다는 사실을 알고 있습니다. 그는 세상을 더 나은 곳으로 만들려는 욕망과 교육의 힘이 합쳐지면 삶을 변화시킬 수 있다는 굳은 믿음을 갖고 있습니다. 그는 애플 초창기부터 교육자들과 함께 일해왔습니다. 그리고 학교에 컴퓨터를 보급했습니다. 거의 30년 동안 그와 애플은 학교와 지역사회에 귀중한 기술을 제공하고 지원을 아끼지 않았습니다. 나이와 상관없이 배우려는 의지를 지닌 모든 사람들에게 정보 접근성을 확대하면서 말입니다.

114년 전에 릴런드 스탠퍼드는 새로운 대학에 대한 비전을 설명하면서 '성공한 삶을 위해서는 상상이 실제로 구현되고 발전돼야 한다'고 했습니다. 스탠퍼드는 기술 지식이 창조와 발견의 출발점에 불과하다는 것을 확실하게 이해하고 있었습니다. 스티브 잡스는 컴퓨터의 진정한 힘은 사용자의 상상력과 창의성을 발현시키는 것이라는 점을 잘 압니다.

1997년 〈뉴욕타임스〉 인터뷰에서 (그가) 설명했듯이 매킨토시는 매우 성공적인 제품이었습니다. 왜냐하면 매킨토시의 주 이용자들은 뮤지션, 아티스트, 시인, 역사가 등이었기 때문입니다. 그리고 그들은 뛰어난 컴퓨터 공학자이기도 했습니다. 지난 (2004년) 가을 〈비즈니스위크〉 기자는 스티브에게 어떻게 혁신을 이뤄내고 있는지 물었습니다. 그의 답변은 믿기 힘들 만큼 간단했습니다. '우리는 세계에서 가장 뛰어난 제품을 만들려는 사람을 채용합니다.' 스티브 잡스는 개교 이후 스탠퍼드 대학의 상징이 되어온 (혁신) 정신과 창의성을 몸으로 보여주는 인물입니다. 오늘 그와 이 자리를 함께할 수 있어 기쁩니다. 올해 졸업 축사를 맡아준 연사 스티브 잡스를 저와 함께 환영해주십시오."[20]

4장

두뇌 은행 스탠퍼드 대학 없이는 창업도 없다

2011년 2월 17일 취임 이후 처음으로 실리콘밸리를 공식 방문한 버락 오바마 대통령이 실리콘밸리 기업인들과 만찬을 했다. 만찬 장소는 실리콘밸리 최고의 벤처 투자사 클라이너 퍼킨스 코필드 앤드 바이어스KPCB, Kleiner Perkins Caufield & Byers의 간판 스타이자 벤처 투자가인 존 도어John Doerr의 우드사이드 저택이었다. 스탠퍼드 대학에서 서쪽으로 10~20분 정도 떨어진 우드사이드는 실리콘밸리에서도 알아주는 부촌이다. 이곳에는 목장에서 승마를 즐기는 거부들의 저택이 즐비하여 말을 타고 길을 건너는 사람이 많으니 주의하라는 교통표지판이 곳곳에 붙어 있다.

오바마의 만찬에 초대받은 유일한 교육자

오바마 대통령은 두 시간가량 이어진 만찬에서 일자리 창출과 교육을 주제로 참석자들과 이야기했다. 만찬에는 야후, 시스코 시스템스, 트위터, 오라클, 넷플릭스의 CEO를 비롯해서 애플의 창업자이자 CEO였던 스티브 잡스, 페이스북 창업자이자 CEO 마크 저커버그, 구글 CEO(현 알파벳 회장) 에릭 슈밋도 참석했다. 그런데 실리콘밸리의 거물 기업인들과 벤처 투자가들이 대거 참석한 이날 만찬에 유일하게 초대받은 교육자가 한 사람 있었다. 바로 존 헤네시 당시 스탠퍼드 대학 총장이었다.[1]

그는 실리콘밸리 기업들이 폭발적으로 성장하던 2000년부터 2016년까지 총장을 지내며 실리콘밸리에서 스탠퍼드 대학의 위상을 크게 올려놓은 인물이다. 그는 1952년 9월 뉴욕주에서 태어나 필라델피아에 있는 사립 빌라노바 대학에서 전기공학을 전공하고 1977년 뉴욕 스토니브룩 대학에서 컴퓨터사이언스 전공으로 박사 학위를 받았다. 박사 학위를 받자마자 스탠퍼드 대학 전기공학과 교수로 임용되어 공대 학장, 교무처장, 총장을 거치며 40년 동안 스탠퍼드 대학과의 인연을 이어왔다.[2]

헤네시 전 총장은 창업가였다. 안식년이던 1984~5년, 그는 캠퍼스를 잠시 떠나 MIPS 테크놀로지스라는 회사를 실리콘밸리에서 공동 창업했다. 컴퓨터 처리 속도를 획기적으로 높여 CPU의 크기를 대폭 줄여주는 핵심 부품과 이를 이용한 컴퓨터 제품을 개발하는 회사였다. 헤네시 총장은 안식년을 마치고 복직한 뒤에는 강의 연구와 사업을 병행

했고 창업 8년 만인 1992년 회사가 실리콘 그래픽스라는 기업에 3억 3300만 달러에 매각되면서 거부가 됐다.[3]

사실 스탠퍼드 대학은 공대, 의대, 경영대 할 것 없이 교수 중에도 창업하는 사람이 수두룩하다. 교수가 회사를 창업해 운영한다고 해서 문제 삼는 사람도 없고, 오히려 적극적으로 창업을 권장한다. 교수가 창업에 성공하면 학생이 취업할 기회도 그만큼 커지고 대학의 기부금 수입도 늘어날 가능성이 높다고 보는 것이다. 그 때문에 '스탠퍼드 교수'라고 하면 학생을 가르치고 연구하는 일뿐 아니라 스스로 창업을 하고, 나아가 학생들의 창업과 취업을 지원하며, 기업들과 긴밀하게 도움을 주고받는 모습이 떠오른다. 물론 인문학이나 순수과학 분야에선 학문 자체에 매진하는 교수들이 더 많지만 말이다.

헤네시 전 총장은 학생들의 창업을 지원하는 멘토이기도 했다. 1990년대 중반 대학원생 두 명이 보여줄 게 있다면서 그를 피자 상자와 콜라 캔이 널브러져 있는 지저분한 창고로 데려갔다. 두 제자는 그에게 웹사이트 디렉토리를 보여줬다. 그들은 바로 야후의 공동 창업자 제리 양과 데이비드 필로였다. 헤네시 전 총장은 당시를 "눈이 번쩍 뜨이는 순간aha moment"이었다고 회상한다. 웹이 우리의 의사소통 방식을 변화시킬 것이라고 직감했기 때문이다. 그는 자신의 인맥과 지식으로 두 제자의 창업을 지원했다. 창업에 필요한 돈과 경험을 얻을 수 있게 필요한 사람들과 연결해주었던 것이다. 스탠퍼드 대학원에 재학 중이던 구글의 공동 창업자 래리 페이지와 세르게이 브린이 자신들이 개발한 '보물(구글 검색엔진)'을 보여주고 조언을 구한 '스승들' 가운데 헤네시 전 총장도 있었다. 그들의 창업에 도움을 준 헤네시 전 총장은 이후 구글

사외 이사가 되었다.[4]

그는 실리콘밸리 기업인들이 학생들에게 강의를 하고 학생들과 교류하도록 적극적으로 끌어들인 총장이기도 했다. 예컨대 그의 재임 기간 스탠퍼드 경영대학원에는 구글, 애플, 페이스북, 인텔, 페이팔, 테슬라 등 실리콘밸리 주요 기업들의 경영진의 발길이 끊이지 않았다. 그중에는 스탠퍼드 동문이 아니어도 스탠퍼드 대학에 애정을 가진 실리콘밸리 기업인들도 많았다. 그들은 때로는 일회성 특강을 하기도 하고, 때로는 아예 학기 내내 강의를 맡기도 했다. 스탠퍼드 경영대학원에서 강의를 해온 시에라 벤처스 창업자이자 이름난 벤처 투자가인 피터 웬들Peter Wendell의 경우가 대표적이다.

웬들은 프린스턴 대학과 하버드 경영대학원을 졸업하고 실리콘밸리에서 활동하는 벤처 투자가다. 그의 강의에는 10여 명의 벤처 투자가들이 초청 연사로 참여하고, 구글의 지주회사 알파벳의 에릭 슈밋 회장이 수시로 참여한다. 소프트웨어 기업인 인튜이트Intuit의 공동 창업자 스콧 쿡Scott Cook도 수업에 찾아온다. 어느 날 웬들의 강의를 듣던 학생이 그를 찾아와 자신이 개발한 모바일 앱에 대해 설명했다. 웬들은 자신의 강의를 돕던 실리콘밸리 PR 전문가와 함께 학생에게 조언을 해주고 투자자를 소개해줬다. 모바일 메신저 스냅챗은 그렇게 탄생했다.[5] 실리콘밸리 기업인들이 학생들을 가르치고 그들과 교류하는 스탠퍼드 대학의 전통은 헤네시 총장이 퇴임한 후에도 그대로 이어지고 있다.

헤네시 전 총장은 학교의 재원을 늘려 학생들에 대한 지원도 확대했다. 총장으로 지낸 16년 동안 그가 실리콘밸리 기업과 동문 등으로부터 끌어모은 학교 기금은 62억 달러(약 7조 원)에 이른다. 총장 취임 이후

학교 기금을 두 배 이상 불렸던 것이다.[6]

혜네시 총장이 재임하는 동안 스탠퍼드 대학은 하버드 대학과 어깨를 나란히 할 만큼 최고의 대학으로 성장했다. 미국 최고의 명문 대학은 여전히 아이비리그 최고의 대학으로 불리는 하버드 대학이다. 그러나 신입생 합격률만 보면 스탠퍼드 대학이 하버드 대학을 넘어섰다. 2017년 가을 학기에 입학한 신입생들의 경우 하버드 대학은 지원자 중 5.2퍼센트(2056명)를 합격시켰다. 스탠퍼드 대학의 합격률은 스탠퍼드 대학 역사상 가장 낮은 4.65퍼센트(2050명)였다(미국 대학들 중 가장 낮았다). 1년 전에는 4.69퍼센트였는데, 해마다 기록을 경신하는 추세다.[7] 이렇게 보면 미국에서 하버드 대학보다 입학하기 어려운 대학이 스탠퍼드 대학인 셈이다.

대학에 지원하는 학생들에게 스탠퍼드 대학은 여러 모로 매력적이다. 우선 미국뿐 아니라 전 세계의 과학기술과 산업을 이끄는 실리콘밸리 중심에 있는 대학이라는 이점이 크다. 실리콘밸리 기업들을 직접 방문하고, 학교 강의를 통해 해당 기업 직원들과 교류하며, 여름방학에 인턴으로 일해볼 기회를 얻기에 유리하기 때문이다.

그 외에도 학생에 대한 경제적 지원이 상당하다. 미국 명문 사립대의 등록금은 살인적이다. 스탠퍼드 대학만 해도 학부생의 경우 연간 학비만 4만 7000달러, 여기에 기숙사비와 식비 등을 합치면 연간 6만 5000달러가 들어간다. 4년 만에 졸업한다고 가정하면 26만 달러, 거의 3억 원에 가까운 돈이다. 그런데 스탠퍼드 대학에서 이만큼 돈을 쓰는 학생은 거의 없다. 장학금 혜택이 많기 때문이다. 공부나 운동을 잘하면 주는 장학금도 있지만 가정 형편에 따라 주는 장학금이 보편적이다.

스탠퍼드 대학의 경우 가족의 연 소득이 6만 5000달러 이하인 학생
은 등록금, 기숙사비, 식비 등이 모두 면제다. 연 소득이 12만 5000달
러 이하인 경우에는 등록금만 전액 면제다. 이 제도는 2008년 헤네시
총장 재임기에 시작된 것이다. 물론 스탠퍼드 대학에만 이런 장학금 혜
택이 있는 것은 아니다. 하버드 대학은 스탠퍼드 대학과 마찬가지로 가
족의 연 소득이 6만 5000달러 이하인 경우 등록금과 기숙사비 등을 완
전히 면제해준다. 가족의 연 소득이 15만 달러 이하라면 가계 수입의
10퍼센트(최대 1만 5000달러)에 해당하는 금액만 내게 한다. 아이비리그
의 다른 대학에도 유사한 장학금 제도가 있지만 성공한 동문이 많아 학
교 기금이 풍족한 스탠퍼드 대학과 하버드 대학의 장학금 제도가 최상
위인 것만은 분명하다. 다만 이는 학생이 미국 시민권자나 영주권자인
경우에만 주어지는 혜택이며, 학부 유학생들에게는 해당되지 않는다.[8]

선순환을 창출하는 실사구시 학풍

스탠퍼드 대학이 미국 대학 최고 수준으로 장학금을 줄 수 있게 된
것은 승승장구하는 동문 기업인들의 기부금 수입 외에 다른 이유가 있
다. 바로 특허 관련 수입이다. 구글 상장[IPO]으로 스탠퍼드 대학이 벌어
들인 수입이 대표적이다.

2004년 8월 19일 구글이 주식시장에 상장되자 스탠퍼드 대학은 구
글에 특허권 사용료로 받은 주식을 팔아 '대박'을 쳤다. 총 180만 주 가
운데 구글이 상장할 때 10퍼센트 정도를 팔고 다음 해에 나머지를 팔아

3억 3600만 달러의 수익을 올렸다.[9] 주식을 모두 팔았던 2005년 연말의 환율로 계산하면 한화로 3432억 원 수준이다.

그런데 스탠퍼드 대학이 구글에 특허권 사용료를 받았다는 것은 대체 무슨 말일까. 구글의 검색 기술 특허가 기술을 개발한 창업자 세르게이 브린과 래리 페이지에게 있는 것이 아니라 스탠퍼드 대학에 있다고? 말이 안 되는 소리로 들릴지 모르지만 실제로 그렇다. 구글의 검색 기술 특허권은 스탠퍼드 대학에 있다.

세르게이 브린과 래리 페이지는 스탠퍼드 대학 컴퓨터공학과에서 박사 과정을 이수하던 시절 구글의 검색 기술을 개발했다. 그런데 스탠퍼드 대학에 소속된 교수, 대학원생, 박사 후 연구원[postdoc] 등이 강의나 연구 과정에서 기술을 개발하면 이를 의무적으로 학교에 신고해야 한다. 해당 기술이 특허를 신청할 만하면 학교 측이 특허 신청과 취득 절차를 밟고, 특허권은 대학이 갖는다. 대신 이 특허 기술을 외부 기업 등에 임대하고 받은 로열티 수익을 기술 개발자와 나눠 갖는다. 또 개발자는 특허 기술을 사용하는 계약을 체결할 수 있는 최우선 협상권을 갖는다.[10]

특허를 신청하고, 해당 특허에 관심이 있을 만한 기업들과 연락하고, 기술 이전에 따른 계약을 체결하고, 로열티를 받는 모든 일을 학교 측이 해주고 로열티 수입의 15퍼센트를 수수료로 챙긴다. 그리고 나머지 수입 가운데 3분의 1은 기술 개발자에게, 3분의 1은 기술 개발자가 속한 학과에, 마지막 3분의 1은 해당 학과가 속한 단과대학에 준다.[11] 학과와 단과대학에 배분된 로열티 수입은 학생 지원 등에 사용된다.

스탠퍼드 대학에서 이런 일을 하는 기구가 1970년 설립된 기술 이전

사무소^{Office of Technology Licensing}다. 기술 특허를 취득하고, 관련 기업과 특허 사용 계약을 체결하고, 로열티 수입을 배분해 결과적으로 기술을 개발한 연구자와 학교 모두 이익을 얻게 한다는 취지로 만들어진 기구다.

미국 대학에 이런 기구가 본격적으로 생긴 것은 대학이 특허 기술 사용료를 받을 수 있도록 허용한 베이 돌 법^{Bayh-Dole Regulation}이 제정된 1980년 이후였다. 그전에는 정부의 지원을 받는 연구에서 개발된 기술(특허)의 소유권은 원칙적으로 정부에 있었다. 당시에는 정부의 연구비 지원을 받지 않는 연구가 드물었기 때문에 특별한 경우가 아니면 대학이 기술 특허권을 갖기가 쉽지 않았다. 스탠퍼드 대학과 더불어 가장 많은 특허 기술 사용료를 받는 MIT에 같은 기능을 하는 기구인 TLO^{Technology Licensing Office}가 설립된 것도 1984년의 일이다.[12]

스탠퍼드 대학은 MIT보다 14년 일찍 기술 특허 지원과 관리를 전담하는 체계적인 기구를 설립했다. 1980년 이전부터 특허 업무를 전담할 조직이 필요할 만큼 대학의 연구가 활발했고, 또 대학에서 개발한 기술을 주변 기업들이 사용할 필요성이 높았다는 이야기다. 전담 기구를 만들면 연구자는 특허에 신경 쓰지 않고 연구에만 전념할 수 있어서 좋고 대학은 특허에 따른 이익을 공유할 수 있어서 좋은, 그래서 연구자와 대학 모두에 득이 되게 한다는 취지였다고 한다.

물론 기술을 개발한 당사자들은 학교 측이 지나치게 많은 수수료를 챙겨간다며 볼멘소리를 하기도 한다. 그러나 특허를 취득하고, 특허 기술을 기업들에 알려서 특허 사용 협상과 계약을 진행하고, 로열티를 받는 모든 일을 학교에서 책임지고 해주는 것이 큰 도움이 된다는 것도 부인하지 않는다.

헤네시 전 총장의 재임 기간이자 실리콘밸리가 급속도로 팽창했던 2000~16년 스탠퍼드 대학이 특허 기술 사용료로 벌어들인 로열티 수입은 총 14억 602만 달러였다.[13] 편의상 1달러를 1100원으로 계산해도 1조 5000억 원이 훌쩍 넘는 금액이다.

헤네시 총장을 이야기하면서 빼놓을 수 없는 것이 그가 문제 해결을 중시하는 스탠퍼드 대학의 학풍을 더욱 강화했다는 사실이다. 스탠퍼드 대학을 표현하는 어휘 중에 거의 빠짐없이 등장하는 것이 '여러 분야와 연계된'이라는 뜻의 interdisciplinary, multidisciplinary다. 먼저 교수들은 여러 학과를 담당하는 경우가 많다. 예컨대 전자공학을 전공하고 뇌를 연구하는 교수가 의대 신경학과에 소속되어 공대 교수를 겸임하는가 하면 헌법을 전공한 법대 교수가 미국 사회의 헌법 논쟁을 강의하며 커뮤니케이션학과 교수를 겸임하는 식이다.

헤네시 전 총장은 스탠퍼드 대학이 공학, 경영학, 의학, 자연과학, 디자인 등 세부 전공보다 현실의 문제 해결에 중점을 두고 교육해야 한다고 생각했다. 현실의 문제를 해결하려면 한 가지 전공에 얽매여서는 안 되기 때문에 여러 분야에 걸친 협력이 필요하다는 것이다. 그의 재임 기간에 '스탠피드 D스쿨', 즉 디자인 연구소Institute of Design가 설립된 것도 그래서였다. 여기서 '디자인'이라는 말은 문제 해결 방식을 고안한다는 의미다.

D스쿨은 경제 발전, 지속 가능성, 건강, (유치원부터 고등학교까지의) 교육 등 네 가지에 초점을 맞추고 현실의 문제에 대한 해법을 만들어가는 프로젝트 중심의 강의를 제공한다. 교수가 뭔가를 가르쳐주는 강의가 아니라 대학 1학년부터 박사 과정 대학원생까지 다양한 전공의 학생들

디스쿨 설립 축하연. 디스쿨은 스탠퍼드 내 어떤 학부나 대학원에도 속하지 않고 독자적으로 운영되는 프로그램이다. 기존의 편견과 상식을 뒤엎는 기상천외한 창의력 수업들로 유명하며, 2005년 소프트웨어 회사 SAP의 공동 창업자 하소 플래트너(Hasso Plattner)의 350만 달러 기부를 모태로 만들어졌다. (ⓒSteve Jurvetson / flickr)

이 함께 아이디어를 내고 협력하여 해결 방안을 제시하는 방식이다. 담당 교수는 있지만 학생들이 중심이 되어 이끌어간다.[14]

헤네시 전 총장의 사례에서 살펴본 것처럼 교수가 창업을 하고, 학생들의 창업을 지원하며, 현실의 문제를 해결하고, 사회에 기여하는 동시에 '부의 창출'을 중시하는 것이 스탠퍼드 대학의 학풍이다. '실사구시'인 셈이다. 그런데 이런 학풍은 헤네시 전 총장이 세운 것이 아니다. 그보다 앞서 스탠퍼드 대학을 이끌었던 사람들이 기반을 만들었기에 가능한 일이었다.

우선 1891~1913년 초대 총장이었던 데이비드 스타 조던이 있다. 그는 1891년 개교 당시 정원의 약 25퍼센트가량을 엔지니어 특별 전형으로 뽑았다. 가정 형편 때문에 정규교육을 제대로 받지 못해 학력 수준은 미달이지만 현장에서 잔뼈가 굵은 엔지니어들을 선별해 입학시킨 것이다. 다른 경쟁 대학교들이 '대학 수준을 낮춘다'고 비난했지만 이런 특별 전형은 이후 수십 년 동안 이어졌다.[15] 그리고 이제는 그때부터 기술을 중시하며 산학 협력의 기틀을 마련했다는 평가를 받는다.

조던 전 총장은 창업을 적극적으로 지원하는 대학이라는 오랜 전통에 초석을 놓은 인물이기도 하다. 그는 1909년 스탠퍼드 대학에서 전기공학을 전공한 시릴 엘웰Cyril Elwell이 창업을 하겠다며 도움을 요청하자 엘웰의 무선 라디오 통신 회사인 페더럴 텔레그래프Federal Telegraph에 500달러를 투자했다. 그러자 다른 교수들도 제자의 창업에 투자 자금을 댔다.[16]

그런데 초대 총장부터 시작된 전통이 뿌리를 내리고, 이를 통해 스탠퍼드 대학과 실리콘밸리 공동체가 서로 교류하며 상호 발전하기까지 결정적인 역할을 했던 인물이 있다. 지금의 스탠퍼드 대학을 만들었다고 해도 과언이 아닌 그는 공대 학장을 지내고 교무처장, 부총장 등을 역임한 프레드 터먼 교수다.

'실리콘밸리의 아버지' 프레드 터먼

현재 스탠퍼드 대학에는 경영, 교육, 의학, 인문학과 과학, 지구에너지 환경과학, 법학, 공학 등 일곱 개 단과대학이 있다. 그중 실리콘밸리를 떠받쳐온 핵심 부문은 역시 공대다. 1891년 개교 당시 25퍼센트의 입학생이 공학 전공으로 등록했고, 교수진의 3분의 1이 공학을 전공한 학자들이었다. 그리고 1925년 공대라는 하나의 단과대로 확대되어 지금에 이르렀다. 우주항공, 생명공학, 화학공학, 도시환경공학, 컴퓨터 사이언스, 전기공학, 경영과학과 공학, 재료공학 등 여덟 개 학과가 공대에 포함돼 있다. 실리콘밸리가 뜨고 실리콘밸리에서 잘나가는 스탠퍼드 출신들의 영향력이 커지면서 스탠퍼드 공대의 위상은 미국 내에서도 최상위로 평가받고 있다.

공대를 기반으로 스탠퍼드 대학이 오늘날의 위상을 갖기까지 1925년 가을 스탠퍼드 대학 강단에서 공학 강의를 시작한 터먼 교수의 역할이 결정적이었다. 면학 분위기를 조성하기 위해 대학에 어울리는 도시까지 건설한 릴런드 스탠퍼드가 스탠퍼드 대학을 낳았다면 이후 스탠퍼드 대학의 성장에 가장 큰 영향을 미친 인물은 터먼이었다. 1982년 12월 19일 그가 심장 기능 저하로 사망하자 이틀 뒤 〈뉴욕타임스〉에는 이런 부고 기사가 실렸다.

"과학자와 엔지니어 육성에 탁월했던 교육자이자 북부 캘리포니아 (실리콘밸리) 전자 산업의 배후 실세였던 프레더릭 에먼스 터먼 박사가 향년 82세를 일기로 스탠퍼드 대학 팰로앨토 캠퍼스의 자택에서 지난 일요일 별세했다. MIT에서 박사 학위를 받고 1925년 스탠퍼드 대학 전기공학과 교수진에 합류한 그는 40년간 연구자이자 선생이자 교과서 저자이자 행정가로서 스탠퍼드 대학을 아이디어와 전문가, 저서 등이 샘솟는 대학으로 만들어왔다. 또한 1951년 스탠퍼드 연구 단지Stanford Research Park 조성에 중추적인 역할을 했으며, 자신의 학생들이 향후 '실리콘밸리' 전기공학 벨트라고 불릴 지역에서 창업하도록 독려했다. 그렇게 창업한 사람 중에는 휼렛 패커드의 창업자 빌 휼렛과 데이비드 패커드도 있다."[17]

거의 평생을 스탠퍼드에서 살았고 재산도 대부분 스탠퍼드에 남겼으며 이제는 '실리콘밸리의 아버지'로 불리는 터먼 교수. 그는 1900년 7월 미국 인디애나주에서 교사 부부의 맏이로 태어났다. 그는 열 살이 되던 1910년 아버지가 스탠퍼드 대학 교육학과 교수로 임용되면서 캘리포니아 북부에 있는 팰로앨토 그리고 스탠퍼드와 인연을 맺게 되었다. 아버지 루이스 터먼 교수는 IQ 테스트를 개발한 저명한 교육학자였다.

당시 어린 터먼을 매혹한 것은 아마추어 라디오[HAM]였다. 당시에는 미국 전역에서 아마추어 라디오가 인기를 끌었고, 팰로앨토 주변에는 관련 연구의 선봉에 있던 무선 통신 회사 페더럴 텔레그래프[FTC]가 있었다. 스탠퍼드 졸업생이 창업한 이 회사는 동네 주민들에게 무척 개방적이었다. 그곳은 아마추어 라디오에 매료된 팰로앨토의 소년들이 수시로 찾아갈 수 있는 자유로운 공간이었다. 어린 터먼도 그곳을 즐겨 찾았다고 한다. 그는 대학 시절 여름방학에 그 회사에서 아르바이트를 하기도 했다.

어렸을 때부터 공부를 잘했던 터먼은 스탠퍼드 대학에 기계공학 전공으로 입학했다. 그리고 같은 학교 대학원을 거쳐 당시 전기공학 분야에서 최고로 평가받던 보스턴 공대(나중에 MIT로 명칭 변경)에 진학해 박사 학위를 받는다. 1924년 6월 학위를 받았을 때는 MIT와 스탠퍼드 대학에서 임용 제안을 받았다. 당시 터먼의 스탠퍼드 대학 은사인 해리스 라이언 교수는 터먼이 교수로 적임이라며 레이 라이먼 월버 총장에게 이렇게 편지를 썼다.

"제가 판단하기에 현재 우리나라에서 찾을 수 있는 최고의 인물은 프레드 터먼입니다. 만일 그가 임용된다면 동료 교수 중에서도 탁월한 성과를 낼 것으로 봅니다."[18]

터먼은 MIT와 스탠퍼드 대학 중 어느 곳의 제안을 받아들일지 결정하지 않은 상태에서 가족들과 여름을 보내기 위해 팰로앨토에 왔다. 연구 시설, 명성, 처우 등을 고려하면 최고의 대학이던 MIT에 더 끌렸을 것이다. 그러나 터먼은 팰로앨토를 찾은 지 3주 만에 결핵으로 병상에 눕게 됐다. 심각한 각혈과 체중 감소로 죽을 고비를 맞았고, 9개월 동안 병상에 누워 있었다. 터먼이 거의 1년 가까이 결핵으로 사경을 헤매는 동안 MIT와 스탠퍼드 대학 모두 그가 낫기를 기다렸다. 하지만 터먼은 스탠퍼드 대학을 선택했다. 결핵 치료에는 온화한 기후가 좋다는 주치의의 권고에 따라 터먼은 온화한 날씨의 팰로앨토에 남기로 했던 것이다. MIT와 하버드 대학이 있는 매사추세츠주의 케임브리지는 겨울이면 기온이 영하로 떨어지고 눈도 많이 내리는 곳이다. 결핵이 발병하지 않아 터먼이 MIT에서 교편을 잡았더라면 스탠퍼드 대학의 모습도 오늘날 같지 않았을지 모른다. 그렇게 해서 그는 1925년 가을 스탠퍼드 대학 강단에 섰다.[19]

실리콘밸리를 키운 스탠퍼드 연구 단지

터먼 교수의 업적 중 지금까지도 가장 많이 언급되는 것은 창업 지원이다. 그는 제자인 빌 휼렛과 데이브 패커드가 학교 옆의 셋집 차고에서 휼렛 패커드를 창업하도록 지원했다. 휼렛과 패커드에게 어떤 제품을 만들지 조언하고, 그 제품을 구매할 사람까지 소개해주었다. 당시만 해도 스탠퍼드 대학을 졸업한 우수한 학생들은 대기업이 몰려 있고 일자리가 많은 동부로 떠나던 시절이었다. 이런 상황을 바꾸려면 스탠퍼드 대학과 팰로앨토 주변에 졸업생들을 고용하는 기업이 많아져야 했다. 그러기 위해서는 당연히 창업하는 사람들이 많아야 했다.

스탠퍼드 대학 교수들이 적극적으로 기업과 연계하도록 독려한 인물도 바로 그였다. 그는 1945년부터 공대 학장을 맡았고 1955년부터 1965년 은퇴할 때까지 교무처장을 지냈다. 1959년부터는 교무처장 겸 부총장으로 일했다. 학교의 중책을 맡은 그는 재정 부족으로 우수한 인재를 유치하기가 어렵다는 것을 절감했다. 당시 스탠퍼드 대학은 지금 같은 명문대도 아니었고 재정도 넉넉하지 않아 우수한 교수들을 채용하고 지원하는 것이 여의치 않던 상황이었기 때문이다.

1945~6년 스탠퍼드 대학 교수의 평균 연봉은 4500달러였다. 2017년 현재 가치로 6만 달러 정도에 해당하는 금액이다. (요즘 대학을 갓 졸업한 컴퓨터 관련 전공자가 실리콘밸리 기업에 취업하면 최소 6만 달러 정도는 받는다. 10만 달러 이상 받는 경우도 적지 않다). 당시 인근의 공립 명문 UC버클리 교수들의 평균 연봉은 6000달러였다. 동부 명문대 교수들의 평균 연봉은 스탠퍼드 대학 교수의 두 배가 넘는 1만 달러에서 1만 2000달러였다. 연봉뿐 아니라 연구비 지원도 열악했다. 1927~8년 스탠퍼드 대학이 연구비로 할당한 금액은 3300달러에 불과했다. 같은 기간 UC버클리는 11만 2000달러, MIT는 20만 달러 이상의 연구비를 지원했다.[20]

스탠퍼드 대학에 돈이 없었다는 이야기다.

이런 상황에서 터먼 교수는 다방면으로 대학을 기업에 개방했다. 우선 그는 공대 학장을 맡으면서부터 적극적으로 교수들이 기업의 지원을 받아 연구하도록 독려했다. 기업 연계 프로젝트를 통해 부족한 수입을 보충하고, 현장의 요구가 반영된 새로운 문제 해결 방법을 시도하게 했던 것이다. 대학으로서는 능력 있는 교수들이 대학 외부에서 경제적 지원을 받아 연구를 계속해서 좋고 기업으로서는 대학의 우수한 연구자를 기술 개발에 참여시켜서 좋은, 누이 좋고 매부 좋은 일 아니냐는 발상이었다. 터먼 시절 스탠퍼드 대학은 교수들이 학교와 기업에 동시에 몸담는 것을 허용했다. 기업 연계 프로젝트에서 한 걸음 나아가 대학 교수이자 기업의 임원으로 활동할 수 있게 해준 것이다. 종종 동문 기업인들이 창업을 하면 학교의 실험실과 장비를 빌려주기도 했다.[21]

스탠퍼드 대학에 부임한 터먼의 가장 큰 관심사는 제자들의 일자리였다. 모든 산업이 동부에 자리 잡고 있던 시절 제자들의 일자리를 위해 스탠퍼드 대학 주변에 산업을 발전시켜야 했다.

그런 고민 끝에 터먼은 스탠퍼드 연구 단지를 만들었다. 애플에서 쫓겨난 스티브 잡스가 재기의 발판으로 넥스트^NeXT라는 회사를 설립하고 휼렛 패커드가 전자 계측 장치는 물론 의료 장비와 컴퓨터, 레이저 프린터, 휴대용 전자계산기 등을 만든 곳이 바로 이 연구 단지다. 실리콘밸리의 대표적인 연구 개발 기관인 제록스의 팰로앨토 연구소^PARC, Palo Alto Research Center가 고성능 개인용 컴퓨터와 마우스를 개발하고 페이스북이 가입자 수를 2000만 명에서 7억 5000만 명으로 늘린 곳이기도 하다.[22]

1951년 스탠퍼드 대학이 터먼 교수의 주도 하에 팰로앨토시와 함께 만든 이 단지는 졸업생 등의 창업을 지원해 일자리를 만들고, 대학과 기업의 공동 프로젝트를 지원하며, 이를 통해 지역경제를 발전시키자는 취지로 세워졌다. 스탠퍼드 대학 주변 2.8제곱킬로미터 면적에 조성된 연구 단지에는 현재 150여 개의 회사가 입주해 있다. 그중엔 전기 자동차 회사 테슬라도 포함돼 있다. 스탠퍼드 캠퍼스까지 셔틀버스가 다니고 가까운 곳은 자전거로 5~10분 정도면 학교 캠퍼스와 연구실에 닿는다.

스탠퍼드 연구 단지에서 스탠퍼드 대학과의 협력을 통해 성장한 기업들은 스탠퍼드 대학에 학교 기금으로 보답했다. 터먼의 바람대로 기업이 돈을 벌고 성장하면 대학도 수혜를 받는 선순환이 이뤄진 것이다. 1960년 가을, 학교 측의 보고서에 따르면 당시 연구 단지에 입주한 28개 회사 가운데 제너럴 일렉트릭, 스탠다드 오일, 휼렛 패커드, 방위 산업체인 록히드 등 17개 회사가 적극적으로 학교를 지원하고 있었다.[23]

스탠퍼드 대학원에 뒷문을 만들다?

이따금 실리콘밸리 기업에서 근무하는 직원들이 스탠퍼드 대학원에 '뒷문'으로 입학한다는 이야기가 나오곤 한다. 일반적인 대학원 입학 과정과는 별도로 우등 협력 프로그램HCP, Honors Cooperative Program을 통해 스탠퍼드 대학원에 입학하는 경우다.

자기소개서와 연구 계획서, 추천서, 성적표, GRE(미국 대학원 입학시험) 같은 서류를 제출하는 것까지는 일반적인 대학원 입학 과정과 같다. 다른 점은 이 프로그램에 참여하는 실리콘밸리 기업들에서 근무하는 직원만을 대상으로 선발한다는 점이다. 일반적인 대학원 석사 과정은 통상 2년인 반면 이 프로그램은 5년 동안 45학점을 이수하면 석사 학위를 수여한다. 회사에 다니면서 주중에 며칠 학교 강의에 참석하거나 온라인 강의를 수강하는 방식이다. 일정한 과목을 이수하면 증서를 주는 비학위 과정도 있다. 일반적인 스탠퍼드 대학원 입학보다 조금 쉽다고 해서 뒷문으로 불리기도 한다.

터먼이 공대 학장이던 1953년 공대에서 시작되어 현재까지 이어지고 있는 프로그램이 바로 이 HCP다. 스탠퍼드 연구 단지를 만들고 이를 지원하는 차원에서 만든 프로그램이기도 하다. 이 프로그램은 기업에는 직원들의 능력을 향상시키고, 대학원에 다니는 직원들과 교수진을 통해 다른 우수한 스탠퍼드 대학원생들을 채용할 기회를 제공했다. 그리고 대학 측에는 기업과의 연결 고리를 형성하고 등록금 수입을 이중으로 올릴 기회를 제공했다. 스탠퍼드 연구 단지에 입주한 기업의 직원들에겐 더할 나위 없이 편리한 교육 프로그램이었다.

터먼 시절 공대에서 시작한 이 프로그램은 2017년 현재 네 개 단과대학의 14개 과정으로 확대됐다.[24] 대학이 캠퍼스 내에만 묶여 있을 경우 현실 세계의 변화를 제대로 감지할 수 없기 때문에 기업과 활발하게 교류하면서 경제적 지원을 받고 상부상조하는 것이 좋다는 터먼의 신념이 발현된 것이 바로 이 프로그램이었다.

프레드 터먼이 없었다면 스탠퍼드 대학은 기업을 낳는 대학, 혁신을 주도하는 대학, 실리콘밸리와 함께 성장하는 대학으로 불리지 못했을 것이다. 졸업생들이 동부로 떠나지 않고 학교 주변에 뿌리 내리기를 바랐던 그는 제자들의 창업을 지원했다. 터먼이 스탠퍼드 대학을 떠나고 수십 년 뒤, 스탠퍼드 대학은 총장이 대통령의 만찬에 비기업인으로 유일하게 초대될 만큼 위상이 높아졌다. 물론 터먼 혼자 지금의 스탠퍼드 대학을 만든 것은 아니다. 하지만 지금의 스탠퍼드 대학을 만드는 데 가장 큰 역할을 한 인물을 꼽으라면 단연 터먼일 것이다.

카이스트 설립의 청사진, 터먼 보고서

프레드 터먼은 1965년 은퇴할 때까지 자신이 연구 과정에서 취득한 특허와 각종 서적 등의 수입 대부분을 스탠퍼드 대학에 기부했다. 또한 은퇴 후에는 자신이 소장하고 있던 방대한 학술 논문과 글들을 정리해 학교에 기증했다.[25] 삶을 정리하면서 자신이 가진 대부분을 스탠퍼드 대학에 남긴 것이다.

대학과 지역공동체의 발전을 이끌었던 그는 퇴임 이후 개발도상국의 과학기술 교육을 자문하면서 우리나라와도 인연을 맺었다. 1970년 박정희 정권 당시 한국 정부가 카이스트KAIST(당시 명칭은 한국과학원 KAIS) 설립을 위해 미국 국제개발처USAID에 지원을 요청하자 터먼이 평가단장으로 한국을 방문했던 것이다. 이때 그는 카이스트 설립의 청사진이 되는 이른바 '터먼 보고서 Terman Report'를 제출했다.[26]

2부
—

지구는
실리콘밸리를 중심으로
돈다

5장

불평등과 불편함이 낳은 스타트업의 성지, 샌프란시스코

미국 가수 스콧 매켄지Scott McKenzie의 1967년 노래 〈샌프란시스코
Be Sure to Wear Flowers in Your Hair〉로 더욱 유명해진 세계적인 관광 도시 샌프
란시스코. 금문교와 중범죄자를 가뒀던 감옥이 있는 앨커트래즈섬, 그리
고 북미에서 가장 크고 오래된 차이나타운이 있는 이 도시는 수많은 영화
의 촬영지이기도 하다. 영화의 무대 자체가 샌프란시스코였던 〈아델라인:
멈춰진 시간〉(2015년)을 비롯해 〈터미네이터 제니시스〉(2015년), 〈고질라〉
(2014년), 〈프린세스 다이어리〉(2009년), 〈더 록〉(1996년), 〈미세스 다웃
파이어〉(1994년)에 이르기까지 샌프란시스코는 영화가 사랑하는 낭만
의 도시다.

그러나 샌프란시스코는 원래 낭만의 도시가 아니었다. 사실 이상적
인 낭만의 도시라기보다 현실적인 '황금 꿈의 도시'라고 해야 할까. 작

은 바닷가 마을에 불과했던 샌프란시스코가 도시로 성장한 것은 1849년에 시작된 골드러시 덕분이다. 1848년 1월 샌프란시스코에서 북동쪽으로 140킬로미터 정도 떨어진 새크라멘토 지역에서 금광이 발견되면서 1849년부터 본격적인 골드러시가 시작됐다. 미국 전역에서 금빛 꿈을 꾸는 사람들이 캘리포니아로 몰려들었고 항구 도시 샌프란시스코가 금광 지역으로 가는 관문 역할을 했다(캘리포니아에 황금의 주라는 뜻의 '골든 스테이트^{Golden State}'라는 별칭이 붙은 것도 이때다).

그전까지만 해도 샌프란시스코는 예르바부에나^{Yerba Buena}라고 불렸다. 지역에 많이 자생하는 식물 이름이 지명이 된 경우였다. 샌프란시스코 일대를 포함한 캘리포니아 지역은 1776년부터 스페인의 식민 통치를 받았고 1821년부터는 멕시코의 지배를 받다가 1848년에야 법적으로 독립했다. 예르바부에나라는 지명이 스페인어로 성프란체스코를 뜻하는 샌프란시스코로 바뀐 것은 멕시코 식민 통치 말기였던 1847년의 일이다. 시 집행부는 예르바부에나가 지역 주민들만 아는 이름인 데다 그다지 인상적이지 않다는 이유로 조례를 개정해 이름을 바꿨다. 내심 옛 식민지 시절의 이름을 그대로 쓰고 싶지 않다는 마음도 있었을 것이다.[1]

금융 도시를 스타트업 도시로 만든 밤 문화?

이름이 샌프란시스코로 바뀌고 1849년 골드러시가 시작되면서 도시는 빠르게 성장했다. 샌프란시스코를 기반으로 하는 프로 풋볼 리그^{NFL} 팀인 샌프란시스코 포티나이너스^{49ers}는 1849년 골드러시 당시 이주해

온 사람들을 기리는 이름이다. 금광이 발견된 지역들을 잇는 도로에는 캘리포니아 49번$^{State Route 49}$ 주도란 이름이 붙기도 했다.

샌프란시스코는 골드러시를 계기로 폭발적으로 성장했다. 도시가 성장하기 위해 가장 중요한 요건인 인구가 빠르게 증가했기 때문이다. 1849년 2월 2000명 정도였던 샌프란시스코 인구는 같은 해 7월 5000명으로 늘었고 연말에는 2만 명에 육박했다. 캘리포니아 전체를 보면 외부에서 배를 타고 들어온 사람들의 통계는 비교적 정확한 기록이 남아 있는 반면 육로로 들어온 사람들은 정확한 집계가 어렵다. 한 자료에 따르면 1848~52년 캘리포니아 인구는 1만 5000명에서 25만 명으로 급증했다고 한다.[2]

골드러시로 사람과 함께 돈도 몰려왔다. 금을 캐러 오는 사람들에게 청바지와 음식을 팔고 숙박을 제공하는 상인들이 늘어나자 자연스럽게 은행과 같은 금융기관도 몰려들었다. 그러면서 금융은 샌프란시스코를 대표하는 산업으로 성장했다.

지금도 샌프란시스코 시내의 금융 지구$^{Financial District}$엔 굵직한 은행과 증권 회사 등이 영업을 하고 있다. 샌프란시스코는 1906년 3000여 명의 사망자를 내고 시의 80퍼센트를 파괴한 샌프란시스코 대지진 이후 저층 건물들만 들어서다가 지진에 대비한 건축 기술의 발달과 도심 재개발 사업으로 1980년대 이후 고층 빌딩이 속속 지어졌다. 샌프란시스코 금융 지구는 그런 고층 빌딩 숲을 대표하는 거리다.

금융은 여전히 샌프란시스코 도시 경제의 중심에 있다. 2013년 조사에선 민간 부문 고용에서 금융이 차지하는 비율이 15퍼센트에 이르는 것으로 나타났다. 정보기술^{IT} 분야가 차지하는 비율인 13퍼센트보다 높은 수치였다. 그러나 추세를 보면 갈수록 금융이 정보기술에 자리를 내주고 있다. 닷컴 거품dot-com bubble이 꺼진 2001년 민간 부문 고용에서 정보기술 분야가 차지하는 비율은 11퍼센트를 기점으로 급락했다가 다시 성장세를 기록하고 있지만 금융 산업은 2001년 21퍼센트에서 6퍼센트 포인트나 줄었기 때문이다.[3]

샌프란시스코는 금융의 도시에서 스타트업의 도시로 중심추가 급격히 이동하고 있다. 이제 샌프란시스코에서 가장 핫한 지역도 왕년의 금융 지구가 아니라 기술 기업들이 들어서 있는 소마SOMA, South of Market다. 소마는 지리적으로 마켓스트리트 남쪽에 붙어 있다고 해서 붙여진 이름이다.

과거에는 샌프란시스코에 살면서 실리콘밸리로 출근하는 사람들이 대부분이었다. 샌프란시스코 자체에는 기술 기업이 거의 없었다. 1990년 샌프란시스코에서 일하는 전체(공공과 민간 부문 모두 포함) 근로자 가운데 기술 기업에 근무하는 사람은 1퍼센트에 불과했다. 이 비율은 점점 늘기 시작해 2000년에는 3퍼센트가 됐고, 2013년에는 전체 근로자의 6퍼센트로 늘어났다.[4]

2014년 4월 발표된 보고서에 따르면, 2010년부터 2013년까지 샌프란시스코의 민간 부문 일자리는 6만 7000개가 늘었고(15퍼센트 증가), 이 가운데 2만 1000개가 정보기술 관련 일자리였다. 2007년부터 2013년까지 미국 전역에서 민간 부문 일자리는 1퍼센트 감소했지만 샌프란시스코에서는 오히려 11퍼센트나 증가했다(2008년부터 2010년까지는 미국이 '서브 프라임 모기지 사태'로 심각한 경기 불황을 겪었을 때다). 2013년 말 현재 샌프란시스코의 IT 종사자는 6만 8000명으로 민간 부문 일자리의

13퍼센트를 차지한다.[5]

사실 지리적으로 샌프란시스코는 실리콘밸리가 아니다. 샌프란시스코 밑에 있는 사우스샌프란시스코(샌프란시스코와 별개의 도시)부터 산호세 남부까지 이어지는 지역이 실리콘밸리이기 때문이다. 그러나 지금은 샌프란시스코 역시 실리콘밸리에 포함해 부르는 것이 일반적이다. 트위터, 우버, 에어비앤비, 핏빗Fitbit, 세일즈포스Salesforce 등 잘나가는 기술 기업들의 본사가 샌프란시스코 시내에 있을 만큼 최근 10년 사이 스타트업의 도시로 거듭났기 때문이다. 실리콘밸리가 지리적으로 보다 넓은 범주인 샌프란시스코베이 지역 전체로 넓어지는 추세이고, 대표적인 사례가 바로 샌프란시스코다.

실리콘밸리의 관문 역할을 해오던 샌프란시스코가 스타트업의 도시로 거듭나기까지 젊은이들의 밤 문화도 큰 역할을 했다. 무슨 뚱딴지같은 소리냐고 할지 모르지만 실제로 둘 사이에는 밀접한 연관성이 있다.

실리콘밸리 경기가 호황을 이어가면서 미국 전역, 아니 세계 곳곳에서 엔지니어(특히 소프트웨어 엔지니어)들이 몰려들고 있고, 인재를 유치하기 위한 기업들의 전쟁도 갈수록 뜨거워지고 있다. 예컨대 구글과 애플, 페이스북 같은 회사에서는 괜찮은 대학에서 컴퓨터사이언스 같은 분야로 박사 학위를 받은 인재들을 모시기 위해 수십만 달러의 연봉을 제시한다. 다른 회사가 탐낼 만한 인재는 당장 맡길 일이 없더라도 일단 뽑아놓을 정도라고 한다.

그런데 대학이나 대학원을 막 졸업하고 실리콘밸리 일대에 취업하는 20, 30대는 샌프란시스코에 있는 직장을 선호한다. 대중교통이 취약한

샌프란시스코 다운타운의 저녁. 주로 자동차를 이용해 이동해야 하는 다른 실리콘밸리 지역에 비해 샌프란시스코는 칼트레인, 바트, 케이블카(트램) 등 대중교통 시설이 비교적 잘 갖춰져 있다. 더불어 늦은 밤에도 다양한 놀거리와 먹거리를 즐길 수 있어 젊은 인재들이 선호하는 지역이 됐다. (ⓒDavide D'Amico / flickr)

팰로앨토, 마운틴뷰, 산호세 등지와 달리 버스, 전차 등으로 시내 곳곳을 다니기 편하고, 퇴근 후에 즐길 만한 공연 문화 시설과 레스토랑 그리고 클럽 등이 수두룩하게 널려 있는 젊음의 도시이기 때문이다. 샌프란시스코 자이언츠의 홈경기장인 에이티앤드티 공원AT&T Park도 샌프란시스코 시내 바닷가에 있다.

동네 분위기를 보면 실리콘밸리는 한적한 주택가로 둘러싸인 변두리다. 회사들이 많은 데다 안전하고 호젓한 지역이어서 아이를 키우기에 적합한 장소다. 다만 변두리라고 해도 집값을 비롯한 생활비 수준은 미국의 다른 지역보다 월등히 높다. 그래서 연봉 10만 달러를 받아도 생활은 빠듯하다고 한다.

실리콘밸리는 친구들과 어울려 클럽에도 다니면서 밤을 즐기려는 사람들에게는 따분하기 이를 데 없는 곳이다. 산호세 같은 도시에 아주 작은 번화가가 형성돼 밤늦게까지 레스토랑과 펍이 영업을 할 뿐, 대부분의 동네에서는 맥줏집조차 자정이면 문을 닫는다(때에 따라 금요일과 토요일 밤엔 한 시간 정도 늦게까지 문을 열어두기도 한다).

그에 비해 샌프란시스코는 밤에도 불야성을 이룬다. 그래서 팰로앨토나 마운틴뷰 같은 곳에서 일을 마친 젊은이들이 샌프란시스코로 차를 몰고 가거나 칼트레인Caltrain(샌프란시스코에서 실리콘밸리 남부까지 운행하는 기차)을 타고 가서 밤새 파티를 연다. 실리콘밸리 일대에서 퇴근 후에 친구들과 어울리고 데이트를 하기에 샌프란시스코만 한 도시가 없다.

애플이 40년 동안의 고집을 꺾은 것도 그런 이유 때문이었다. 애플은 1976년 4월 창업한 이후 본사가 있는 쿠퍼티노를 포함해 인근의 서니베일, 샌타클래라, 산호세 등 실리콘밸리 지역에만 사무실을 두었다. 최고경영자가 걸어다니며 직원들을 만날 수 있도록 직원들이 회사 캠퍼스에 모여서 일해야 한다는 것이 스티브 잡스의 철학이었기 때문이다.

그랬던 애플이 2016년 여름 샌프란시스코 시내에 500명가량이 근무할 수 있는 사무실을 냈다. 그전까지 애플은 샌프란시스코에 있는 기업을 인수한 적은 있어도 별도의 사무실을 내지는 않았었다. 하지만 샌프란시스코의 직장을 선호하는 구직자가 많아지면서 방침을 바꾼 것이었다. 구글과 링크트인 같은 회사들은 이미 수년 전에 실리콘밸리 본사 외에 샌프란시스코에 제법 큰 규모의 사무실을 냈다.[6]

경제 위기는 어떻게 기회가 됐을까

샌프란시스코는 2008년 경제 위기를 기점으로 기술 기업 중심의 스타트업 도시로 변모하게 되었다. 1990년대 후반에 시작되어 2000년에 정점을 찍은 닷컴 거품이 2001년과 2002년에 터지면서 실리콘밸리도 심각한 타격을 받았다. 닷컴 열풍이 최고조에 달했던 2000년까지만 해도 실리콘밸리엔 투자처를 찾는 자본이 어마어마하게 몰려들었다.

프라이스워터하우스쿠퍼스[PWC]에 따르면, 신생 기술 기업들에 대한 투자는 1998년 108억 달러에서 1999년 323억 달러로 불과 1년 만에 세 배가량 급증했다. 통신 장비나 인터넷 서비스와 관련하여 유망해 보이는 스타트업에는 벤처 투자사의 돈이 주체하기 힘들 만큼 쏟아져 들어왔다고 한다.[7]

절정기인 2000년에는 무려 323억 달러의 투자금이 실리콘밸리에 밀려들었다. 그러나 2001년 이후 투자는 반 토막 이하로 급감했고 그런 추세는 2000년대 후반까지 이어졌다.[8] 닷컴 거품이 꺼지고 실리콘밸리에는 "겨울이 오고 있다[Winter is coming]"라는, 드라마 〈왕좌의 게임〉의 대사처럼 혹한기가 찾아왔다. 하지만 많은 기업인이 새로운 사업을 창업하고 망하고를 반복한 것도 사실이다.

한때 망한 것처럼 보였던 실리콘밸리는 이내 다시 생기를 되찾다가 2008년 금융 위기를 맞았다. 미국 전역은 물론 전 세계를 강타한 경제 위기로 실리콘밸리 지역은 커다란 변화를 겪었다. 그리고 그 변화는 샌프란시스코에는 새로운 기회를 의미했다. 금융 위기로 금융기관들이 망하거나 철수하면서 샌프란시스코 시내의 금융 지구와 같은 노른자위 지역에 빈 사무실이 늘어났다.

샌프란시스코 시내의 임대료는 실리콘밸리 지역보다 비싸면 비쌌지 저렴하지 않다. 그렇지만 실리콘밸리 지역에 비해 상대적으로 넉넉한 공간을 찾기 쉽다는 점 때문에 많은 실리콘밸리 기업이 샌프란시스코에 사무실을 내거나 아예 둥지를 옮겼다. 구글과 애플 같은 기업들은 실리콘밸리 지역에 회사 건물을 계속 지으면서도 늘어나는 직원들을 수용하기 위해 틈만 나면 주변 지역의 건물을 임대하고 있다. 그렇게 기업들이 샌프란시스코에 새로 얻은 사무실 면적이 23만 제곱미터가 넘는다.[9]

시 차원의 세금 감면 정책도 기업들을 끌어들인 요인이었다. 2011년 에드 리Ed Lee 샌프란시스코 시장은 샌프란시스코에서 실리콘밸리 내의 다른 도시로 이사 가려던 트위터에 세금 감면 특혜를 제공했다. 경제 위기로 폐업한 사업체들이 늘어 빈 건물이 많고 상대적으로 개발이 이뤄지지 않은 특정 지역에 입주하거나 남아 있는 기업에 혜택을 주겠다면서 트위터를 붙잡은 것이었다. 직원 1인당 1.5퍼센트를 내야 하는 세금을 향후 6년 동안 신규 직원들에 한해 면제해주기로 하면서 말이다.

샌프란시스코는 기업의 매출에 대해 세금을 매기는 실리콘밸리의 다른 도시들과 달리 임금과 스톡옵션 등 직원에게 지급한 전체 금액에 대해 세금을 매기는 구조였다.

이런 세금 체계는 기업에 유리하다. 매출보다 많은 금액을 직원에게 보상하는 회사를 상상하기 어렵기 때문이다. 그러나 상장을 앞둔 기업이라면 상황이 조금 달라진다. 샌프란시스코와 실리콘밸리 지역에서 창업한 기업들은 인재를 채용하기 위해 임금 외에 일정한 수준의 스톡옵션을 주는 것이 일반적이다. 그런데 회사가 성장해 주식시장에 상장하게 되면 스톡옵션 행사로 인해 직원들에 대한 보상 금액이 치솟을 가능성이 높다.

샌프란시스코가 아닌 다른 도시에 회사가 있으면 매출에 대해 세금을 내면 되지만 샌프란시스코에 회사가 있다면 스톡옵션 행사를 포함한 전체 보상 금액에 대해 세금을 내야 했다. 실제로 트위터만 하더라도 상장 후에 스톡옵션을 행사해 100만 달러 이상을 벌어들인 젊은 직원이 부지기수였다. 이런 상황에서 샌프란시스코 시장의 제안은 적지 않은 혜택이었다.

물론 명시적으로 트위터에만 혜택을 제공하는 것은 아니었지만 사실상 트위터를 붙잡기 위해 맞춤형으로 내놓은 정책이었다. 사업이 급성장하면서 새로 고용하는 직원이 늘고 있던 트위터에는 대단한 혜택이었다.

결국 트위터는 세금 감면 혜택을 받으면서 샌프란시스코 시내 폴섬 스트리트에 있던 본사를 시에서 제안한 시 외곽의 빈 건물(폐업한 가구 회사 건물)로 옮겨갔다. 지금은 사세가 위축됐지만 당시만 해도 트위터의 위세는 대단했다. 2013년 11월 주식시장에 주당 26달러에 상장하자마자 44.94달러로 장을 마쳤다. 물론 같은 소셜미디어인 페이스북이 온라인 광고 시장의 새로운 강자로 등장해 승승장구한 것과 달리 트위터는 뾰족한 비즈니스 모델을 찾지 못해 마치 야후처럼 쪼그라들었지만 말이다. 2014년 1월 초 주당 69달러로 최고점을 찍은 트위터는 지속적인 하향세를 보이다가 결국 시장에 매물로 나오고 말았다.

어쨌든 트위터의 입주를 계기로 다른 기술 기업들도 같은 지역에 자리를 잡기 시작했다. 2015년 연 매출 2억 800만 달러에 직원 수 1400명 규모의 젠데스크Zendesk(고객 관리 서비스 제공)를 비롯해 20여 개의 기업이 '세금 혜택'을 받기 위해 몰려들었다. 2014년 한 해 동안 이 기업들이 받은 세금 감면 혜택은 3400만 달러였으니 기업들로서는 이 동네에 둥지를 틀어야 할 확실한 이유가 있었던 것이다. 덕분에 폐업으로 텅 빈 건물들이 즐비하던 미드마켓Mid-Market(샌프란시스코 시내 마켓스트리트를 중심으로 개발이 덜 이뤄진 일부 지역을 가리키는 말)은 활기를 띠게 됐다.[10]

우버, 샌프란시스코에서 시동을 걸다

실리콘밸리 지역에서 가장 많이 입에 오르내리는 스타트업의 신화 같은 존재가 바로 샌프란시스코에 본거지를 둔 우버Uber다. 2009년 출발한 우버는 기업 가치가 680억 달러를 넘어섰다(기업 가치는 주식시장에 상장하기 전에 투자기관에서 투자 기준으로 받은 평가라는 점에서 실제 주식시장에서 거래되는 주식으로 계산하는 시장 가치와는 성격이 다르다).

그런데 우버는 어떻게 샌프란시스코에 자리를 잡게 되었을까. 우버의 공동 창업자인 개릿 캠프Garrett Camp와 트래비스 캘러닉Travis Kalanick은 2008년 12월, 프랑스 파리에서 열린 인터넷 비즈니스와 스타트업 관련 회의에서 처음 만났다.

1978년 캐나다 캘거리에서 태어난 캠프는 개인의 관심 분야를 등록하면 관련된 고품질 웹사이트를 찾아주고 자료를 공유해주는 서비스인 스텀블어폰StumbleUpon을 창업해 2007년 이베이에 7500만 달러에 매각하고 새로운 사업 아이템을 구상하던 중이었다. 1976년 미국 로스앤젤레스 태생인 캘러닉 역시 인터넷 파일 공유 사이트인 레드 스우시Red Swoosh를 창업해 2007년 아카마이 테크놀로지스Akamai Technologies에 1900만 달러에 매각한 뒤였다. 캘러닉도 캠프와 같은 고민을 하던 참이었다.

둘은 다른 참가자들과 대화를 나누다가 마음이 통했던 것으로 보인다. 당시 캠프는 파리에서 택시를 잡기 힘들었다는 이야기를 하다가 자신이 사는 샌프란시스코 이야기를 꺼냈다. 캠프는 파리 못지않게 택시 잡기가 힘든 샌프란시스코의 사례를 들며 스마트폰으로 택시를 호출하는 사업을 해보면 어떻겠냐는 이야기를 했고 캘러닉이 맞장구를 쳤다고 한다. 그것이 우버의 출발이었다.[11]

캐나다 캘거리 대학원에서 소프트웨어 엔지니어링 석사 과정에 재학 중이던 캠프는 친구들과 함께 스텀블어폰을 만들었고 이후 개인 투자자의 권고로 샌프란시스코로 이주했다. 그를 샌프란시스코로 불러들인 개인 투자자는 실리콘밸리 투자자들을 소개해줬고 캠프는 샌프란시스코에 자리를 잡고 사업을 하게 되었다.

캘러닉은 로스앤젤레스 캘리포니아 대학에서 컴퓨터 엔지니어링을 전공하다가 창업을 위해 중퇴한 사업가였다. 그는 대학을 그만둔 뒤 주로 로스앤젤레스 근교에 살았다. 파리에서 의기투합한 캠프와 캘러닉은 2009년부터 본격적으로 사업을 시작했다.

둘은 2010년 7월 샌프란시스코에서 우버의 첫 시범 서비스를 선보였다(처음에는 회사 이름을 '우버 택시'라는 의미의 '우버 캡Uber Cab'으로 지었다가 택시 업계의 반발과 택시에 대한 규제를 피하기 위해 회사 이름에서 캡이라는 단어를 뺐다). 처음에는 리무진 기사들과 연계해 리무진이 쉬는 시간에 스마트폰 앱을 이용하여 손님과 기사를 연결해주는 방식이었다. 우버의 대표적인 서비스인 우버 엑스(택시 면허가 없는 일반인이 자가용으로 승객을 태워다주는 서비스)는 2012년 7월에 시작되었다. 2016년 11월 현재 우버 엑스는 70여 개국 530여 개 도시에서 영업할 만큼 폭발적인 성장을 해왔다. 택시 면허 없이 유사 콜택시 서비스를 한다는 비판과 더불어 운행 정지 명령을 받기도 하고 택시 기사들의 집단행동으로 우버 차량이 파손되기도 했지만 엄청난 투자금을 거둬들이며 성장을 거듭해온 것이 사실이다.

우버가 급성장한 데는 사업을 시작한 곳이 샌프란시스코였다는 점도 한몫 했다. 우선 샌프란시스코는 우버에 최적의 사업 장소였다. 샌프란시스코는 낡은 택시 시스템 때문에 택시 이용이 불편한 미국에서도 특히나 불만이 높았던 곳이다. 1930년대 대공황 이후 택시가 급증하면서 서비스 품질이 떨어지고 요금 경쟁으로 택시 기사들의 수입도 크게 낮아졌으며 교통도 혼잡해지는 문제가 발생했다. 그러자 미국 주요 도시가 택시 면허 제도를 통해 택시 숫자를 제한하게 되었다.[12]

택시 면허 제도는 처음에는 순기능을 했다. 그러나 시간이 지나면서 택시 수요가 공급에 비해 턱없이 부족해졌다. 그런 상황이 오래 지속되던 중에 등장한 것이 우버였다. 2014년을 기준으로 샌프란시스코의 경우 일주일 내내 택시 영업을 할 수 있는 일반 승용차 면허는 1870개에 불과했다.[13] 한 해 2000만 명 이상이 방문하는 도시에서는 턱없이 부족한 숫자였다.

우버가 여러 차례 운행 중지 명령을 받은 것은 택시 면허로 운영되어오던 기존 질서를 파괴했기 때문이었다. 2010년 7월 우버는 샌프란시스코에서 시범 서비스를 시작했고 3개월 뒤에 125만 달러의 투자를 유치했다. 그리고 며칠 지나지 않아 샌프란시스코시 교통국과 캘리포니아주 당국으로부터 영업 중지 명령을 받았다.[14] 영업을 중단하지 않으면 막대한 벌금을 물게 되는 상황에서 우버는 서비스를 계속했다. '몇 명 되지도 않는 공무원들이 그 많은 우버 차량을 어떻게 단속하겠냐'는 배짱도 있었지만 더욱 중요했던 것은 이용자(승객)의 반응이 뜨거웠다는 점이었다.

대부분 샌프란시스코 시민이었던 이용자들은 기존 질서를 파괴하는 우버 서비스에 거부감을 보이지 않는 정도가 아니라 아예 '잡기도 힘들고 요금은 비싼 택시 문제를 해결할 대안'으로 반겼던 것이다. 샌프란시스코가 새로움에 관대한 도시이기 때문에 가능한 일이었다.

샌프란시스코는 골드러시 때의 포티나이너스를 비롯해 미국과 유럽, 또 아시아에서 수많은 사람이 흘러들고 정착한 곳이자 다양한 문화와 인종의 사람들이 공존하는 도시다. 여기서 한 걸음 더 나아가 성적 소수자의 도시로 불려왔다. 새로움에 대한 거부감이 그만큼 덜한 곳이라는 이야기다.

최근 들어서는 기술 기업들의 창업이 늘고 엔지니어 중심의 청년 인력이 증가하면서 새로운 것에는 개방적이고 정부의 간섭에는 부정적인 경향이 강화되고 있다. 대표적인 민주당의 텃밭인 캘리포니아주 내에서도 특히나 민주당 지지 성향이 강한 곳이 실리콘밸리다.

그러나 경제적인 부분에서는 정부의 개입을 최소화해야 한다는 것이 실리콘밸리의 정서이기도 하다. '정치적 좌파이자 경제적 우파'라고 할까. 샌프란시스코는 이런 성향이 특히나 강한 곳이다. 우버가 정부 규제에 맞서기 위해 대중(우버 운전기사와 승객 등)을 상대로 직접 문자를 보내고 우편을 발송하며 우호적인 여론을 조성해 결과적으로 규제를 완화시킨 것도 이 덕분이다.

2014년 2월 캘리포니아주 하원의원인 민주당 소속 수잔 보닐라가 교통사고 보험 의무를 강화하는 법안을 발의하자 우버는 샌프란시스코와 실리콘밸리 지역에서의 지지를 등에 업고 주의회뿐 아니라 유권자에게 직접 문자와 우편을 보내 부당한 규제라고 맞섰다. 법안은 주의회를 거쳐 그해 9월 주지사의 서명까지 받았지만 우버 측의 요구가 상당 부분 반영되면서 원안보다 크게 완화됐다.[15]

에어비앤비, 샌프란시스코에 둥지를 틀다

숙박 업체가 아닌 일반인이 주택이나 아파트 또는 방 등을 빌려줄 수 있도록 집 주인과 고객을 연결해주는 숙박 중개 회사 에어비앤비Airbnb도 우버와 비슷한 경로를 거쳤다. 에이비앤비는 2008년 8월 미국 동부 출신의 세 청년이 웹사이트를 열고 서비스를 시작한 이래 2016년 9월에는 기업 가치가 300억 달러에 이를 만큼 급성장했다. 공동 창업자들은 미국 동부의 명문 디자인 대학인 RISDRhode Island School of Design 동창이자 1981년생 동갑인 브라이언 체스키Brian Chesky와 조 게비아Joe Gebbia, 그리고 1984년생으로 하버드 대학에서 컴퓨터사이언스를 전공한 프로그래머 네이선 블레차르지크Nathan Blecharczyk다. 셋이 함께 에어비앤비를 만든 곳이 바로 샌프란시스코였다.

게비아와 체스키는 2005년 대학을 졸업하면서 게비아가 샌프란시스코에 있는 출판사에 취직하고 체스키는 로스앤젤레스에 있는 건축 디자인 회사에 일자리를 얻으면서 헤어졌다가 2007년 샌프란시스코에서 다시 만났다. 회사를 그만둔 게비아가 사업을 해보자며 체스키를 샌프란시스코로 부르자 체스키가 흔쾌히 회사를 그만두고 게비아의 아파트에 들어왔다.

그해 10월 어느 날 실업자였던 두 친구는 돈이 떨어져 아파트 월세를 어떻게 낼지 걱정하다가 당시 샌프란시스코에서 대규모의 디자인 행사가 열린다는 사실을 떠올리고는 자신들의 아파트에 민박을 해보기로 했다. 80달러에 에어 베드와 아침 식사Airbed and Breakfast를 제공한다는 온라인 광고를 내자 세 명의 손님이 찾아왔다고 한다. 그들은 이 경험을 집이나 방을 빌려줄 주인과 숙박이 필요한 손님을 연결해주는 사업으로 발전시켜 2008년 8월 Airbedandbreakfast.com을 시작했고 그 후 이름을 Airbnb.com으로 바꿨다.

사업을 시작하는 과정에서 게비아가 세 번째 공동 창업자로 끌어들인 인물이 블레차르지크였다. 게비아와 블레차르지크는 체스키가 샌프란시스코에 오기 전에 아파트 룸메이트로 만나 가까운 사이가 됐다(월세가 비싼 샌프란시스코에서는 온라인 벼룩시장인 크레이그스리스트Craigslist 등을 통해 룸메이트를 구하는 경우가 흔하다).[16]

12세에 독학으로 코딩을 배운 블레차르지크는 고등학교 시절 소프트웨어 프로그램을 만들어 100만 달러에 가까운 돈을 벌 만큼 프로그래밍 천재이자 사업에 관심이 많았다고 한다. 하버드 대학을 졸업한 후에 워싱턴DC에 취직했던 그는 2006년 여자 친구와 함께 캘리포니아 샌디에이고에서 샌프란시스코까지 여행한 뒤 곧바로 회사를 그만두고 샌프란시스코로 날아와 취직했다. 그리고 2007년 게비아와 룸메이트로 만나 에어비앤비에 합류하게 됐다.[17]

에어비앤비는 2009년 1월 샌프란시스코에 있는 창업 투자 인큐베이터 와이 콤비네이터[Y Combinator] 프로그램에 선발되면서 빠르게 성장할 수 있었다. 와이 콤비네이터는 실리콘밸리의 창업 생태계에서 최고의 창업 지원 기관으로 꼽히는 곳이다. 많은 사람들이 샌프란시스코에서 창업하려는 것도 이런 투자의 기회를 얻기에 유리하기 때문이다.

그런데 와이 콤비네이터 창업자 폴 그레이엄[Paul Graham]은 에어비앤비의 사업성이 아니라 근성에 끌렸다고 한다. 사업을 시작한 지 얼마 되지 않은 2008년 11월, 세 명의 공동 창업자는 콜로라도주 덴버에서 열린 민주당 전당대회에서 숙소를 중개하기로 했다. 그런데 집이나 방을 빌려주겠다는 사람을 찾는 것은 어렵지 않았지만 숙소를 빌리겠다는 사람을 찾기가 쉽지 않았다. 사업비를 조달하느라 수만 달러씩 빚을 지고 있던 세 사람은 궁리 끝에 디자인 전공을 살려 오바마 캐리커처를 붙인 시리얼을 판매했다.

오바마 시리얼 한 상자를 40달러에 팔면서 공화당 후보였던 존 매케인의 캐리커처를 붙인 시리얼 한 상자를 공짜로 줬다고 하니 시리얼 한 상자에 20달러를 받은 셈이었다. 시리얼 한 상자의 원래 가격을 2달러라고 하면 10배의 가격으로 팔았던 것이다. 이날 그들은 3만 달러어치를 팔았다고 하니 30만 달러어치의 시리얼을 판매한 만큼의 매출을 올린 셈이다.[18] 방을 팔려다가 여의치 않으니 시리얼을 팔아 초기 사업 자금을 벌었다는 사실이 알려지면서 에어비앤비는 와이 콤비네이터 프로그램에 선발되었다고 한다. 와이 콤비네이터에서는 '이 정도 근성이라면 한번 키워볼 만하겠다'는 생각이 들었던 모양이다.

이런 일이 가능했던 것은 샌프란시스코가 신생 기업들이 몰려 있는 작은 동네였기 때문이다. 어느 스타트업이 유망한지, 회사 구성원들이 어떤 사람들인지, 어디에서 얼마나 투자받았는지 금세 소문이 퍼지는 동네가 샌프란시스코다. 이직이 흔하다 보니 비슷한 직종에서 일하면 대부분 안면을 익히게 되는 측면도 있다. 소문이 빠를 수밖에 없는 구조다.

서비스업을 하는 기업의 경우 소비자가 얼마나 많으냐가 가장 중요하다. 그런 측면에서 샌프란시스코는 에어비앤비에도 최적의 장소였다. 이곳을 찾는 사람이 끊임없이 늘고 있기 때문이다. 미국 인구통계국이 추정하는 샌프란시스코의 인구(2016년 7월 1일 현재)는 87만 명가량이지만 방문자는 2016년 한 해에만 2520만 명에 이르렀다. 2016년에 관광과 세미나 등의 목적으로 샌프란시스코를 찾은 사람들이 쓴 돈만 97억 달러, 1달러를 1100원으로 계산하면 10조 6700억 원에 이른다.[19]

숙박료도 점점 오르고 있다. 블룸버그 통신에 따르면 2014년 한 해 동안 샌프란시스코의 호텔 숙박료는 88퍼센트나 올라 하루 평균 400달러가 들고 이는 세계에서 가장 비싼 수준이라고 한다(그러자 샌프란시스코 관광협회는 기사에 나온 수치가 엉터리라면서 샌프란시스코의 호텔 숙박료는 하루 평균 255달러로 미국 내에서 뉴욕과 호놀룰루에 이어 세 번째로 비싸다고 반박했다).[20] 호텔 객실의 예약률은 평균 90퍼센트가량이다. 2016년의 경우 예약률이 가장 낮았던 6월이 80퍼센트였고, 가장 높았던 1월은 98퍼센트였다.[21] 사람들은 몰려드는데 마음에 드는 호텔방은 찾기도 쉽지 않고 가격까지 비싸지니 에어비앤비 같은 사업을 시작하기에는 샌프란시스코만 한 동네도 드물었을 것이다.

느슨한 규제가 기업을 키우다

샌프란시스코시의 느슨한 규제도 에어비앤비의 성장에 필수적인 요인이었다. 샌프란시스코 시정부는 새로운 형태의 사업이 등장하면 기존 규제에 비추어 문제의 소지가 있더라도 일단은 규제하지 않고 지켜본다. 한국의 신생 기업을 지원하는 기관인 스타트업얼라이언스의 임정욱 센터장은 이렇게 이야기한다.

"일반인이 자신의 집이나 방을 빌려주면서 일종의 숙박업을 하게 만들어주는 에어비앤비는 세금 문제(숙박업 허가 없이 집이나 방을 빌려주면서 세금을 내지 않는 문제) 등 불법적인 요소가 초기부터 있었다. 이런 이유로 에어비앤비가 처음부터 정부나 시 당국에 규제를 당했다면 아예 시작조차 할 수 없었을 것이다. 투자자들의 자금 역시 받지 못했을 것이다.

하지만 에어비앤비가 어느 정도 성장해서 주목을 받기 전까지는 규제 이슈가 크게 불거지지 않았다. 그리고 향후 규제로 인한 위험 요소가 있음에도 실리콘밸리의 투자자들은 에어비앤비에 기꺼이 투자했다. 오히려 이들은 아무런 관심을 받지 못하는 것보다 규제 이슈가 나올 정도로 주목을 끌게 되면 성공이라고 여겼다."[22]

샌프란시스코시가 처음부터 에어비앤비를 무면허 숙박 중개업으로 강력히 단속했다면 아마 사업을 접어야 했을지도 모른다. 그러나 시는 집을 빌려주는 집주인들이 시 당국에 등록하게 하는 방식으로 영업을 이어갈 수 있게 했다. 물론 그에 앞서 에어비앤비도 호텔이 내는 세금만큼 집주인들에게 세금을 거둬 시에 '자진 납세'하겠다며 적극적인 협상을 이어갔다.[23] 이렇게 신생 기업과 규제 당국 사이의 협상을 통해 사업이 계속될 수 있었다.

뉴욕시와 비교해보면 규제를 앞세우지 않는 샌프란시스코의 성향이 더욱 잘 드러난다. 샌프란시스코와 거의 비슷한 시기에 에어비앤비가 사업을 시작하여 가장 영업이 잘되는 도시가 뉴욕이기 때문이다. 뉴욕시에서는 지금도 에어비앤비의 영업이 대부분 불법이다. 주인이 함께 기거하지 않고 30일 미만으로 집을 빌려주면 불법이란 법 규정을 그대로 유지하고 있기 때문이다.[24] 샌프란시스코에도 이와 유사한 법 규정이 있었지만 에어비앤비의 등장 이후 이를 개정해 영업이 가능하게 했다.

거의 비슷한 시기에 샌프란시스코와 뉴욕시에서 영업을 시작한 우버역시 에어비앤비의 경우와 유사하다. 샌프란시스코에서는 얼마 지나지 않아 합법적으로 영업할 수 있게 됐지만 뉴욕시에서는 거의 5년 만에야 합법적인 지위를 얻었다. (샌프란시스코의 경우 시정부가 아니라 주정부가 규제 권한을 가졌다는 점에 차이가 있기는 하다. 처음에는 주정부와 시정부가 각기 규제에 나섰다가 주정부로 통합됐다.)[25]

우버와 에어비앤비만 놓고 보면, 이 같은 사업을 허가하는 것이 옳은지, 아니면 기존 시장 질서를 교란한다고 보고 단속하는 것이 옳은지 여전히 논란거리다. 한쪽에서는 이런 기업들이 많은 일자리를 만들어낸다고 주장하지만 다른 한쪽에서는 기존의 더욱 안정적인 일자리를 없애는 대가로 질 낮은 일자리를 만들고 있다고 반박하기도 한다.

뉴욕 시립대학 퀸스 칼리지에서 미디어 이론과 디지털 경제학을 가르치는 더글러스 러시코프Douglas Rushkoff 같은 학자는 우버와 에어비앤비에 대해 "규제를 받아온 기존 산업들의 프리랜스 버전에 사람들의 참여를 부추겨 돈을 버는 애플리케이션들"이라고 비판하기도 한다. 본질을 들여다보면 무면허 택시 영업과 숙박업에 불과한 사업을 마치 새로운 형태의 사업인 것처럼 포장해서 택시 면허가 없는 자동차 주인과 숙박업 허가를 받지 않은 집주인을 사업에 참여하도록 꼬드기고 있다는 이야기다.[26]

요컨대 2008년 경제 위기 이후 샌프란시스코는 시정부 차원에서 기업을 유치하기 위해 노력했고, 그렇게 실리콘밸리가 제2의 전성기를 맞게 되면서 기업은 젊은 직원을 충원했다. 그리고 인재 쟁탈전이 치열해지면서 도시 생활을 선호하는 직원들을 유인하기 위해 샌프란시스코에 사무실을 내는 회사들이 늘어났다. 나아가 금문교뿐만 아니라 구글과 페이스북, 애플 같은 기업들을 구경하러 오는 관광객도 갈수록 늘어났다. 방문객이 많아지니 그들을 대상으로 사업을 하는 사람들에게 기회가 늘어나는 것도 자연스러운 일이었을 것이다. 시정부는 새로운 형태의 비즈니스를 규제하기보다는 기회를 주는 쪽으로 움직였다.

샌프란시스코가 신생 기업의 도시로 거듭난 것은 분명 운이 좋았던 측면이 있다. 그리고 그 운을 기회로 잘 살린 기업들도 있다. 산업적 측면에서만 보면 노력에 더하여 여러 조건이 운 좋게 맞아떨어졌다고나 할까.

한국의 우버와 에어비앤비 불법 논란

우버의 가장 대중적인 서비스이자 핵심 서비스는 우버엑스^{UberX}
다. 이동 수단이 필요한 고객이 휴대전화 앱으로 호출하면 택시
면허가 없는 일반인이 자가용으로 승객을 목적지에 데려다주는
서비스다. 흔히 우버라고 하면 우버엑스를 떠올리게 된다.

우버엑스는 샌프란시스코에서 출발한 우버가 세계적으로 확장
하는 발판이 되었다. 동시에 프랑스 파리를 비롯해 세계 곳곳에
서 택시 업계 등의 반발을 불러일으키고 법원에서 영업 중단 명
령을 받기도 하는 등 논란의 중심에 있기도 하다.

한국에서는 현재 영업 중단 상태다. 2014년 8월 서비스를 개시
하자 서울시와 국토교통부가 현행법상 명백한 불법이라며 단속
과 규제에 나섰고 우버 측은 2015년 3월 서비스를 중단했다. 불
법 논란의 핵심은 여객자동차 운수사업법 제81조(자가용 자동차
의 유상 운송 금지)였다. 출퇴근 시에 카풀을 하는 경우를 비롯한
몇 가지 예외 상황을 제외하고는 자가용으로 남을 태워주고 돈
을 받는 것은 불법이라는 조항이다.

국토부는 당시 법을 위반하면 2년 이하의 징역 또는 2000만 원
이하의 벌금으로 처벌받는다고 밝혔다.[27] 관할 당국이 단속과
규제에 나서자 우버 측이 우버엑스를 한동안 무료로 서비스한

데는 불법 논란을 잠시 피하려는 의도도 포함돼 있었다. 돈을 받지 않으면 불법이 아니라고 주장할 수 있었기 때문이다.

우버는 샌프란시스코에서 우버엑스 서비스를 시작했을 당시 여러 차례 영업 중단 명령을 받았지만 끝내 서비스를 중단하지 않았다. 대신 샌프란시스코시, 더 나아가 캘리포니아주와의 협상을 통해 회사 측이 고객을 위한 보험을 제공하는 등의 조건을 수용하고 서비스를 합법화시켰다. 이후 우버엑스는 폭발적인 인기를 끌었다.

그러면서 택시 업계는 급속도로 타격을 입었다. 2017년 9월 5일 샌프란시스코 현지 언론에는 도산 위기에 놓인 택시 회사 이야기가 소개됐다. 택시 기사들이 주인인 협동조합 형태의 이 회사는 2007년 택시 한 대로 시작해 2014년에는 택시가 19대로 늘어날 정도로 성장했다. 하지만 우버엑스 같은 서비스가 인기를 끌면서 택시는 일곱 대로 감소한 상태다. 이 회사는 당장 3만 5000달러를 투자받지 못하면 조만간 문을 닫을 수밖에 없다며 크라우드 펀딩에 나섰다고 한다.[28]

현재 우버는 한국에서는 고급 택시 호출 서비스인 우버블랙을 중심으로 법적으로 문제가 되지 않는 서비스를 제공하고 있다. 법이 개정되지 않는 한, 우버엑스를 다시 서비스하기는 쉽지 않을 것으로 보인다.

한편 한국에서 에어비앤비의 불법 논란은 진행형이다. 외국인 관광 도시민박업, 한옥체험업, 농어촌 민박업 등 관할 법령에 따라 허가를 받은 경우에만 집이나 방을 빌려줄 수 있다. 하지만 에어비앤비 같은 서비스로 집이나 방을 빌려주기 위해 정식으로 허가를 얻어 사업자로 등록하는 사람은 많지 않다. 오히려 허가 없이 집이나 방을 빌려주는 경우가 많다. 여기에는 세금 문제도

걸려 있다. 허가를 받고 영업을 해야 세금을 걷을 수 있으니 말이다.

특히 문제가 되는 것이 오피스텔이다. 법적으로 업무 시설인 오피스텔을 숙박업에 사용하는 것 자체가 불법이다. 허가 대상도 아니라는 말이다. 그런데 에어비앤비에 등록된 리스트 중에는 오피스텔이 많다. 에어비앤비 측은 한국 웹사이트에 합법적으로 집이나 방을 빌려주는 방법을 담은 가이드라인과 더불어 '오피스텔을 빌려주면 불법으로 처벌받을 수 있다'는 경고문까지 게재하고 있다.

사실 허가를 받지 않고 집이나 방을 빌려준다고 해도 단속이나 처벌이 쉽지 않다. 현장에서 적발해야 하지만 소수의 구청 담당 직원이 수많은 리스트를 확인하는 것은 현실적으로 불가능하다. 에어비앤비가 출발한 샌프란시스코에서도 같은 일이 벌어졌었다. 샌프란시스코에선 한 달 미만으로 개인이 집이나 방을 빌려주는 것은 불법이었다. 월세를 내는 주민들을 보호하려면 집주인들이 셋방을 단기 대여하도록 해서는 안 된다는 취지가 포함돼 있었다.

그러나 에어비앤비 서비스가 인기를 얻으면서 에어비앤비에 집이나 방을 내놓는 개인들이 급증했다. 단속도 쉽지 않았다. 한쪽에서는 잠시 비는 집이나 남는 방을 빌려주고 치솟는 생활비에 보태 쓰겠다는데 왜 막느냐며 거세게 반발했다. 다른 쪽에서는 사실상 전문 업자들이 불법 숙박업을 하고 있다며 불법 행위를 단속하라고 반발했다. 한국에서 여러 채의 오피스텔을 임대해 에어비앤비로 돈을 버는 전문 업자들을 단속해야 한다는 논란이 이는 것과도 유사했다.

그런 상황에서 에어비앤비는 '집주인과 방주인들에게 대신 세금을 걷어주겠다'며 타협에 나섰다. 시의회는 에어비앤비의 제의를 받아들이면서 숙박업 등록을 할 수 있도록 서비스를 제공하기로 결정했다. 이후 에어비앤비는 샌프란시스코에서 확고히 뿌리를 내렸다. 다만 불법 논란은 아직 남아 있다. 지금도 웹사이트를 확인해보면 숙박업 면허 번호 없이 웹사이트에 등록한 집과 방들을 찾아볼 수 있다.

한국에서는 2017년 7월 12일 자유한국당 이완영 의원을 대표로 11명의 의원이 관광진흥법 일부 개정 법률안을 내놨다. 법안을 요약하면 에어비앤비 같은 사이트에 연간 180일 한도 내에서 집이나 방을 빌려줄 수 있도록 허용하는 내용이다. 예외적인 경우가 아니면 외국인에게만 빌려줄 수 있도록 제한하는 현행법을 고쳐 내국인에게도 빌려줄 수 있게 하는 내용도 담고 있다. 이 법안이 어떤 방식으로 처리되느냐에 따라 에어비앤비와 관련한 논란도 정리될 것으로 보인다.

6장

그 많은 돈은
어디에서 왔을까

누군가의 떠남을 알리는 부고訃告는 대체로 진솔하다. 때로는 망자의 삶을 미화하기도 하지만, 없는 사실을 적어놓는 경우는 찾아보기 힘들기 때문이다. 부고에는 한 사람의 인생이 농축되어 있다. 2003년 11월 20일 실리콘밸리의 벤처 투자가 유진 클라이너가 사망했다. 그러자 이런 부고가 실렸다.

"실리콘밸리의 개척자, 유진 클라이너. 페어차일드 반도체를 설립했으며 자신의 돈과 아이디어로 수많은 첨단 기술 기업들의 탄생을 도왔던 그가 지난 목요일, 향년 80세로 캘리포니아 로스앨터스힐스(실리콘밸리의 대표적인 부촌)의 자택에서 사망했다. 사인은 심부전이었다고 한다. 그는 평생 주목받기를 꺼렸지만 처음에는 과학자로, 그 후에는 기업가와 벤처 투자가로 실리콘밸리 건설에 중추적인 역할을 담당했다."[1]

유진 클라이너는 미국 '서부의 월스트리트'로 불리는 실리콘밸리 샌드힐로드의 역사였다. 샌드힐로드는 스탠퍼드 대학 근처에 있는 도로의 이름인 동시에 벤처 투자사들이 자리 잡은 도로 양옆의 동네를 일컫는 명칭이기도 하다. 예전에는 모래가 흩날리던 언덕이었을 이곳에는 현재 20개가 넘는 벤처 투자사들이 모여 있다. 창업을 꿈꾸거나 신생 기업(스타트업)을 키우는 이들이라면 누구나 투자를 받고 싶어 하는 회사들이다. 투자를 못 받아도 문턱이라도 밟아보고 싶어 할 정도다. 1970년대 실리콘밸리에서는 반도체 산업과 더불어 반도체를 기반으로 하는 컴퓨터 관련 산업이 성장했다. 이때 새롭게 시작하는 기업들에 자금을 지원할 회사들도 생겨나 실리콘밸리의 성장과 더불어 막대한 자금을 굴리게 되었다.[2]

그런데 벤처 투자는 안정적인 수익을 내고 있는 기업에 투자하는 것이 아니기 때문에 태생적으로 위험 부담을 안을 수밖에 없다. 그렇다면 최고의 명성을 얻고 있는 실리콘밸리의 벤처 투자가들은 어떻게 투자할까. 실리콘밸리의 벤처 투자가들 사이에서 전설적인 투자가로 존경받는 유진 클라이너가 걸어온 길을 살펴보면 실리콘밸리 벤처 투자의 오랜 전통을 엿볼 수 있다.

엔지니어에서 기업가로, 그리고 투자가로

실리콘밸리에는 기술을 잘 아는 엔지니어 출신 벤처 투자가가 많다. 그래서인지 그들은 기술 기업에 적극적으로 투자한다. 이는 클라이너로 대표되는 초기 엔지니어 출신 벤처 투자가들로부터 형성된 하나의 문화라고 할 수 있다. 클라이너는 지금도 실리콘밸리 최고의 벤처 투자사로 불리는 클라이너 퍼킨스 코필드 앤드 바이어스[KPCB]를 톰 퍼킨스 Tom Perkins와 공동 창업했다. 실리콘밸리를 통틀어 벤처 투자가로 불리는 사람이 30명 남짓이던 1972년의 일이다.[3]

설립 당시 KPCB의 명칭은 설립자인 유진 클라이너와 톰 퍼킨스의 이름을 딴 클라이너 퍼킨스[KP]였다. 이후 브룩 바이어스와 프랭크 코필드가 차례로 합류하면서 1978년 두 사람의 이름까지 붙여 명칭을 변경했다. 그러나 지금까지도 그냥 클라이너 퍼킨스로 부르는 사람들이 많다. 두 설립자 가운데 회사의 성장, 아울러 실리콘밸리 산업 생태계의 성장에 보다 주도적인 역할을 했다는 평가를 받는 인물이 클라이너다. 그래서인지 회사 이름도 퍼킨스 클라이너가 아니라 클라이너 퍼킨스다.

1923년 5월 오스트리아 빈에서 태어난 클라이너는 1941년 나치의 유대인 학살을 피해 가족과 함께 미국 뉴욕으로 건너왔다. 미군에 자원입대해 시민권을 얻은 그는 1945년 참전 군인 학자금 지원을 받아 뉴욕 브루클린의 폴리테크닉 대학 엔지니어링 과정에 입학했고 대학을 마친 뒤엔 뉴욕 대학[NYU] 대학원에서 공학 석사 학위를 받았다. 클라이너는 학교를 마치자마자 당시 잘나가던 통신 장비 회사였던 웨스턴 일렉트릭Western Electric에 엔지니어로 취업했다. 제2차 세계대전 중에 레이더 장비를 비롯해 각종 통신 장비를 미군에 납품한 대기업이었다.

그런데 탄탄한 대기업에서 근무하던 엘리트 엔지니어였던 클라이너는 1956년 회사를 관두고 아내와 어린 아들을 데리고 캘리포니아로 이주했다.[4] 대서양 연안의 동부 뉴욕에 살다가 4800킬로미터 떨어진, 비행기로 다섯 시간이나 걸리는 서부 태평양 연안의 실리콘밸리 지역으로 옮겨간 것이었다. 클라이너는 웨스턴 일렉트릭의 자매 연구 기관이었던 벨 연구소 출신 윌리엄 쇼클리 박사의 스카우트 제안을 받아들여 쇼클리의 창업에 합류했다.

쇼클리 박사는 트랜지스터 연구·생산 시설이었던 쇼클리 연구소를 실리콘밸리 지역에 세우며 인재들을 모았다. 천재적인 물리학자였던 쇼클리가 탄탄한 기업으로부터 자금 지원을 받아 창업한다고 하자 클라이너를 비롯한 야심만만하고 유능한 엔지니어들이 동참했다.

그러나 쇼클리는 최고의 과학자인 동시에 최악의 경영자였다. 그는 거의 모든 직원과 수시로 갈등을 빚고, 못살게 굴고, 게다가 현실성 있는 사업 계획도 제시하지 못했다.[5] 결국 쇼클리 연구소는 상업용 트랜지스터 제품을 내놓지도 못한 채 문을 닫고 말았다.

클라이너는 연구소의 핵심 멤버 일곱 명과 함께 쇼클리 연구소에 사표를 내고 회사를 창업했다. 그의 기업가 경력도 이때 시작됐다. 실리콘밸리에서 실리콘을 이용한 최초의 집적회로를 개발한 회사이자 실리콘밸리의 형성과 발전에 주춧돌이 된 페어차일드 반도체를 공동 창업한 것이었다. 1957년 9월의 일이었다. 1959년 클라이너는 창업 자금을 지원한 모기업 페어차일드 카메라가 페어차일드 반도체를 통째로 인수할 때 자신의 지분을 매각해 25만 달러(2017년 현재 가치로 약 400만 달러)

의 거금을 손에 쥐었다.

그는 회사가 인수된 뒤 일정 기간 근무해야 하는 의무 재직 기간을 채우고 1962년 회사를 퇴사했다. 그러고는 교육용 전자 장비를 제작하는 이덱스Edex, Education Excellence를 설립했다. 그의 회사는 화면에 질문이 나오면 답변 버튼을 찾아 누르게 하는 기기를 만들었다. 컴퓨터 가격이 수십만 달러에 이르고 크기는 자동차만 하던 시절에 기능은 단순하지만 가격은 훨씬 저렴한 교육용 장비를 내놓은 것이다. 이 장비는 뱅크 오브 아메리카BoA에 대출 담당 직원 교육용으로 팔려나가는 등 인기를 끌었다. 그러면서 1965년 거대 방위 산업체인 레이시언Raytheon이 500만 달러에 그의 회사를 인수했다. 당시 42세였던 그는 그야말로 돈방석에 앉게 되었다.

클라이너가 이덱스를 창업할 수 있었던 것은 페어차일드 반도체의 지분 매각으로 창업 자금이 생겼을 뿐 아니라 엔지니어로서의 창업 경험이 있었기 때문이었다. 기술을 아는 엔지니어이자 성공적으로 창업해본 경험이 있는 그가 사업을 한다고 하자 많은 사람이 자금을 대겠다고 나섰다. 그것은 엔지니어 출신으로 성공한 창업가의 자산이었다.

투자가 이상의 투자가, 설립자

불혹이 조금 넘은 젊은 시절 큰돈을 벌어들인 엔지니어 기업가가 이후 뛰어든 것이 벤처 투자였다. 그동안 모은 돈과 인적 네트워크, 경험을 밑천 삼아 가능성 있는 기업을 지원하고 키우는 일에 나선 것이었다. 그는 페어차일드 반도체 창업 당시 투자 유치에 핵심적인 역할을 했던 동부 월스트리트의 투자가 아서 록Arthur Rock이 서부 샌프란시스코에 설립한 벤처 투자사에 10만 달러를 투자하며 벤처 투자에 입문했다. 그의 벤처 투자는 아는 사람, 아는 분야에서부터 시작된 것이었다.

페어차일드 반도체의 공동 창업자이자 절친한 동료였던 로버트 노이스, 고든 무어 등이 창업한다고 하자 10만 달러를 투자한 것도 같은 맥락이었다. 이 10만 달러는 이후 세계적인 반도체 회사로 성장한 인텔의 창업 자금이었다.

클라이너는 쇼클리 연구소에서 나와 페어차일드 반도체를 설립하고 생사고락을 함께하며 회사를 성공한 기업으로 만들었던 '8인의 배신자' 중 한 명이었다. 노이스와 무어는 8인의 배신자 가운데 리더 역할을 했던 인물들이다. 특히 클라이너는 "나는 무어를 위해 일했었다"라고 했을 만큼 무어에 대한 신뢰가 절대적이었다.[6]

클라이너는 함께 믿음을 쌓고 능력을 검증한 친구들의 창업이자 자신의 전문 분야에서 하는 창업이었기에 10만 달러라는 거금을 개인적으로 투자한 것이다. 그리고 그의 투자는 막대한 보상으로 돌아왔다. 당시 인텔의 초기 창업 자금은 250만 달러였다.[7] 그가 투자한 10만 달러는 전체 지분으로 보면 4퍼센트에 해당한다. 클라이너가 인텔 투자로 얼마를 벌었는지는 정확히 파악되지 않는다. 다만 그가 사망한 2003년 11월 당시 인텔의 회사 가치는 2200억 달러였다.[8] 만일 그가 지분을 계속 보유하고 있었다면 그 가치는 88억 달러에 달한다.

그가 벤처 투자가로서 명성을 얻기 시작한 것은 HP 엔지니어 출신인 톰 퍼킨스와 함께 클라이너 퍼킨스를 설립하면서부터였다. 그러면서 그는 벤처 투자의 원칙을 정립해갔다. 그중 대표적인 것이 투자할 회사가 눈에 띄지 않으면 하나 설립하게 한다는 것이다. 즉 벤처 투자사가 창업을 주도한다는 이야기다. 대표적인 것이 1973년 은행과 증권 회사 등의 컴퓨터 서버를 제작하는 탠덤 컴퓨터Tandem Computers의 창업이었다.

클라이너 퍼킨스는 당시 탠덤 컴퓨터의 지분 40퍼센트를 인수하는 방식으로 150만 달러를 초기에 투자했다. 말이 투자였지 실제로는 회사를 설립한 것과 다름없었다. 클라이너는 창업을 준비하는 휼렛 패커드 출신의 엔지니어 지미 트레이빅을 직원으로 채용했다. 트레이빅은 시스템에 장애가 생겨도 데이터를 날리지 않고 저장할 수 있는 컴퓨터를 개발하고 있었다. 클라이너는 이런 컴퓨터를 만들기만 하면 당장 은행이나 항공사, 증권거래소 등 데이터 손실이 막대한 경제적 손실로 이어지는 업계에 팔 수 있을 것이라 예상했다. 그는 바로 트레이빅의 창업을 지원했다. 그는 투자만 한 것이 아니라 기획부터 경영에 이르기까지 거의 모든 과정에 참여하여 월급도 받지 않고 틈나는 대로 출근했다고 한다.

1976년 난치병 치료제를 개발하는 생명공학 기업 제넨테크Genentech 창업에 20만 달러를 투자했을 때도 비슷했다. 사전 조사를 통해 투자 유망 분야를 선정한 다음 실력 있는 유전 공학자와 투자 전문가를 참여시켜 회사를 만들고 자금을 투자했다.

그가 초기 투자한 두 회사 모두 성공적으로 주식시장에 상장되면서 탠덤 컴퓨터에 투자한 150만 달러는 8년 만에 8800만 달러가 됐고, 제넨테크에 투자한 20만 달러는 4년 만에 800배로 불어난 1억 6000만 달러가 됐다.[9] 탠덤 컴퓨터는 이후 컴팩에 인수됐고 컴팩은 다시 HP에 인수됐다. 제넨테크는 현재 다국적 제약 회사 로슈Roche의 자회사가 되었다.

800만 달러의 초기 자금으로 시작한 클라이너 퍼킨스는 10년 만에 4억 달러 규모로 급성장했고 회사 앞에는 그들에게 돈을 대겠다는 투자자와 투자를 받고 싶다는 기업가들이 줄을 섰다. 이후 회사는 아메리카 온라인AOL, America Online, 아마존, 구글 등 300개가 넘는 기업에 투자했다. 클라이너는 1980년 57세의 나이로 점차 현업에서 물러났다. 그때까지 그는 90개가 넘는 첨단 기술 기업의 창업을 지원했고 회사의 투자 자금은 2억 3000만 달러 규모로 성장했다.[10]

클라이너가 탠덤 컴퓨터와 제넨테크에 투자했던 방식처럼 실리콘밸리의 벤처 투자가들은 유망한 신생 기업에 자금만 투자하는 것이 아니라 창업 단계부터 창업 직후까지, 즉 회사가 틀을 잡아나가고, 제품을 생산·판매하고, 시장을 확장해 규모를 키워가는 단계까지 개입하는 경우가 많다. 창업을 주도하여 회사를 세우는 역할을 하는 것이다. 클라이너는 이렇게 설명한다.

"우리가 처음 (벤처 투자를) 시작했을 때는 기업가라는 개념이 막 형성되고 있었다. 기업들은 요즘처럼 사업에 능하지 않았다. 당시에는 대부분의 기업가(창업가)들보다 우리가 (사업을 해본) 경험이 많았다. 결과적으로 우리는 기업가들과 함께 회사를 만들게 됐다. 회사를 설립하고 회사 경영에 개입하게 된 것이다. 우리는 이사회에 참여했고 주요한 회사 결정에도 관여했다. 우리는 스스로를 단순한 투자자가 아니라 회사를 만드는 사람들이라고 여겼다."[11]

물론 이런 개입이 기업 경영에 대한 지나친 간섭이란 부정적인 평가도 있다.[12]

말이 아니라 기수를 보고 베팅한다

실리콘밸리에는 '클라이너의 법칙Kleiner's Law'이라는 것이 있다. 클라이너는 자신의 사업 경험을 책으로 남기지 않은 대신 기회가 있을 때마다 투자가와 기업가 등에게 조언을 하곤 했다. 이렇게 사람들 사이에 전해진 조언에 '클라이너의 법칙'이라는 명칭이 붙었다. 그중 벤처 투자와 관련해 가장 많이 회자되는 것이 '제품만이 아니라 사람을 보고 투자하라'는 말이다.[13]

투자 회사를 선정할 때는 어떤 아이템으로 사업(창업)을 하겠다는 구상보다 누가 그 사업(창업)을 하느냐가 더 중요하다는 말이다. 어떤 배경과 경험을 가진 사람이 창업하는지를 보고 신뢰와 기대를 주는 사람이라면 투자하라는 의미다. 실리콘밸리의 벤처 투자 업계에서 흔히 '(경마에서) 말이 아니라 기수를 보고 베팅한다'는 이야기를 하는 것도 비슷한 맥락이다. 이는 달리 표현하면 아는 만큼 투자하라는 이야기이기도 하다. 누가 사업을 하는지 보고, 어떤 사업인지 전문적인 식견을 갖고 판단한 다음 투자하라는 것이다. 클라이너가 인텔의 창업에 10만 달러를 투자한 것은 말(사업 자체)도 고려했겠지만 기수(과거에 함께 일했던 동지이자 친구였던 창업자)를 보고 베팅한 측면이 크다.

기수를 보고 베팅하는 벤처 투자가, 단순한 투자가를 넘어서서 설립자 역할까지 하는 벤처 투자가. 실리콘밸리 벤처 투자 업계에 널리 퍼진 이른바 '두 시간의 법칙'도 이와 무관하지 않다. 엄밀히 이야기하면 무슨 거창한 법칙이라기보다는 대체적인 공감대라고 표현하는 편이 옳을 것이다. 두 시간의 법칙은 자동차로 두 시간 넘게 걸리는 곳에 있는 회사에는 웬만하면 투자하지 않는다는 것이다.[14] 이는 샌드힐로드에 '서부 월스트리트'가 형성되기 시작하던 시절부터 만들어진 것으로 투자자들이 투자한 기업 경영에 참여하고 개입하려면 지리적으로 얼굴을 보고 대화할 수 있는 거리에 기업이 자리 잡고 있어야 한다는 의미다.

실리콘밸리 내에서는 어디든 자동차로 두 시간 이내에 이동할 수 있다. '북으로 사우스샌프란시스코에서 남으로 산호세에 이르는 지역'을 실리콘밸리라고 하면 그 안에선 어지간하면 한 곳에서 다른 곳까지 30분 내지 한 시간이면 닿는다.

가까이 있는 기업에 투자하는 문화가 형성된 데에는 다른 이유도 있다. 실리콘밸리에서 벤처 투자가로 이름을 날린 사람들 대부분이 스스로 창업에 성공한 경험과 투자하는 분야의 전문 지식을 갖춘 엔지니어 등 전문가이기 때문이다. 한마디로 이제 창업을 준비하거나 갓 창업한 새내기 사업가들보다 성공 비법을 더 잘 안다는 이야기다.

'실리콘밸리 벤처 투자 업계의 빌 게이츠, 스티브 잡스'로 불리며 클라이너 퍼킨스의 명성을 이어가고 있는 스타 투자가 존 도어John Doerr가 그런 경우다. 1980년 클라이너가 현업에서 물러날 즈음 클라이너 퍼킨스에 합류한 그는 제2의 클라이너라고 해도 좋을 만큼 클라이너와 비슷한 점이 많다. 일단 그는 엔지니어 출신이다. 명문 사립인 라이스 대학에서 전기공학을 전공하고 하버드 대학에서 경영학 석사MBA 학위를 받은 그는 기술적 지식을 기반으로 인텔에서 영업을 담당하면서 던킨에 도넛을 팔 수 있을 정도로 대단한 세일즈맨이라는 평가를 받았다. 그 덕분에 1980년 KPCB의 투자가로 영입되었다.

클라이너가 그랬던 것처럼 그는 새로운 시장을 개척해 적극적으로 투자하는 것으로 유명하다. 자체 공장도 없이 물건을 판매하는 온라인 장터 아마존에 투자하고, 정보 검색이 돈이 된다는 인식이 희박하던 시절 구글에 투자해 천문학적인 수익을 올렸다. 그는 모바일과 소셜 네트워크(페이스북 같은 사회 관계망 서비스), 친환경 에너지와 교육 등에서 새로운 시장을 개척하려는 창업가를 지원하는 열성적인 벤처 투자가로 알려져 있지만 새로운 시장을 중시하다가 쓰디쓴 실패를 경험하기도 했다.

1987년 '앞으로는 자판을 두드리는 컴퓨터가 아니라 모니터에 펜으로 쓰는 컴퓨터가 대세가 될 것'이라는 판단 아래 1000달러 이하로 구입 가능한 휴대용 정보 단말기PDA 사업을 지원했다가 제대로 된 제품도 보지 못하고 회사가 문을 닫으면서 투자금 500만 달러를 날렸다. 아이디어는 시대를 앞서갔지만 이를 뒷받침할 기술력은 충분하지 못했다. 게다가 대기업(마이크로소프트)의 집중적인 견제까지 받으면서 7500만 달러의 천문학적 금액을 투자받은 이 회사는 역사 속으로 사라지고 말았다. 제대로 된 PDA는 좀 더 시간이 흐른 1990년대 중반에야 제품으로 출시됐다.[15]

모든 실리콘밸리 벤처 투자가들이 말보다 기수에 집중하는 것은 아니다. 벤처 투자가 개인과 벤처 투자사 차원의 선호도 분명 존재한다. 클라이너 퍼킨스와 같은 시기에 설립되어 역사와 전통을 자랑하는 또 다른 벤처 투자사 세쿼이아 캐피털Sequoia Capital의 경우를 살펴보자. 한국의 쿠팡에 1억 달러를 투자한 것으로 유명한 이 회사는 애플, 일렉트로닉 아츠EA, Electronic Arts, 인스타그램, 오라클, 페이팔, 야후, 에어비앤비 등에도 투자했다. 세쿼이아 캐피털을 설립한 돈 밸런타인Don Valentine은 클라이너 퍼킨스의 유진 클라이너에 비견되는 인물이다. 클라이너는 페어차일드 반도체의 엔지니어 출신이었고, 밸런타인은 페어차일드 반도체의 영업 담당 간부였다.

밸런타인은 새로운 시장을 개척하기보다 수요가 많은 기존 시장에 새로운 제품을 공급하는 회사에 투자하기를 선호했다. 그는 2010년 10월 스탠퍼드 대학 경영대학원 강연에서 자신의 투자 원칙, 아니 세쿼이아 캐피털의 투자 원칙에 대해 이렇게 설명했다.

"우리는 언제나 시장에 집중했다. 시장이 얼마나 큰지, 어떻게 움직이는지, 그리고 경쟁은 얼마나 치열한지. 우리의 목표는 언제나 큰 회사를 만드는 것이었다. 큰 시장을 공략하지 않으면 결코 큰 회사를 만들 수 없다. 우리는 (창업을 하려는) 사람들이 어떤 학교를 나오고, 얼마나 똑똑한지를 알아보는 데 시간을 들이지 않는다. 우리가 관심이 있는 것은 그들이 시장에 대해 어떤 생각을 갖고 있는지다. 그들이 해결하고자 하는 문제가 얼마나 크고 중요한지다. 애플의 두 창업자를 보자. 그들은 무슨 생각을 갖고 있었을까. 둘의 아이디어는 모든 사람이 자신의 컴퓨터를 갖게 한다는 것이었다. 당시는 미니컴퓨터의 가격이 25만 달러이던 시절이었다."[16]

그가 애플에 투자한 이유는 잡스와 워즈니악의 학벌이나 경력 등이 뛰어났기 때문이 아니라 그들이 목표로 삼은 시장의 가치를 높게 봤기 때문이라는 것이었다.

분명 실리콘밸리에선 벤처 투자가마다 그리고 벤처 투자사마다 투자의 방식과 취향이 조금씩 다르다. 그러나 앞에서 살펴본 것처럼 실리콘밸리 벤처 투자의 공통분모라고 부를 만한 것도 존재한다. 일단 기술을 이해하는 엔지니어 출신 벤처 투자가가 많다. 유진 클라이너가 그랬고 그의 후계자인 존 도어가 그랬다. 지금도 어지간한 실리콘밸리 벤처 투자사의 홈페이지들을 살펴보면 벤처 투자가 명단에 엔지니어 출신, 특히 엔지니어 출신으로 창업했던 사람들이 수두룩하다.

세쿼이아 캐피털의 돈 밸런타인처럼 창업자가 목표로 하는 시장을 더 중시하는 투자가들도 있지만 말보다 기수를 중시하는 문화도 강하게 이어지고 있다. 기술을 아는 만큼, 창업자와 창업 핵심 멤버의 역량을 아는 만큼 투자하기 때문에 두 시간 이내의 거리에 있는 기업에 투자한다는 원칙도 불문율처럼 여겨지고 있다. 1970년대 초, 샌드힐로드에 벤처 투자사들이 하나둘 생겨나기 시작했을 때부터 지금까지 말이다.

실리콘밸리의 노벨상, 브레이크스루상

'브레이크스루상Breakthrough Prize'은 실리콘밸리의 노벨상으로 불린다. 매년 물리, 생명과학, 수학 부문에서 혁신적인 성과를 이룩한 연구자들을 수상자로 선정하여 1인당 무려 300만 달러의 상금을 준다(다만 공동 연구로 상을 받으면 300만 달러를 나눠 갖게 된다). 2017년 현재 노벨상의 상금이 800만 크로나(스웨덴 화폐 단위)로 100만 달러 수준이니 상금으로 보면 노벨상을 능가하는 셈이다.

시상식은 마치 아카데미 시상식을 연상시킨다. 멋진 정장과 드레스 차림으로 상을 주고받으며 연예계 스타들도 참여한다. 기초과학과 수학을 연구하는 학자들도 스타 대접을 받아야 한다는 취지로 화려하게 꾸민다고 한다. 실리콘밸리의 노벨상으로 불리는 이유는 시상식 장소가 실리콘밸리일 뿐만 아니라 실리콘밸리의 성공한 기업가들이 주축이 되어 운영하기 때문이다.

2012년 러시아 출신의 벤처 투자가이자 기업가인 유리 밀너Yuri Milner가 '일반물리학상Fundamental Physics Prize'이란 이름으로 아홉 명의 물리학자를 선정해 각각 300만 원의 상금을 준 것이 시작이었다. 이후 그와 친분이 있는 실리콘밸리의 저명 인사들이 잇따라 참여하면서 생명과학상, 수학상 등의 분야로 확대됐다. 기초물리학상은 밀너 부부가 지원하고 생명과학상은 밀너 부부를 포함해 구글의 공동 창업자인 세르게이 브린, 브린의 전처이자 23andMe(유전자정보 분석 기업) 창업자 앤 워치츠키, 페이스북의 마크 저커버그와 프리실라 챈 부부, 알리바바 창업자 마윈 부부 등이 지원한다. 또 수학상은 밀너 부부와 저커버그 부부가 경제적으로 뒷받침하고 있다.[17]

브리태니커 백과사전 온라인 판에 따르면 밀너는 러시아 최고의 명문대로 꼽히는 모스크바 국립대학에서 물리학을 전공하고 박사 과정을 밟다가 대학 교수였던 아버지의 지원을 받아 미국 펜실베이니아 대학 경영대학원(와튼스쿨)에서 공부했다.[18] 이후 세계은행 금융 부문에서 일하다가 1990년대 중반 러시아로 돌아왔다. 그리고 잠시 금융 회사에서 일하다가 벤처 투자사를 설립했다. 그는 러시아의 인터넷 회사 등에 투자해 큰돈을 벌었고 2009년에는 상장 전의 페이스북에 투자하는 등 주로 실리콘밸리의 신생 기업들에 투자하여 천문학적인 돈을 벌었다. 〈포브스〉가 추산한 그의 재산은 2017년 현재 35억 달러(약 4조 원)다.[19]

밀너는 2015년 7월 〈타임〉과의 인터뷰에서 브레이크스루상과 관련해 이렇게 말했다.

"나는 물리학자였다. 그것이 과학에 대한 나의 관심을 설명해줄 것이다. (게다가) 내 이름인 유리는 우주로 여행한 최초의 인간(러시아 우주비행사) 유리 가가린의 이름을 딴 것이다. 내 이름에는 과학을 지원해야 하는 사명 같은 것이 깃들어 있다."[20]

유리 가가린이 우주비행에 성공한 것은 1961년 4월, 밀너가 태어난 것은 그해 11월이었다.

7장

실리콘밸리의 필요 조건, 어느 너드의 성공 스토리

실리콘밸리의 중심인 팰로앨토 도심, 그리고 스탠퍼드 대학 캠퍼스를 걷다 보면 다양한 나라에서 온 사람들을 만나게 된다. 사방에서 영어, 중국어, 인도어, 일본어, 프랑스어, 스페인어 외에 미처 알아듣지 못하는 온갖 언어들이 들려온다. 거의 1년 내내 맑은 하늘에 겨울에도 반팔 셔츠를 입고 다니는 사람들이 적지 않은 온화한 기후가 이곳의 특징이다. 거리에는 개를 끌고 산책하는 주민도 많다.

비가 오거나 안개가 끼는 흔치 않은 날씨만 아니면 대학 캠퍼스에 있는 후버 타워(높이 87미터) 전망대에 올라 가깝게는 팰로앨토 주변, 멀게는 샌프란시스코와 오클랜드를 해상으로 잇는 베이브리지도 볼 수 있다. 실리콘밸리를 방문한 사람이라면 한 번쯤 가볼 만한 곳이다. 후버 타워를 찾는 사람은 하루 200명 정도이고 여름방학에는 대입을 앞두고 학교를 방문한 고등학생들까지 북적인다.

다른 나라, 다른 지역에서 찾아온 수많은 사람들이 실리콘밸리를 보고 배우고 싶어 한다. 실리콘밸리는 기술 변화, 더 나아가 사회 변화까지 이끌고 있는 곳이자 비즈니스의 변화를 가장 먼저 체감할 수 있는 곳이기 때문이다. 지금 이 순간에도 많은 나라가 제2, 제3의 실리콘밸리를 만들기 위해 다양한 시도를 하고 있다. 그런데 제2, 제3의 실리콘밸리를 만들기 위해서는 무엇이 필요한 걸까.

부자와 너드가 모여 있는 곳

실리콘밸리 벤처 기업 육성 기관의 대명사인 와이 콤비네이터. 원서 접수를 통해 유망한 기업을 선발한 뒤 초기 자금을 지원하고 도움이 될 만한 사업가들을 연결해주는 등 가능성 있는 회사들이 실제로 성공할 수 있도록 전천후로 도와주는 기관이다. 와이 콤비네이터는 실리콘밸리뿐 아니라 세계에서 가장 유명한 벤처 기업 육성 기관이다. 와이 콤비네이터 프로그램에 선발됐다는 사실만으로도 거액의 투자를 받을 정도다. 와이 콤비네이터를 거쳐간 기업 중에는 에어비앤비, 드롭박스 같은 곳이 있다.

2005년 출범한 와이 콤비네이터의 공동 설립자이자 벤처 투자가인 폴 그레이엄은 하버드 대학 컴퓨터사이언스 박사 출신의 프로그래머다. 그는 1996년 개인의 온라인 쇼핑몰 구축을 도와주는 프로그램을 제작하는 비아웹Via Web을 친구와 함께 공동 설립했다. 그리고 1998년

4900만 달러에 이 회사를 야후에 매각했다(야후는 비아웹을 인수하여 야후 쇼핑몰 서비스를 시작했다).[1] 자신의 경험과 노하우를 전수하며 실리콘밸리 벤처 기업들을 지원해온 그는 세계적으로 신뢰받는 벤처 기업들의 멘토다.

그레이엄은 2006년 5월 네덜란드 암스테르담에서 개최된 유럽 정보 기술 이벤트에서 기조연설을 했다. 제목은 '실리콘밸리 되기How to be Silicon Valley'로 '어떻게 하면 실리콘밸리 같은 기술 집약적 공간(테크놀로지 허브)을 만들 수 있는가'에 대한 것이었다. 그가 실리콘밸리 형성의 필수 조건으로 꼽은 것은 인재와 투자자였다. 두 집단이 모여 있는 지역이어야 한다는 것이다. 어느 지역이든 미친 듯이 한 분야만 파고드는 너드들과 그들에게 돈을 투자하려는 부자들만 모여 있으면 실리콘밸리가 만들어질 수 있다는 이야기였다. 그러기 위해서는 인재를 배출하고 그들을 끌어모으는 대학이 있어야 하고 동시에 그 지역에 문화적으로든 기후적으로든 부자들을 끌어당기는 매력이 있어야 한다고 말했다.

"미국의 경우 부자와 너드가 둘 다 있는 지역만이 신생 기업의 허브가 됐다. 예컨대 마이애미에는 스타트업이 거의 생기지 않는다. (휴양지로 유명한 이 지역엔) 돈 많은 부자는 차고 넘치지만 너드는 거의 없기 때문이다. 마이애미는 너드가 좋아하는 동네가 아니다. (명문 코넬 대학이 있는) 피츠버그는 반대의 경우다. 너드는 많다. 그러나 부자가 없다. 미국에서 컴퓨터사이언스 분야의 최고 명문대로는 MIT, 스탠퍼드 대학, 버클리 대학, 그리고 카네기-멜론 대학이 꼽힌다. MIT는 (기술 기업이 몰려 있는 단지인) '128번 도로'를 일궜다. 스탠퍼드 대학과 버클리 대학은 실리콘 밸리를 배출했다. 하지만 카네기-멜론 대학은 어떤가? (명문대가 산업 단지를 배출하는 고리는) 여기서 끊긴다. 명문대 명단을 계속 내려가 보면 워싱턴 대학이 시애틀의 첨단 산업 단지를 낳았고, 텍사스 대학 오스틴 캠퍼스는 오스틴 지역에 그런 공간을 만들었다. 그러나 (카네기-멜론 대학이 있는) 피츠버그는? 명문대 명단 상위의 코넬 대학이 있는 이타카는? 나는 피츠버그에서 자랐고 코넬 대학(학부)을 다녔다. 그러니까 두 가지 질문에 모두 대답할 수 있다. 날씨가 정말 끔찍하다. 특히 겨울에. 그렇다고 (MIT가 있는) 보스턴과는 달리 그런 날씨를 보상해줄 만한 흥미롭고 오래된 도시가 있는 것도 아니다. 부자들은 피츠버그나 이타카에서 살고 싶어 하지 않는다. 그렇다 보니 회사를 창업할 수 있는 해커들은 가득하지만 그들에게 투자해줄 사람이 없다."[2]

사실 실리콘밸리는 엘리트 집단이 모여 있는 곳이다. 동부의 하버드, MIT 같은 명문대를 졸업한 많은 인재가 서부 태평양 연안의 실리콘밸리로 계속 날아오고 있을 뿐만 아니라 다른 나라의 수재들도 고액 연봉과 첨단 기술, 새로운 비즈니스 방식 등에 이끌려 실리콘밸리에 모여들고 있다. 세상만사 제쳐두고 관심 있는 한 가지에만 몰두하고, 그래서 나머지 분야에는 전병煎餅인 수재들, 그런 너드가 대접받는 곳이 실리콘밸리다. 하버드 대학 재학 시절 페이스북을 만든 마크 저커버그는 페이스북 웹사이트를 운영한 지 몇 달 뒤인 여름방학에 친구들을 이끌고 실리콘밸리로 날아왔다. '실리콘밸리'라는 지역에는 인재를 끌어들이는 매력이 있기 때문이었다. 저커버그에게 실리콘밸리는 '똑똑한 사람들이 모여서 무언가를 끊임없이 만드는 공간, 그래서 늘 새로운 것이 탄생하는 공간'이었다.

실리콘밸리 기업에서 일하는 한국인들도 미국과 한국의 명문대를 졸업한 인재들이 대부분이다. 양질의 일자리가 많은 곳에 인재가 몰리는 것은 당연한 일이다. 실리콘밸리에서 엘리트들이 교류하며 만들어가는 인적 네트워크의 영향력은 점점 커지고 있다. 그리고 이들의 사업에 자금을 대는 벤처 투자사도 점점 늘고 있다.

부자가 많은 동네인 실리콘밸리는 날씨가 예술이다. 온화하고 맑은 날씨에 푸른 하늘이 일상이다. 1년 동안 비가 오는 날은 한 달 남짓이나 될까. 그리고 이런 실리콘밸리 중심에 '서부 월스트리트'로 불리는 벤처 투자사의 거리 샌드힐로드가 있다. 투자해달라며 맡기는 돈이 차고 넘치는 곳이다. 그리고 실리콘밸리 벤처 투자사의 VC^{Venture Capitalist}, 즉 벤처 투자자들은 대개 엔지니어 출신으로 창업 경험이 있기 때문에 기술 친화적이고 너드에게 관대하다.

최근 이 동네에는 다양한 국적의 자금이 몰려들고 있다. 예컨대 팰로 앨토 중심가 유니버시티애비뉴가 시작되는 지점에는 일본계 벤처 투자사가 자리를 잡았다. 이 회사의 일본계 대표는 일본 최고의 대학인 도쿄 대학을 졸업하고 실리콘밸리로 날아와 스탠퍼드 경영대학원에서 석사 학위^{MBA}를 취득하고는 이를 발판으로 실리콘밸리 벤처 투자 회사에 취업했다가 창업을 했다. 그는 소니, 닛산 등 일본 대기업에서 거액의 투자를 받았다.[3] 일본의 인재가 미국 유학을 거쳐 실리콘밸리에 정착하고 창업까지 한 것이다.

뛰어난 두뇌가 모여 있고, 그들에게 적극적으로 투자하는 사람들이 모여 있는 실리콘밸리의 최대 강점 중 하나가 성공의 선순환이다. 창업으로 성공한 너드의 상당수가 거액의 돈을 갖고 그대로 은퇴하지 않는다. 자신의 경험을 살려 다시 창업을 하고 유망한 기업에 투자한다. 샌드힐로드의 VC 사회가 보여주듯 말이다. 이들은 단순히 투자만 하는 것을 넘어 그 기업이 성공할 수 있도록 지원을 아끼지 않는다. 성공한 너드 선배들이 걸어온 길은 하나의 문화처럼 자리 잡았다.

게임 소년 호프먼, 너드에서 일류 투자가 되다

2011년 5월 19일 링크트인이 뉴욕 증시에 상장했다. 학력과 경력 등을 등록하면 관련 있는 사람들과 연결해주는 '구인 구직 소셜 미디어'인 링크트인은 주당 45달러에 상장되면서 시장 가치가 42억 5000만 달러에 이르렀고 이후 주가는 상향 곡선을 탔다. 링크트인 상장으로 공동 창업자이자 전체 주식의 20퍼센트가량을 보유한 리드 호프먼$^{Reid\ Hoffman}$은 천문학적 재산가가 됐다.[4]

2016년 6월 마이크로소프트가 링크트인을 260억 달러(31조 원)에 인수하면서 링크트인의 시장 가치와 호프먼의 재산은 다시 한 번 로켓을 타고 날아올랐다. 그해 2월 링크트인이 미국 증권거래위원회^{SEC}에 보고한 연례기업보고서$^{10K\ Report}$를 보면 그가 보유한 주식은 전체의 11퍼센트 정도였다. 4개월 동안 주식 보유량에 변화가 없었다면 마이크로소프트가 회사를 인수한 시점에 그가 가진 주식의 가치는 대략 28억 달러에 이른다. 특별한 절세 방법을 쓰지 않는다고 하면(물론 그럴 리는 없지

만) 캘리포니아 주정부와 연방정부에 납부할 세금만 10억 달러 이상으로 추정될 정도였다.[5]

호프먼은 실리콘밸리에서 창업에 성공한다는 것이 어떤 것인지 (어떤 경로를 걷는지, 어떤 사람들이 성공하는지) 보여주는 대표적인 인물이다. 실리콘밸리의 성공한 기업인들이 그러하듯 그 역시 정치적 영향력도 상당하다. 예컨대 그는 2012년 버락 오바마 대통령이 연임에 도전했을 때 오바마를 지원하는 민주당 조직Super PAC에 100만 달러를 기부했다. 이를 계기로 백악관에 초대받아 당시 오바마 대통령과 식사를 함께하고 샌프란시스코에서 열린 오바마 후원 만찬에 초대할 손님 명단을 작성하는 등 긴밀한 관계를 유지했으며 소셜 네트워크 관련 조언도 했다. 오바마 정부에서 링크트인의 취업 정보 데이터는 연초 백악관이 의회에 제출하는 대통령 경제보고서에 인용되는 자료였다.[6]

호프먼은 실리콘밸리의 유력 인사들을 모두 꿰고 있고 필요한 사람들을 서로 연결해주는 능력에서 둘째가라면 서러운 '실리콘밸리의 마당발'이다. 페이스북이 초창기 자금난에 빠져 있을 때 마크 저커버그를 실리콘밸리의 벤처 투자가이자 기업가인 친구 피터 틸에게 연결해준 사람도 호프먼이다. 당시 호프먼 자신도 페이스북에 투자했다.

호프먼은 1967년 8월 스탠퍼드 대학 병원에서 태어났다. 당시 부모의 나이는 스물셋, 스물둘이었다. 아버지는 스탠퍼드 로스쿨에서 공무원법을 전공하고 있었고, 어머니는 UC버클리 로스쿨에서 환경법을 공부하고 있었다. 부모는 최루탄이 터지는 베트남전쟁 반대 시위에 아이를 데리고 참여할 만큼 사회 비판적 시각이 강했다고 한다. 호프먼이 태어났을 때부터 다툼이 잦았던 부모는 결국 이혼했고 호프먼은 어머니가 일자리를 구한 알래스카에서 잠시 살기도 했지만 나중에는 샌프란시스코베이 지역으로 돌아와 아버지와 함께 살았다.

호프먼이 어린 시절을 보낸 곳은 아버지의 직장과 가까웠던 버클리(팰로앨토에서 자동차로 한 시간쯤 걸리는 명문 공립대학 UC버클리가 있는 도시다)였다. 그는 공부를 잘하는 어린이는 아니었다. 아홉 살 때쯤 베이비시터가 알려준 판타지 롤플레잉 게임RPG 던전 앤드 드래곤Dungeons and Dragons에 빠져 방과 후에는 거의 게임만 했다. 1974년에 나온 이 롤플레잉 게임은 블루마블처럼 주사위로 하는 일종의 보드게임으로 판타지 롤플레잉 게임의 고전으로 불린다.

12세에 호프먼은 집 근처에 있던 판타지 롤플레잉 게임 회사의 게임 시나리오를 고쳐주고 돈을 벌기도 했다. 주말 이틀 동안 일하면 160달러 정도를 받았다고 하니 그로서는 큰 돈벌이였다.[7] 게임에 푹 빠져 지내던 호프먼은 '따분한 선생님이 가르쳤다'는 이유로 7학년(중학교 2학년) 때는 프랑스어 과목에서 낙제했다. 그는 수업 시간 내내 과학소설만 읽었다고 한다. 물론 프랑스어가 아닌 영어로.

그러다가 고등학교를 졸업하면 인생을 책임져야 한다는 생각에 일단 대학에는 진학하기로 한다. 그는 공립 고등학교에 진학하라는 부모를 설득하고 고집을 부려서 학비가 비싼 명문 사립 고등학교에 진학했다. 미국 서부 태평양 연안의 버클리에 살던 그가 동부 대서양 연안에 인접한 버몬트주의 퍼트니 스쿨에 진학한 것이었다. 그는 집에서 독립하고 싶다는 마음에 동부에 있는 학교에 몰래 원서를 냈다고 한다. 그렇게 고등학교에 진학한 뒤에는 공부를 열심히 했는지 스탠퍼드 대학에 진학해 다시 고향으로 돌아왔다. 대학에서는 인공지능과 인지과학을 전공했다. 당시 사회 참여 지식인이 되고 싶었다는 그는 어떻게 하면 사회를 변화시킬 수 있을지를 고민했다고 한다.

스탠퍼드 대학을 졸업한 호프먼은 마셜 장학금Marshall Scholarship을 받고 영국으로 건너가 옥스퍼드 대학 대학원에서 철학을 공부했다. 학자가 되어 자신이 바라는 지식인의 역할을 하고 싶어서였다. 마셜 장학금은 제2차 세계대전 이후 미국이 마셜 플랜Marshall Plan으로 유럽의 재건을 지원한 것에 보답하는 차원에서 만들어진 장학금이다. 1953년 영국 의회가 미국과 영국의 이해를 증진한다는 취지로 제정한 마셜 장학금은 순수하게 미국 시민권자만을 위한 장학금이다. 미국에서 로즈 장학금Rhodes Scholarship과 더불어 최고의 장학금으로 불리는 마셜 장학금은 대학 졸업생 가운데 학점이 3.7 이상인 30~40명을 선발하며 2년 동안 영국 대학(대학원)에서 공부할 수 있도록 지원한다. 오바마 정부에서 국무부 법률 고문을 지낸 한국계 미국인 해럴드 고(한국명 고홍주) 예일대 법대 교수가 이 장학금을 받고 옥스퍼드 대학에서 공부했다.

호프먼은 대단한 장학금을 받고 명문 옥스퍼드 대학에 갔지만 대학원 석사 과정 3개월 만에 학자의 길은 자신의 길이 아니라는 것을 깨달았다. 1993년 학위를 마치고 고향으로 돌아온 호프먼은 애플 컴퓨터에 취직했다. 당시 사회적인 영향력을 가진 지식인들이 글과 책이라는 매체(미디어)를 이용하는 것처럼 소프트웨어로 그런 미디어를 만들고 싶었다고 한다. 그래서 실리콘밸리에서 일하는 친구들에게 물어물어 찾은 일이 당시 애플 컴퓨터의 이월드eWorld 프로젝트였다. 이월드는 일종의 초기 단계 소셜 네트워크로 온라인에서 다른 사람들을 찾아 그들과 대화하고 함께 일하는 공간을 만든다는 개념이었다. 그러나 이월드 프로젝트는 성공하지 못했다.

호프먼이 다음으로 찾은 일은 후지쯔의 월드 어웨이World Away라는 가상현실 프로젝트였다. 프로젝트 하나를 처음부터 끝까지 책임지고 운영할 수 있게 해주겠다는 제안에 입사를 결정했다고 한다. 당시 기술로는 지나치게 시대를 앞선, 달리 말하면 아이디어를 뒷받침할 기술력이 부족했던 프로젝트였기 때문에 결국 성공하지 못했다.

애플 컴퓨터와 후지쯔를 거치며 소셜 네트워크 분야에서 경험을 쌓은 호프먼은 1997년 데이트 알선에 초점을 맞춘 온라인 서비스 소셜 넷Social Net을 창업했다. 그렇지만 이 창업도 성공하지 못했다. 그는 2년 만에 사업을 접고 온라인 지급 결제 회사인 페이팔에 참여하게 된다. 스탠퍼드 친구인 피터 틸의 제안으로 2000년 1월부터 페이팔의 최고 운영 책임자COO로 일하게 됐다. 그리고 2002년 7월 페이팔이 15억 달러에 이베이에 인수되면서 막대한 보상을 받고 회사를 떠났다.

그리고 그해 12월 28일 호프먼은 옛 직장 동료들을 끌어들여 링크트인을 창업했다.[8] 한 번 창업했다가 실패했던 소셜 네트워크를 새로운 형태로 만든 것이었다. 처음 창업했던 소셜넷이 데이트 알선에 초점을 뒀다면 이번에는 비즈니스와 관련된 구인, 구직, 이력 관리가 중심이었다.

당연한 말이지만 호프먼이 실리콘밸리에서 성공한 것은 꿈을 성취하기 위한 과정을 차근차근 밟아나간 덕분이었다. 그런데 가만 살펴보면 호프먼의 성공에 핵심적인 역할을 한 것은 피터 틸을 포함한 그의 친구들, 다시 말해 그가 실리콘밸리의 마당발이 될 수 있게 해준 인적 네트워크였다. 유학을 마치고 돌아와 애플 컴퓨터에서 사회생활의 첫발을 내미는 순간부터 그는 실리콘밸리에서 창업했거나 일하는 스탠퍼드 동문들의 도움을 받았다. 그들에게 들은 정보, 소개받은 사람들이 그의 자산이 됐다.

스탠퍼드 출신들은 실리콘밸리 생태계 곳곳에 포진하고 있다. 스탠퍼드 출신 창업가들은 같은 스탠퍼드 출신을 직원으로 채용하고 싶어 한다. 대표적인 사례가 구글이다. 래리 페이지와 세르게이 브린은 구글 초창기에 필요한 인력을 스탠퍼드에서 충원했다. 스탠퍼드 대학에서 컴퓨터공학과 전기공학을 가르치는 제니퍼 위덤 교수의 말이다. "(구글 창업 후) 처음 3년 반 동안 (스탠퍼드 대학원) 데이터베이스 부문의 졸업생들은 (교수 등의 연구자로) 대학에 남거나 아니면 구글에 갔다. 우리는 이런 농담을 하곤 했다. 구글이 문을 닫으면 우리 졸업생들 모두 실업자가 될 거라고. 다들 '구글에 스탠퍼드 출신이 몇 명인지 이야기하는 것은 바보 같은 일'이라고들 한다." 이런 말을 하는 것은 아마도 구글 창업자들의 모교일 뿐 아니라 실리콘밸리 기업들이 탐내는 인재들이 모여 있는 학교, 그리고 주요 기업들의 지척에 자리하고 있는 학교가 스탠퍼드였기 때문일 것이다.

피터 틸과 '페이팔 마피아'

호프먼의 성공에 가장 중요한 역할을 했던 인물은 대학 친구인 피터 틸이다. 그의 능력을 믿고 페이팔에 끌어들인 것이 틸이었다. 호프먼은 스탠퍼드 대학 2학년이었던 1987년 겨울 철학개론 강의에서 틸을 만났다. 두 사람은 첫 강의가 끝난 뒤 두 시간 동안 인생과 우주에 대해 치열한 논쟁을 벌였을 만큼 논쟁을 좋아했다.

그러나 두 사람이 사회를 바라보는 시선은 달랐다. 2016년 미국 대선에서 틸은 도널드 트럼프 후보 측에 125만 달러의 후원금을 냈다.[9] 반면 호프먼은 힐러리 클린턴 후보 측에 10만 달러를 후원하고 트럼프 후보를 공격하는 캠페인에 500만 달러까지 후원하겠다고 공언했다(대선 후보 최종 토론회가 열리는 2016년 10월 19일까지 트럼프 후보가 납세 자료를 공개할 경우 최대 500만 달러를 재향군인단체에 지원하겠다는 것이었지만 트럼프 후보 측이 자료를 공개하지 않으면서 캠페인은 무산됐다).[10, 11]

정치적 성향은 완전히 달랐지만 두 수재는 가까운 친구로 지냈다. 대학 졸업 후 틸은 스탠퍼드 로스쿨에 진학하고 호프먼은 옥스퍼드 대학원으로 유학을 떠나면서 두 사람은 헤어졌다가 1993년 호프먼이 다시 팰로앨토로 돌아오면서 재회했다.[12]

호프먼의 인적 네트워크 중심에는 '페이팔 마피아PayPal Mafia'가 있다. 페이팔 마피아는 2007년 경제 전문지 〈포천Fortune〉에 처음 등장하여 하나의 고유명사처럼 굳어진 말이다. 2002년 페이팔이 이베이에 15억 달러에 인수되면서 거액을 벌어들인 20여 명의 초기 멤버들은 이후 새로운 회사를 설립하고 가능성 있는 회사들에 투자하며 실리콘밸리 생태계에 막강한 영향력을 행사하는 집단으로 성장했다. 〈포천〉과의 인터뷰 당시 그중 13명이 샌프란시스코 해변에 있는 이탈리아풍의 토스카 카페Tosca Cafe에 모여 사진을 촬영했다. 그들은 마치 이탈리아 범죄 집단의 조직원처럼 보이는 옷을 입고 사뭇 무거운 표정을 지으며 포즈를 취했는데 여기서 페이팔 마피아라는 이름이 유래했다.

그렇다면 페이팔 마피아에는 어떤 인물들이 속해 있을까? 우선 페이스북 초기에 50만 달러를 투자해 주식의 10퍼센트를 받으며 이사회 멤버가 된 페이팔 공동 창업자 피터 틸이 있다. 이후 그는 헤지펀드를 운영하고 벤처 투자사를 설립해 다양한 회사에 투자해왔다. 그는 에어비앤비, 정보기관들과 연계된 보안 소프트웨어 회사 팰런티어^{Palantir}, 우주 개발 업체 스페이스 엑스^{SpaceX}, 지불 회사 스트라이프 등 최고의 기업 가치를 인정받는 회사들에 투자했다. 페이팔에서 기술 부문 중역이었던 제러미 스토플먼^{Jeremy Stoppelman}은 옐프^{Yelp.com}를 창업했고 스퀘어, 우버, 핀터레스트, 에어비앤비 등에 개인적으로 투자했다. 사업 개발 부문 수장이었던 키스 라보이^{Keith Rabois}는 실리콘밸리의 유명 벤처 투자사인 코슬라 벤처스^{Khosla Ventures}에서 파트너로 일하고 있다.

또 페이팔 공동 창업자인 맥스 레브친^{Max Levchin}은 이후 사진과 동영상 공유 사이트인 슬라이드^{Slide.com}를 창업해 1억 8200만 달러에 구글에 매각했고, 현재는 온라인 할부 구매를 지원하는 금융 회사인 어펌^{affirm.com}, 데이터 분석을 통해 온라인으로 임신, 출산, 육아 등을 지원하는 회사인 글로우^{glowing.com}를 창업 · 운영하고 있다. 2006년 구글이 16억 달러에 인수한 유튜브는 페이팔 마피아인 채드 헐리^{Chad Hurley}, 스티브 첸^{Steve Chen}, 조드 카림^{Jawed Karim}이 창업한 것이다.

그리고 페이팔 마피아 중에 빠뜨릴 수 없는 인물, 일론 머스크^{Elon Musk}가 있다. 그는 전기차 회사 테슬라, 우주 개발 업체 스페이스 엑스를 창업했다.

페이팔 마피아는 사업을 함께하기도 하고 서로의 창업에 자금을 투자하기도 하며 끈끈한 관계를 이어오고 있다. 레브친과 스토플먼은 함께 우버에 투자했고, 틸과 라보이 그리고 스토플먼은 에어비앤비에 투자했으며, 틸은 머스크의 회사 스페이스 엑스에 투자했고, 틸, 머스크, 라보이, 레브친은 스트라이프에 투자했다. 레브친은 스토플먼이 옐프를 창업할 때 100만 달러를 투자해 이사회 의장을 맡기도 했다.[13]

페이팔 마피아는 사업 아이디어가 있으면 상의하고, 창업을 하게 되면 서로 투자해주고, 투자할 만한 회사가 보이면 함께 투자하고, 필요한 사람이 있으면 연결해주는 끈끈한 관계를 유지해온 것이다. 호프먼이 링크트인을 창업할 때도 페이팔 마피아(틸과 라보이)가 투자를 하며 그를 지원해줬다.[14] 정리하자면 페이팔 마피아 조직원들(?)은 가능성 있어 보이는 후배 너드들에게 투자하고 도움이 필요한 동료들을 서로 지원하며 세를 불려왔다고 할 수 있다.

실리콘밸리가 지금의 모습으로 성장하기까지 스탠퍼드 대학원의 폴 그레이엄이 지적한 조건들이 영향을 미쳤을 것이다. 곳곳에서 모여드는 과학기술 인재들이 있고, 그런 인재를 길러내는 대학이 있고, 그들의 모험에 투자하는 부자들이 있었다. 물론 그중에 어느 조건이 어느 조건을 가능하게 했는지, 닭이 먼저인지 달걀이 먼저인지 따지는 것은 다른 차원의 문제이긴 하다. 다만 분명한 점은 과학기술 인재들이 계속 창업에 도전할 수 있는 환경이기 때문에 실리콘밸리에 끊임없이 사람과 돈이 모여들고 있다는 점이다. 그리고 그런 환경에서 링크트인 창업자 리드 호프먼 같은 성공한 너드가 후배 너드의 창업에 투자하는 선순환 구조가 만들어지고 있다.

미국인의 정체성 표현 수단, 자동차 번호판

많은 미국인에게 자동차는 생필품이다. 땅은 넓고 대중교통은
취약하니 차가 없으면 장을 보러 가기도 어렵다. 지하철로 곳곳
이 연결된 서울 같은 도시는 미국인들에게 생소한 공간이다. 그
래서인지 미국인들은 차에 대한 애착이 무척 강하다.

미국인들은 자신이 어떤 사람인지 차량 외부에 표시하고 드러
내길 주저하지 않는다. 자동차를 통해 자신의 정체성을 표현하
는 것이다. 2016년 대통령 선거 기간에는 도널드 트럼프, 힐러
리 클린턴, 버니 샌더스에 대한 지지 스티커를 붙여서 자신의 정
치 성향을 밝히는 차량을 쉽게 찾아볼 수 있었다. 자녀가 초등학
교에서 우등상을 받았다거나 자신이 국립공원 보호 활동을 하고
있다거나 가족이 강아지를 사랑한다는 등의 시시콜콜한 정보도
자동차에 붙이고 다닌다.

그중 가장 많이 표시하고 다니는 것이 출신 대학교다. 자동차 뒷
번호판을 감싸는 프레임에 어느 대학 출신임을 드러내는 경우
가 많다. 예컨대 UC버클리 출신들은 'UC버클리 동문UC Berkeley
Alumni', '버클리 화이팅Go Bears'이라고 쓰여 있는 프레임을 달고
다닌다. '베어스Bears'는 UC버클리의 스포츠팀 이름인 '캘리포
니아 골든 베어스California Golden Bears'에서 나왔다. 캘리포니아주

는 골드러시 덕분에 '황금의 주'로 불리고, 캘리포니아주를 상징하는 동물은 바로 곰이다. 그래서 '캘 고 베어스CAL Go Bears'라는 글자를 붙이고 다니는 경우도 많다. CAL은 캘리포니아의 공립 명문대 시스템인 UCUniversity of California에 포함된 총 10개의 대학 중 가장 먼저 설립된 UC버클리를 가리킨다. 이렇듯 자동차 번호판은 모교에 대한 애정을 표현하는 동시에 남들에게 과시하는 장치다. 실리콘밸리에는 하버드, MIT, 예일, 프린스턴 등 동부 명문대 졸업생들도 점점 증가하면서 아이비리그 자동차 번호판 프레임도 함께 증가하고 있다.

그런데 동부의 명문대보다 실리콘밸리에서 영향력이 있는 대학은 단연 사립 명문 스탠퍼드 대학이다. 스탠퍼드 대학을 상징하는 색깔인 붉은색으로 '스탠퍼드 동문Stanford Alumni', '스탠퍼드 카디널Stanford Cardinal'이라고 새겨진 번호판 프레임을 여기저기서 찾아볼 수 있다. 카디널은 스탠퍼드 대학을 대표하는 '홍관조의 붉은색'을 뜻하는 동시에 스탠퍼드 대학 스포츠팀의 애칭이기도 하다.

8장

캐주얼과 해커 정신으로
권위에 도전하다

1999년 11월 찰리 아이어스Charlie Ayers는 신생 기업 구글의 구내식당을 책임지는 주방장이 되었다. 그는 구글의 56번째 직원이자 첫 주방장이었다. 구글의 공동 창업자 래리 페이지와 세르게이 브린은 대부분 미혼이었던 직원들이 일에만 집중할 수 있도록 맛있는 음식을 제공할 요리사로 그를 채용했다. 구글은 사업 규모가 급속히 확대되면서 팰로앨토 중심가인 유니버시티애비뉴의 작은 건물을 떠나 허허벌판 같은 마운틴뷰 한구석의 넓은 건물로 이사한 상황이었다. 당시 마운틴뷰의 구글 근처에는 맥도널드와 크리스피 크림밖에 없었다고 한다.[1]

찰리의 요리들은 구글 직원들, 구글을 방문한 다른 기업 직원들의 입을 통해 실리콘밸리에서 명성을 얻었다. 그 때문에 구글 식당은 '찰리의 식탁Charlie's Place'으로 불릴 정도였다. 찰리는 금요일 오후 사내에서 가볍게 맥주와 음료로 파티를 열었고 이 파티는 세르게이와 래리, 그리고 나중에 합류한 전문 경영인 에릭 슈밋이 직원들과 편안하게 어울리는 '구글 금요일Google TGIF'로 자리 잡았다.[2]

그런데 주방장 찰리가 언론의 주목을 받은 것은 그가 실리콘밸리에 소문날 만큼 맛있는 요리를 내는 구글의 첫 번째 주방장이어서만은 아니었다. 사실 그는 팰로앨토 출신의 록밴드 그레이트풀 데드Grateful Dead의 요리사로도 유명했다.

찰리는 그레이트풀 데드의 전속 요리사로 알려졌지만 그의 말에 따르면 전속 요리사는 아니었다고 한다. 음악을 좋아했던 찰리는 여러 뮤직 페스티벌에서 공연자들을 위해 요리를 했고, 그러다 보니 그레이트풀 데드에게도 음식을 만들어줬다는 것이다. 그는 〈뉴욕타임스〉와의 인터뷰에서 자신이 그레이트풀 데드에게 요리를 해준 시기는 밴드 리더인 제리 가르시아Jerry Garcia가 사망하고 나머지 멤버들이 활동할 때였다고 말했다.[3]

구글 주방장과 록밴드 그레이트풀 데드

구글 1호 주방장이 요리를 해준 그레이트풀 데드는 한국에는 비교적 덜 알려진 밴드다. 그러나 미국에서는 1960~70년대 카운터컬처counterculture(기존 질서에 맞선다는 의미로 반문화, 대항 문화로 번역하기도 한다)를 대변하는 밴드로 손꼽힌다. 개인의 표현과 자유를 중시하고, 권력의 통제에 저항하는 것이 실리콘밸리 문화라고 본다면 그들은 실리콘밸리에 적지 않은 영향을 미친 밴드였다.

1960년대 베트남전쟁 반대 운동을 시작으로 주로 백인 중산층 청년들이 부모 세대의 가치관을 부정하는 흐름을 만들어냈고 그 중심지가 바로 샌프란시스코 지역이었다. 저항 문화라고 하면 크게 반전과 평화, 평등을 강조하고, 외부 세계의 물질적 가치보다 내면의 가치를 중시하는 흐름으로 정의될 수 있다. 그들 중 누군가는 사회 변혁을 꿈꿨고, 다른 누군가는 새로운 자아 발견에 집중했다. 물론 두 집단 모두 새로운 세상을 꿈꿨다는 점에서는 같았다. 그리고 그들 모두에게 그레이트풀 데드는 자신들을 대변하는 밴드였다.

그레이트풀 데드가 한국 사회에 덜 알려진 이유는 환각제 LSD 때문이었을 것이다. 당시 미국 사회의 저항 문화를 이야기할 때면 빠지지 않는 것이 바로 LSD다. 그리고 그레이트풀 데드는 LSD와 밀접하게 연관된 밴드다. 밴드의 멘토 역할을 했던 켄 키지Ken Kesey만 봐도 잘 드러난다. 그가 1962년 발표한 소설 《뻐꾸기 둥지 위로 날아간 새One Flew Over the Cuckoo's Nest》는 배우 잭 니컬슨이 주연한 영화의 원작이었다.

키지는 오리건 대학에서 저널리즘과 커뮤니케이션을 전공한 뒤 장학금을 받고 스탠퍼드 대학원에서 글쓰기를 공부했다. 그는 스탠퍼드에서 공부하던 시절, 학교 근처 병원에서 진행된 LSD 임상실험에 자원했다. 당시는 LSD가 인간의 의식을 확장시키는 효과가 있는지 실험이 활발하던 시기였다.[4]

공교롭게도 당시 키지가 참여한 임상실험은 미 중앙정보국CIA이 비밀리에 진행한 프로젝트였다는 사실이 훗날 밝혀졌다. 미국과 소련의 냉전 시기, 스파이와 포로 등을 심문해 비밀을 캐내는 데 LSD를 이용하려는 목적의 프로젝트였다. CIA는 1955~65년 LSD 임상실험을 위해 샌프란시스코에서 사창가를 운영한 것으로 드러나기도 했다. 이른바 '미드나이트 클라이맥스 작전Operation Midnight Climax'이란 이름의 비밀 작전이었다. CIA는 10년 동안 성매매 여성들을 고용해 샌프란시스코 유흥가의 손님들에게 LSD를 몰래 섞은 술이나 음료를 마시게 한 뒤 숙소로 유인하게 했다. 그리고 그들이 어떤 행태를 보이는지 비밀 거울로 관찰했다.[5]

임상실험에 참여한 것을 계기로 키지는 LSD가 인간의 내면을 이해하고 새로운 자아를 찾는 도구가 되리라고 확신하며 LSD에 빠져들었다. 그가 정신병원의 LSD 임상실험에 참여한 경험을 바탕으로 집필한 소설이 바로 《뻐꾸기 둥지 위로 날아간 새》였다. 그는 당시 병원에서 몰래 빼돌린 LSD를 친구들과 투약하며 LSD 실험Acid Test이란 이름의 이벤트를 했고, 1965년 12월 그 이벤트에 끌어들인 지역 밴드가 그레이트풀 데드였다.[6]

그레이트풀 데드는 1966년 1월 샌프란시스코에서 키지 등이 조직한 LSD 이벤트를 계기로 인기를 얻기 시작했다. 이 이벤트는 당시까지만 해도 샌프란시스코에서 월세가 싼 동네였던 헤이트애슈버리 지역에서 열렸는데, 이때부터 이 지역은 히피들이 모여드는 히피 동네가 됐다. 현재 집값은 엄청나게 뛰었지만 여전히 이곳은 히피들의 성지로 불리며, 거리를 걷다 보면 마리화나 연기를 뿜고 다니는 홈리스인지 히피인지 분간하기 어려운 사람들을 어렵지 않게 만날 수 있다.

〈뉴욕타임스〉 기자 출신으로 샌프란시스코와 실리콘밸리 지역의 카운터컬처를 조명해온 존 마코프는 샌프란시스코 LSD 축제를 기점으로 미국 전역에 LSD와 저항 문화가 확산됐으며, 이런 저항 문화가 대학 캠퍼스를 중심으로 끓어오르던 정치적 불만의 목소리와 합쳐져 1960년대 중반 이후 하나의 새로운 사회적 흐름을 만들어냈다고 말한다.[7] 샌프란시스코 지역을 중심으로 요가와 명상이 유행한 것도 이때부터다.

그 시절은 대학생과 학자 등 지식인들이 자신의 의식을 확장하기 위해 도움이 될 만한 사람을 옆에 두고 경건하게(?) LSD를 투약하던 때였다. 키지와 같은 사람들이 LSD 임상실험에 자원한 것도 그런 배경에서 바라보아야 한다. LSD가 불법도 아니었다. LSD는 1966년 말에야 금지 약물로 지정됐다. 그전까지는 구하기가 쉽지 않을 뿐, 투약 자체가 불법은 아니었다.[8] 키지의 생애를 다룬 베스트셀러 《일렉트릭 쿨에이드 LSD 실험The Electric Kool-Aid Acid Test》를 보면 그는 1965년 4월과 1966년 1월 체포·구금되었는데 그 이유는 LSD 때문이 아니라 마리화나 소지 혐의 때문이었다.[9]

당시 키지와 그 친구들, 그리고 그레이트풀 데드와 그 팬들이 환각 약물 LSD를 투약했던 것은 '자아를 발견하기 위해서, 새로운 내면의 세계를 찾기 위해서'였다. 그레이트풀 데드의 멘토였던 키지는 젊은이들에게 LSD로 새로운 세계를 경험하고 새로운 가치를 깨달아야 한다고 설파했다. 그는 1964년 낡은 스쿨버스를 사서 '신나는 악동들Merry Pranksters'이란 이름을 붙이고 히피 친구들과 함께 화려하게 치장하고 개조한 다음 팰로앨토 근처에서 동부 뉴욕까지 'LSD 여행'을 하기도 했다.[10]

키지가 멘토였던 그레이트풀 데드는 리더 제리 가르시아를 비롯해 멤버들이 젊은 시절 LSD를 투약하고 마리화나를 피우며 음악을 했다. 그들의 공연에 열광하는 팬들도 거부감이 없었다. 밴드는 블루그래스 Bluegrass(컨트리 음악의 일종)로 음악을 시작했다가 블루스로 옮겨가더니, LSD를 투약하고부터는 사이키델릭 장르의 음악을 하게 됐다. 전체 활동 시기를 보면 이런 장르뿐 아니라 포크, 재즈 등 다양한 분야의 음악으로 자신들의 메시지를 전달했다.

안타까운 것은 의식의 확장을 위해 시작했던 LSD가 밴드의 리더 가르시아를 약물 중독으로 이끌었고 결국 그를 죽음으로 내몰았다는 점이다. 그는 말년까지 약물을 끊지 못해 고통스러워했다. 그는 약물에서 벗어나기 위해 치료를 받기도 했지만 1995년 8월 끝내 헤로인 중독과 당뇨 합병증으로 53세의 나이에 숨지고 말았다. 그의 사후에도 다른 멤버들은 음악 활동을 이어갔지만 그레이트풀 데드는 사실상 해체됐다.

밴드 이야기를 좀 더 하자면, 그레이트풀 데드는 1987년에 발매된 12번째 스튜디오 앨범 《인 더 다크In the Dark》에 실린 〈터치 오브 그레이Touch of Grey〉로 빌보드 핫 100 차트 9위에 올랐다. 1994년엔 로큰롤 명예의 전당에도 이름을 올렸다.[11] 이들은 앨범보다 공연으로 팬들과 만나는 것에 더욱 의미를 뒀다. 수많은 팬이 그들의 공연장에 녹음 장비를 가져가 녹음한 다음 테이프로 복사해 친구들과 함께 들었다. 밴드는 이런 팬들의 행위에 거부감이 없었다.

1982년 4월 13일 〈데이비드 레터맨 쇼David Letterman Show〉에 출연한 제리 가르시아는 '사람들이 공연을 녹음하게 내버려둠으로써 앨범 판매가 다른 밴드들보다 적지 않으냐'는 질문에 이렇게 말했다. "공연은 (녹음된 앨범과 달리) 매번 다르다. (그리고) 우리가 공연을 끝내면 그 공연은 그곳에 온 사람들이 소유할 수 있는 것이다."¹² 생생한 공연을 현장에서 팬들과 함께 즐기는 것이 밴드의 최우선 가치였던 '히피 밴드'였다고 해야 할까.

음악평론가 임진모는 그레이트풀 데드를 이렇게 평가한다.

"인종차별 폐지를 내용으로 한 인권 운동과 냉전 종식이라는 국내외의 해빙 무드를 타고 당시 젊은 세대(이른바 베이비붐 세대)들은 기성 세대의 물질 지향의 부르주아 가치를 거부하며 '이상적 공동체'로서의 새로운 미국 사회를 꿈꾸기 시작했다. 이러한 분위기는 당대 정치적 이슈의 핵심이었던 월남전에 대한 반대를 기폭제로 기성 가치와 제도를 부정하고 타파하려는 '히피 운동'으로 표출되기에 이르렀다. (중략)

특히 대중음악은 가장 먼저 이 새로운 대안 집단의 정서를 반영, 히피는 물론 대다수 청춘들의 압도적 환영을 받았다. 이를테면 LSD와 동양 종교적 분위기가 음악에 용해되었고 기존 사회로부터의 탈출과 새로운 사회의 갈망을 담은 노래들이 만들어졌다. (중략)

이러한 새로운 음악 기류가 강력히 돌출한 곳이 바로 샌프란시스코였고 이 '히피 등의 거점'에서 암약한 밴드들 가운데 맨 먼저 본격 활동의 팡파르를 울린 그룹이 또한 그레이트풀 데드였다."¹³

영감의 원천, 히피 축제 '버닝맨'

찰리가 그레이트풀 데드에게 음식을 만들어준 이력 때문에 구글에 채용된 것은 아니겠지만 그 때문에 입사 면접에서 점수를 얻은 것은 사실로 보인다. 래리 페이지가 어린 시절 아버지와 함께 그레이트풀 데드의 공연을 보러 다니던 열성 팬이었기 때문이다.[14]

실리콘밸리를 상징하는 대표적인 기업인 구글엔 카운터컬처가 녹아 있다. 단지 공동 창업자 래리 페이지가 그레이트풀 데드의 열성 팬이었고, 주방장 찰리가 채용됐기 때문만은 아니다. 래리 페이지와 세르게이 브린이 참가하면서 널리 알려진 버닝맨Burning Man이 구글의 카운터컬처를 보여주는 대표적 사례다.

버닝맨은 매년 노동절(9월 첫 번째 월요일) 주간에 라스베이거스의 블랙록 사막에 불특정 다수의 사람들이 모여 하나의 도시를 만드는 일종의 축제다(주최 측은 수만 명이 모이는 이 행사를 축제가 아니라 그냥 공동체라고 표현한다). 마지막에 참가자들이 나무로 만든 거대한 사람 형상의 조형물을 함께 태운다고 해서 버닝맨이라는 이름이 붙었다. 1986년 친구 몇 명이 샌프란시스코 해변에서 하지夏至를 기념하여 나무로 만든 인간 형상을 태운 것이 버닝맨의 시작이었다. 참가자가 늘고 행사가 커지면서 경찰이 조형물 태우는 것을 단속하자 1990년부터 라스베이거스 사막으로 장소를 옮겼고 그때를 기점으로 하나의 공동체를 만드는 문화 이벤트가 됐다.[15]

버닝맨 행사가 열리는 기간이면 라스베이거스 사막은 낮에는 탈 듯한 열기로, 밤에는 얼 듯한 냉기로 생존이 쉽지 않은 곳으로 바뀐다. 오죽하면 버닝맨에서 생존하는 방법을 소개하는 동영상까지 제작됐을까. 버닝맨 행사 중에는 누구든 참여하고 대가 없이 기부하며 자급자족으로 생존하고 서로 협력하며 내면세계에 집중하다가 떠날 때는 흔적을

축제 6일째 태우는 버닝맨. 버닝맨 축제 기간 동안에는 휴대전화나 인터넷 사용이 불가능하고, 금전 거래도 오가지 않는다. 축제 참가자들은 과감하고 과장되게 자신을 표현하고, 철저하게 서로의 다양성을 추구하며 자유와 해방감을 느낀다. (ⓒJennifer Morrow / flickr)

남기지 않고 깨끗하게 청소한다는 원칙 하에 여행자들이 공동체를 만들어 생활한다. 지켜야 할 원칙은 있지만 구성원들을 제외한 다른 누군가의 통제는 없고 기업의 후원도 없다. 상업주의는 완전히 배제된다.[16] 깔끔하게 청소하고 떠나는 히피 축제라고나 할까.

구글의 래리 페이지와 세르게이 브린은 1999년 8월 말 구글 홈페이지를 버닝맨 로고로 꾸몄다. 자신들과 구글의 직원들 대부분이 축제에 참여한다는 것을 이용자들에게 알리기 위해서였다. 두 사람은 그 후로도 꾸준히 참여할 만큼 버닝맨 축제의 매력에 빠져들었다. 2001년 에릭 슈밋을 CEO로 영입한 이유 중의 하나도 그가 버닝맨 축제에 참여했기 때문이라고 한다. 그들은 직원들에게 회사 파티에 버닝맨 축제 복장으로 참가하게 했다. 또한 버닝맨에서 찍은 사진을 회사에 전시하기

도 했다.[17]

구글 창업자들은 직원들과 버닝맨에 참여하며 열광했다. 그들은 그 곳에서 영감을 얻었다. 버닝맨은 적지 않은 사람들이 술과 마약에 취하는 일탈의 공간인 동시에 세상 어디에서도 보기 힘든 광경과 예술 작품을 볼 수 있는 공간이기도 하다. 페이지와 브린은 버닝맨에서 사람들이 만드는 예술 작품을 보며 영감을 얻었고, 사람들이 서로 돕고 소통하며 공동체를 만드는 것을 보며 구글이 나아갈 방향을 고민했다.[18]

그런데 버닝맨은 기본적으로 카운터컬처 축제였다. 말하자면 새로운 버전의 LSD 실험이었다. 실제로 1990년 현재와 같은 형태로 라스베이거스 사막에서 버닝맨 축제를 시작하면서 주최 측이 만든 전단에는 "우리는 90년대의 '신나는 악동들'이다"라는 문구가 들어 있었다.[19] 1960년대 중반 켄 키지와 그 친구들이 내면의 의식을 확장하기 위해 LSD 축제를 열었던 것처럼 새로운 시대에 그와 같은 의미의 축제를 연다는 취지였을 것이다.

구글의 나이 많은 친구와 〈지구 백과〉

구글과 카운터컬처를 연결하는 것은 버닝맨만이 아니다. 구글의 두 창업자가 구글에 초청 연사로 모시는 '나이 많은 친구'로 스튜어트 브랜드가 있다(브랜드는 1938년생이고 페이지와 브린은 1973년생이다). 최근 환경 운동을 하고 있는 브랜드는 최초의 공개 온라인 커뮤니티인 WELL의 공동 설립자이자 개인용 컴퓨터personal computer라는 용어를 처음 사용한 인물이자 실리콘밸리 카운터컬처의 상징이다. 그는 켄 키지처럼 1960년대 초반 LSD 임상실험에 참여했으며 친구인 키지와 함께 LSD 파티를 열었다. 1966년 1월 그레이트풀 데드가 등장한 샌프란시스코 LSD 축제도 그와 키지 등이 함께 주최한 것이었다.[20]

브랜드는 스티브 잡스가 스탠퍼드 대학 졸업식 축사에서 언급해 유명해진 "늘 갈망하고 미련하게 도전하라"라는 문구를 담고 있었던 저항 문화 잡지 〈지구 백과〉를 발행하기도 했다. 이 잡지는 인간 생활에 도움이 될 만한 기술과 제품 등의 리뷰를 담은 일종의 카탈로그로, 잡스를 비롯해 기술 발전에 관심이 있던 청년들을 사로잡았다. 1968년 첫 호를 시작으로 1972년까지 주기적으로 발행되면서 유기농 농업, 태양광 발전, 재활용, 풍력발전, 산악자전거, 컴퓨터, 전자 키보드 등의 기술 정보를 담은 당시로서는 혁신적인 잡지였다. 〈뉴욕타임스〉 기자였던 존 마코프는 이 카탈로그를 "인터넷 이전의 인터넷, 미래의 책, 인쇄된 웹"이라고 불렀다.[21]

브랜드는 컴퓨터가 개인의 자유를 증진시켜줄 표현의 도구라고 생각했던 선각자였다. 스티브 잡스의 전기 작가 월터 아이작슨이 《이노베이터The Innovators》에서 잘 묘사하고 있듯이 1960년대 중반 히피와 반전 운동 세력은 컴퓨터에 대해 부정적이었다. 제2차 세계대전을 거치면서 컴퓨터가 상대에 대한 공격에 사용되는 것을 지켜보며 그런 인식이 커졌을 것이다. 그러니 컴퓨터라는 도구는 인간을 비인간화할 것이고, 인간 세상을 조지 오웰이 그리는 암울한 통제와 감시의 세상으로 만들 것이며, '주식회사 미국Corporate America'과 국방부, 그리고 기득권 세력을 이롭게 할 것이라 내다본 것도 이상하지 않은 일이다.[22]

그러나 1970년대가 되면서 컴퓨터가 권력의 통제 수단이 아니라 자신을 표현하고 해방시키는 도구라는 인식이 커지기 시작했다. 브랜드는 이렇게 표현했다.

"(1960년대) 대부분의 우리 세대는 컴퓨터가 중앙 집중형 통제 장치라고 경멸했다. 그러나 나중에 해커라고 불릴 일부 사람들은 컴퓨터를 기꺼이 받아들이고 이를 (개인) 해방의 도구로 변환했다. 그건 미래로 향하는 진정한 왕도였다."[23]

이렇게 보면 브랜드는 구글과 같은 기업이 등장할 토대를 닦은 인물이었던 셈이다.

해커가 만든 해커의 기업, 페이스북

실리콘밸리의 또 다른 대표 기업 페이스북은 해커가 만든 기업이다. 공동 창업자 마크 저커버그는 하버드 대학 재학 시절인 2003년 11월 페이스북의 시발점인 페이스 매시Facemash를 만들었다. 하버드 대학 기숙사의 여학생 두 명, 또는 남학생 두 명의 사진을 웹사이트에 올려놓고 누가 더 섹시하고 매력적인지 선택하게 하는 프로그램이었다. 여덟 시간 만에 만들었다는 이 프로그램은 폭발적인 인기를 끌었다. 그러나 허락 없이 남의 사진을 웹사이트에 올리고 외모를 평가하게 했다는 비난과 불만도 폭주하면서 곧바로 웹사이트를 폐쇄해야 했다.

당시 저커버그는 페이스 매시를 만들기 위해 하버드 대학 기숙사 웹사이트를 해킹해 입학 앨범 정보(기숙사별로 학생들의 입학 사진과 이름을 기재한 책자를 온라인상에 올려놓은 것)를 빼냈고 이 때문에 근신(수강 신청 제한) 처분을 받았다. 그는 하버드 대학의 기숙사별 입학 앨범, 즉 '페이스북'을 해킹한 것이었다.[24]

페이스북 본사 주소가 '캘리포니아주 멘로파크시 해커웨이 1번지'가 된 것은 저커버그의 해커 사랑 때문이다. 원래 페이스북이 입주할 때의 주소는 해커웨이 1번지가 아니었다. 페이스북이 입주 당시 본사 앞에 세운 엄지 간판에는 '윌로로드 1601번지'라는 주소가 적혀 있었다. 멘로파크의 페이스북 본사에서 옆 도시인 팰로앨토까지 이어진 도로의 이름이 윌로로드다. 그런데 윌로로드 1601번지를 해커웨이 1번지로 변경한 것이다. 저커버그는 페이스북이란 회사를 해커 문화로 설명한다.

"페이스북은 우리가 가진 해커 문화로 정의할 수 있다. 창의적인 문제 해결과 빠른 의사결정을 높이 평가하고 보상하는 환경, 그것이 해커 문화다. 우리는 직원들에게 용감해지고 대담해지라고 격려한다. 개방적인 우리의 회사 문화는 모든 구성원이 정보를 공유하고, 각자가 가장 관심 있는 문제를 해결하기 위해 뭉치면서 문제들을 해결하게 해준다. 우리는 소규모 팀으로 일하면서 새로운 제품을 개발하고 테스트하고 개선하기 위해 빠르게 움직인다. 우리 회사 벽에는 '우리 여정은 이제 1퍼센트가 끝났을 뿐이다'라는 문구가 붙어 있다. 그 문구는 우리가 '세상을 보다 열리고 연결된 곳으로 만든다'는 우리의 사명을 이제야 막 실천하기 시작했음을 다시 한 번 일깨워준다."[25]

오랫동안 페이스북 서비스 개발자들의 모토였던 "실수를 하더라도 일단 빠르게 실행하라Move fast and break things"는 말도 이런 해커 문화, 해커 정신을 반영한 것이다. 사실 해커웨이는 해커의 도로라는 의미와 더불어 해커의 방식, 해커의 정신이란 뜻을 함께 가지고 있다.

2012년 2월 페이스북이 나스닥 상장을 신청했을 때 저커버그는 미래의 투자자에게 페이스북의 비전과 가치를 설명하는 장문의 편지를 썼다. 그는 편지에서 해커웨이에 대한 자기 생각을 밝혔다.

"우리는 스스로 해커웨이라고 부르는 독특한 문화와 회사 운영 방식을 만들어왔다. 해커라는 단어는 컴퓨터에 침입하는 사람들이라는 부정적인 의미를 갖고 있다. 하지만 사실 해킹은 단지 뭔가를 빠르게 만들거나 어떤 일의 한계를 시험하는 걸 의미한다. 대부분의 다른 것들과 마찬가지로 해킹은 좋게도 나쁘게도 이용될 수 있지만 내가 만난 대다수의 해커들은 세상에 긍정적인 영향을 주고 싶어 하는 이상주의자였다."[26]

1960년대 중반 이후 샌프란시스코 지역은 히피의 공간이었다. 히피들은 전쟁에 반대하고 평화를 추구하며, 물질주의에 반대하고 평등을 추구하며, 보이는 세계가 아닌 내면의 세계를 탐구하고자 했다. 그런 열망과 함께 LSD가 퍼져나갔고 카운터컬처도 확산됐다. 그레이트풀 데드의 음악 그리고 〈지구 백과〉와 더불어 컴퓨터를 개인의 자유를 위한 도구로 인식하는 사람들도 증가했다. 실제로 1960년대 최초의 마우스를 개발하는 등 개인용 컴퓨터의 발전에 크게 공헌한 스탠퍼드 대학 연구자들 중에도 히피가 많았다.[27] 확실한 것은 스튜어트 브랜드와 구글의 공동 창업자들이 사제 같은 친구 관계를 이어오듯 카운터컬처도 그렇게 이어지고 있다는 사실이다.

SXSW South By Southwest

미국에서 음악 축제로 출발해 기술과 사회 혁신을 논의하는 마당으로 커진 대표적인 행사가 SXSW다. 한국에선 타이거 JK, 윤미래, 효린 등 인기 가수들이 참가하면서 더욱 유명해졌다. 공식 웹사이트를 보면 SXSW는 1987년 3월 미국 남부 텍사스주 오스틴에서 소규모 음악 공연으로 시작돼 영화 축제로까지 범위가 넓어졌고 점차 뉴미디어와 혁신 기술까지 아우르는 대규모 행사가 됐다고 한다.[28]

오스틴 텍사스대의 학생 신문인 〈데일리 텍산〉에 따르면, 축제의 이름인 SXSW는 앨프리드 히치콕 감독의 1959년 작 〈북북서로 진로를 돌려라〉(1959년)를 본뜬 것이었다고 한다. 특별한 의미를 지닌 이름은 아니었다.[29]

매년 3월 열리는 SXSW 행사에선 음악인들뿐만 아니라 '인터넷 백과사전' 위키피디아 설립자 등이 기조연설을 하기도 했다. 2016년엔 버락 오바마 당시 대통령이 특별 손님으로 참가해 사회문제 해결에 혁신 기술을 활용하는 것이 중요하다는 메시지를 전하기도 했다. SXSW가 음악에서 출발해 기술로까지 영역을 넓히는 과정에서 중시한 것은 혁신이다. 문화, 예술, 산업 등의 모든 영역에서 새로움을 추구하는 축제라는 성격을 강조해왔다고 할까.

최근엔 마치 실리콘밸리 행사 같은 느낌을 주기도 한다. 구글 같은 실리콘밸리 기업들의 신제품 및 신기술 전시와 그와 관련된 논의도 활발하다. 주최 측은 인공지능·머신러닝, 헬스·의료·바이오테크, 음악·오디오 혁신, 개인 정보·보안, 과학소설을 현실로 구현한 기술 등 13개 부문에서 혁신상을 시상한다.

3부
—

**실리콘밸리는
이렇게
돌아간다**

9장

애플의 도시는
차이나 시티인가

중국 베이징 인근에 살던 브라이언(미국명) 가족이 미국에 건너온 것은 2000년대 후반의 일이다. 그들은 3년 정도 우리 가족과 같은 동네에 살았다. 우리는 매일 얼굴을 보고 인사하는 이웃이었다.

그들 부부는 중국에서 태어난 딸이 서너 살쯤 됐을 때 실리콘밸리로 건너왔다. 남편 브라이언이 실리콘밸리에 있는 중국계 회사에 취업해 새 삶을 찾아온 것이었다. 브라이언은 영어를 잘하지 못했다. 그래도 문제될 것은 없었다. 소프트웨어 엔지니어였던 그는 회사에서 군이 영어로 의사소통할 필요가 없었다.

그의 아내는 시에서 운영하는 성인 대상 무료 교육 시설(어덜트 스쿨 Adult School)에 다니며 영어회화를 배웠다. 초등학교에 다니는 딸은 동네 음악학원에서 바이올린을 연주했고, 미술학원에서 그림을 그렸으며,

수영학원에서 수영을 배웠고, 수학학원에서 과외 수업을 받았다. 동네 학원들에는 대개 중국어를 하는 강사나 직원이 있어서 의사소통에는 문제가 없었다. 간판도 중국어로 쓰인 곳이 대부분이었다.

그들 가족은 실리콘밸리에 별다른 어려움 없이 정착했다. 영어를 못해도 아이를 학원에 보내는 데는 지장이 없었다. 집을 구하고, 자동차를 사고, 운전 교습을 받을 때도 비슷한 처지의 중국계 이민자와 브로커, 그리고 강사의 도움을 받을 수 있었다. 집 근처엔 '99 랜치 마켓Ranch Market'이라는 대형 중국 식료품점이 있어서 장을 보기도 수월했다(이 식료품점은 실리콘밸리에만 다섯 개 지점이 있다).

부부는 2013년 봄 아들을 낳았다. 그들은 대를 이을 아들을 낳았다며 티 나게 아들을 예뻐했다. 관심을 적게 받는 첫째 딸이 안쓰러울 정도였다. 얼마 지나지 않아 남편의 어머니가 손자를 보기 위해 중국에서 실리콘밸리로 날아왔다. 그들 부부가 둘째를 낳을 수 있었던 것은 미국에 살고 있었기 때문이다. 중국 정부가 1980년부터 한 자녀만 낳게 하는 산아 제한 정책을 펴오다가 35년 만인 2015년 10월에야 이를 폐지한다고 발표했기 때문이다.

산아 제한 정책을 폐지하기 전에는 둘째를 낳으면 웬만한 집에서는 감당하기 어려운 벌금이 부과됐다. 각 지방 정부에 따라 벌금 액수는 달랐지만 농민들의 3~10년 수입에 해당하는 약 2만 위안(360만 원)에서 수십만 위안을 벌금으로 내야 했다고 한다.[1] 중국에 계속 살고 있었다면 벌금도 내야 하고 공산당 눈치도 봐야 하니 그들 부부가 둘째를 낳기는 쉽지 않았을 것이다. 그들에게 미국은 둘째를 낳을 자유가 있는 땅이기도 했다.

같은 동네에 살며 그들 가족과 절친했던 다른 중국인 가족이 어느 날 이웃 동네로 이사를 가자 그들도 한때 이사를 진지하게 고민했다. 친했던 가족이 이사한 도시는 쿠퍼티노였다. 쿠퍼티노는 남편이 근무하는 애플 본사가 있는 곳이다. 브라이언 가족이 살아온 서니베일 바로 옆에 붙어 있는 쿠퍼티노는 중국인 이민자 공동체가 일찍부터 형성돼 있던 도시이기도 하다.

애플의 도시는 차이나 시티?

쿠퍼티노는 스탠퍼드 대학에서 남동쪽으로 20~30분, 마운틴뷰의 구글 본사에서 남쪽으로 10~15분 정도 차로 달리면 나타나는 도시다. 넓이로 보면 여의도 면적의 10배쯤 된다.

쿠퍼티노라는 이름은 도시 가운데를 지나는 개울 이름에서 왔다. 스페인이 멕시코와 캘리포니아 일대를 다스리던 1776년, 캘리포니아 남부에서부터 북부까지 군사 요새를 세우라는 왕의 특명을 받고 스페인 원정대가 이곳까지 올라왔다. 당시 원정대에 끼어 있던 프란체스코수도회 신부(원정대장의 일기 작가이자 지도 제작자)가 프란체스코수도회의 성인^{聖人}인 '쿠퍼티노의 성요셉'이 태어난 도시의 이름을 개울에 붙였다고 한다. 그리고 1800년대 후반 이 지역의 와이너리 주인이 자신의 양조장에 개울 이름을 붙였고, 1904년 도시의 중앙 교차로와 우체국에 이 이름이 사용되면서 마침내 도시 이름으로까지 정착하게 된다.[2]

쿠퍼티노에는 270여 개의 기업이 있지만, 이 도시를 상징하고 대표하는 기업은 역시 애플이다. 인종적으로 쿠퍼티노에 중국계 주민들이 많이 거주하는 이유도 일정 부분은 애플 때문이다. 주위에 있는 애플 직원들의 이야기를 들어보면 중국 시장이 애플에서 차지하는 중요성만큼이나 애플에서 일하는 중국계 직원들도 늘고 있다고 한다.

2010년 인구통계국 자료를 보면 쿠퍼티노의 주민 수는 5만 8302명이었다. 인종별로는 백인이 31.3퍼센트로 가장 많지만 중국계 28.4퍼센트, 인도계 22.6퍼센트, 한국계 4.6퍼센트 등으로 아시아계가 전체의 63.3퍼센트를 차지하고 있다. 2017년 3월 현재 인구는 6만 4220명으로, 그중 63퍼센트가 아시아계다.[3]

초기 이민자들이 대거 정착해 차이나타운을 형성한 샌프란시스코를 제외하면, 쿠퍼티노는 실리콘밸리에서 중국계가 많이 거주해온 동네다. 주로 음식점과 상점을 하거나 건설노동자 등으로 일한 1세대 중국계 이민자들이 정착한 샌프란시스코와 달리 쿠퍼티노는 고학력 엔지니어 중심의 2세대 중국계 이민자들이 정착해온 곳이다.

다만 최근 들어 인도계 이민자가 계속 밀려들면서 쿠퍼티노에서도 인도계의 입김이 커지고 있다. 2016년 11월 타이완 태생의 미국인 시장 후임으로 선출돼 2017년 임기를 시작한 신임 시장은 인도 태생의 미국인이다.[4]

쿠퍼티노는 학군이 좋은 도시로도 유명하다. 시 교육청이 행정구역에 따라 나눈 학군을 보면 쿠퍼티노는 과거의 '강남 8학군'에 비견될 만큼 학업 성적이 우수하고 좋은 대학에 진학하는 학생들이 많다. 교육열이 높은 부모들이 몰려 있어서일 수도 있다. 인도계와 더불어 중국계 부모들도 사교육을 중시하기 때문이다. 쿠퍼티노 시내에는 중국어 간판이 붙은(이따금 영어도 같이 붙은) 과외 학원을 쉽게 찾아볼 수 있다.

참고로 실리콘밸리에서 특정 학교의 성적이 좋은지 나쁜지를 파악하는 가장 쉬운 방법은 학생들의 인종 비율을 찾아보는 것이다. 학교 평판과 인종 비율을 알려주는 greatschool.org 같은 웹사이트에서 확인해보면 아시아계 비율이 높을수록 학교 성적이 우수한 것으로 나타난다. 쿠퍼티노의 경우 아시아계 학생 비율이 90퍼센트를 넘는 곳이 많다. 그리고 그 가운데 중국계 학생 비율이 다른 지역보다 월등히 높다. 이웃 브라이언 가족이 한때 이사를 고려했던 쿠퍼티노는 그런 곳이다(그들 가족은 쿠퍼티노보다 집값이 싼 다른 지역에 집을 샀다).

쿠퍼티노뿐만 아니라 실리콘밸리 어디서든 만나게 되는 사람들이 중국계 이민자들이다. 인도계와 더불어 실리콘밸리의 기술 산업을 떠받치는 이민자 집단인 중국계 이민자들. 그들은 이미 실리콘밸리의 이민자 사회에서 터줏대감 같은 존재다.

이는 숫자로도 확인된다. 미국 인구통계국의 자료(2014년)를 보면 미국 인구 중 중국계는 모두 355만 1337명으로 아시아계 가운데 가장 많았다. 그리고 그중 128만 5536명(36퍼센트)이 캘리포니아에 살고 있는 것으로 나타났다. (2017년 3월 발표된 자료를 보면 중국계는 2015년 현재 476만 명으로 훨씬 더 증가한 것으로 나온다. 하지만 실리콘밸리 지역별 현황은 제공되지 않아 2014년 자료를 기준으로 삼았다.) 16만 명가량인 타이완계 이민자까지 합치면 숫자는 더 커진다.[5]

실리콘밸리 지역만 보면 중국계는 22만 명가량. 샌프란시스코와 오클랜드, 프리몬트 등 주변 지역까지 범위를 넓혀서 샌프란시스코베이 지역 전체를 보면 54만 명 수준으로 늘어난다. 세계에서 가장 큰 차이나타운이 있는 샌프란시스코에만 17만 명의 중국계 이민자가 살고 있다. 실리콘밸리의 경우 중국계 이민자는 인도계보다 6만~7만 명 더 많고 샌프란시스코베이 지역 전체로 보면 두 배 이상 많다.[6]

'변발 청년'의 아메리칸 드림

중국인들이 미국 땅에 건너오기 시작한 것은 19세기 중반부터다. 1848년 캘리포니아에서 금이 발견되고 본격적인 골드러시가 시작되면서 금광 노동자에 대한 수요가 급증하던 때였다. 초기엔 주로 중국 남부 광둥성의 가난한 농민들이 배를 타고 태평양을 건너 샌프란시스코 항구로 들어왔다. 청나라 말기 변발의 동양인이 미국 땅을 밟기 시작한 것이었다.

"1850년대 중국 인구는 이미 4억을 넘었고 정부의 부패와 무능으로 경제가 마비되었다. 특히 광둥 지역은 잦은 가뭄과 흉작으로 곡물이 부족했고, 1850~64년까지 태평천국의 난으로 농지가 황폐해져 생계가 어려웠다. 이런 비참한 경제 상황과 사회적 혼란에 시달리던 중국 농민들은 미국 캘리포니아로 이주하기 시작했다."[7]

1848년 세 명으로 시작된 중국인 이민자는 이후 급속도로 늘어나 1882년 '중국인 배척법Chinese Exclusion Act of 1882'이 제정될 때까지 총 13만 2300명이 미국 땅을 밟았다고 한다.[8] 노동력이 필요했던 초기에 중국인들은 성실하고 끈기 있게 일한다는 평가를 받았다. 스탠퍼드 대학을 설립한 철도 재벌 릴런드 스탠퍼드는 철도 회사를 경영하던 시절 중국 인 노동자들을 이렇게 평가했다.

"그들은 전체적으로 조용하고 온화하며 인내심이 있고 근면하며 검소 하다. 그들은 매우 절약해서 적은 봉급에도 만족한다. 서로 돕고 협력을 잘한다. 그들이 없으면 기한 내에 우리가 맡은 일을 완료하는 것은 불가 능하다."[9]

하지만 점차 중국인 이민자가 많아지면서 이들에 대한 미국 사회의 차별이 심해졌고 결과적으로 중국인 배척법까지 만들기에 이른다.

시간이 지나면서 미국 사회가 중국인의 이민을 얼마나 심하게 막았 는지 잘 드러내는 장소가 샌프란시스코만의 에인절아일랜드^{Angel Island}다. 샌프란시스코 북쪽 해변에서 보면 앨커트래즈섬 너머에 있는 작은 섬으로, 아름다운 항구 도시이자 부촌으로 알려진 소살리토와 티뷰론 지척에 있다. 소살리토는 〈첨밀밀〉(1996년)의 두 주인공 장만옥과 여명 이 다시 한 번 호흡을 맞췄던 영화 〈첨밀밀 3-소살리토〉(2000년)의 배경 이었기 때문에 중국인 관광객이 특히나 많이 찾는 곳이다. 티뷰론은 배 우 로빈 윌리엄스가 생의 마지막을 보낸 도시이자 수려한 경관을 자랑 하는 곳이어서 인기 관광지다.

우리말로 해석하면 '천사의 섬'인 에인절아일랜드는 1910~40년 수 십만 명의 중국인이 입국 심사를 받던 곳이었다. 당시 미국 관리들은 길게는 2년 동안 중국인 이민자를 붙잡아두었기 때문에 중국인 이민자

에인절아일랜드에서 바라본 앨커트래즈섬과 샌프란시스코. 20세기 초, 꿈을 좇아 미국으로 향한 중국인 이민자들은 값싼 노동력을 제공하고 노골적인 차별을 받으며 비참한 생활을 했다. 그후 기술과 지식을 보유한 후세대 이민자들이 다수 정착하며 2011년에는 최초로 중국계 출신의 샌프란시스코 시장이 당선되는 등 지역 내 위상이 높아졌다. (ⓒFranco Folini / flickr)

들에게 에인절아일랜드는 '감옥'에 비유되던 섬이었다.[10]

당시는 중국인 배척법으로 인해 중국인 이민자들은 친척이 미국 시민이라는 사실을 입증하는 경우에만 입국이 허용되던 시절이었다. 대부분 노동자였던 중국인 이민자들은 고향 마을의 풍경부터 미국 시민인 친척의 개인 정보에 이르기까지 수백 개의 질문에 답해야 했는데, 미국 시민인 친척이 없어 허위 정보를 기재하는 사람들이 많았다고 한다. 이렇게 허위로 정보를 기재하고 입국한 사람들을 지칭하는 '서류상의 아들 딸paper sons and daughters'이란 말이 생겨났을 정도였다.[11]

그렇다 보니 에인절아일랜드에는 중국인 이민자들의 한이 깊이 서려 있다. 1960년대 초 섬이 주립공원으로 지정되고 1970년 섬에 남아 있던 낡은 건물을 철거하려던 때였다. 공원 관리인이 철거할 건물의 벽에서 무언가를 발견했다. 벽에는 대체 무슨 뜻인지 알 수 없는 글자가 빼곡하게 새겨져 있었다. 이 소식이 전해지자 학자들이 찾아와 연구를 시작했다. 그 결과 벽의 낙서들은 모두 에인절아일랜드에 구금돼 있던 중국인들이 써놓은 중국어 시라는 사실이 밝혀졌다. 학자들은 에인절아일랜드에 구금돼 있는 동안 벽에 새겨진 시들을 종이에 옮겨 적은 중국인 이민자 두 명도 찾아냈다. 그렇게 복원한 시는 모두 200편이 넘었다.

대부분 노동자 계층이었던 중국인들이 쓴 시는 꾸밈 없고 절절했다. 그중 한 편을 소개한다.

> "100가지 가혹한 법으로 그들은 우리 중국인들을 학대한다.
> 여러 차례 취조를 당하고 조사를 받아도 여전히 충분하지 않다.
> 우리는 나체 상태에서 흉부 검사를 받아야만 한다."[12]

오바마의 딤섬 테이크 아웃

19세기에 미국 땅을 밟은 초기 중국인 이민자들은 거의 압도적으로 남성이었다. 상인 중에는 가족이 함께 건너온 경우도 있었지만 홀로 건너와 막노동으로 돈을 벌어 본국의 가족에게 부치는 남성이 대부분이었다. 중국인의 초기 미국 이민사를 분석한 책에 따르면 1890년 미국에 들어온 중국인 남성은 10만 명가량이었던 반면, 중국인 여성은 4000명 정도에 불과했으며, 그들 대부분은 인신매매로 사창가에 팔려온 여성이었다고 한다.[13]

남성이 대부분이었던 초기 중국인 이민자들에게 중국 음식과 상품을 팔고 숙박을 제공하는 상점이 들어선 곳이자 그들이 외로움을 달래기 위해 모여 살던 곳이 차이나타운이었다. 샌프란시스코를 통해 캘리포니아에 들어온 중국인들은 대부분 광산에서 일하거나 농사일을 하거나 공장 노동자로 취직했다. 도시에 남은 사람들은 차이나타운에 모였다. 샌프란시스코의 작은 지역에서 시작되어 점점 넓어진 차이나타운은 처음에는 '작은 중국', '작은 광둥(광둥 사람들이 많았기 때문이다)', '중국인 거리' 등으로 불렸다. 1870년이 되면 캘리포니아에 사는 중국인 4분의 1이 샌프란시스코 차이나타운에 살았을 정도로 규모가 커졌다.[14]

현재 샌프란시스코 차이나타운은 관광 명소가 됐을 뿐만 아니라 샌프란시스코의 중국인들에게는 아버지와 할아버지 세대의 삶이 녹아 있는 상징으로 자리 잡았다. 이곳은 샌프란시스코를 찾는 정치인들이 즐겨 방문하는 곳이기도 하다. 예컨대 2012년 2월 16일 샌프란시스코를 방문한 버락 오바마 대통령은 차이나타운의 '그레이트 이스턴Great Eastern'이라는 중국 음식점에서 점심용 딤섬을 포장해 갔다. 그는 양복 상의를 입지 않고 소매를 걷은 와이셔츠에 넥타이 차림으로 식당에 왔고 음식점 주인과 종업원, 손님과 함께 사진도 찍었다.[15]

이날 오바마는 그해 11월에 있을 대통령 재선을 위한 후원금 모금 행사 때문에 샌프란시스코에 왔다가 차이나타운을 깜짝 방문한 것이었다. 참고로 캘리포니아주는 민주당 지지자가 많은 곳인데, 그중에서도 샌프란시스코와 실리콘밸리 지역이 그런 경향이 더욱 강하다. 그리고 샌프란시스코는 시장도 중국계일 만큼 중국계의 영향력이 큰 곳이다. 정치적 의도가 있었든 없었든 그의 딤섬 테이크 아웃은 샌프란시스코와 실리콘밸리에 사는 중국계 미국인들에게 남다른 의미로 다가왔을 것이다.

기술을 들고 온 신세대 이민자들

골드러시와 함께 시작된 중국인의 미국 이민은 차이나타운의 형성과 더불어 흐름을 이어가다가 1882년 중국인 배척법이 제정되면서 크게 줄었다. 1943년 12월 이 법이 폐지되자 중국인 이민이 다시 늘기 시작하면서 1953~65년 중국인 이민자는 약 5만 명이 증가했다.[16]

미국 이민자가 본격적으로 늘어난 것은 미국이 이민 비자를 국가별로 제한하는 쿼터제를 폐지한 1965년 이민법 개정 이후였다. 하지만 중국인 이민자의 경우에는 조금 달랐다. 중국 본토에서 미국 이민자가 급격히 증가한 것은 1979년 이후였다. 1949년에 들어선 공산당 정부가 법적으로 이민을 금지하다가 1979년 미국과의 수교 이후에 미국 유학과 이민을 허용했기 때문이었다. 1949~78년 중국 정부의 승인을 받아 해외에 나간 중국인은 21만 명에 불과했을 정도다. 1960년대와 1970년대 미국으로 건너온 중국계 이민자들이 타이완, 홍콩, 마카오 출신이었던 데는 그런 배경이 있었다.[17] 물론 이 시기에도 정부의 허가를 받지 않고 미국 땅으로 건너온 사람들은 있었지만 말이다.

1979년 이후 미국에 건너온 중국계 이민자들은 인도계 이민자들과 더불어 실리콘밸리의 핵심 인력으로 자리를 잡아갔다. 1990년이 되면 실리콘밸리에서 일하는 중국계 이민자는 9만 명으로 늘어난다. 그리고 그중 71퍼센트가 첨단 기술 기업에서 근무했다. 같은 시기 인도계 이민자는 2만 8500명 정도였고 그중 87퍼센트가 첨단 기술 부문에서 일했다.[18] 전세대 이민자들이 맨몸으로 황금의 꿈을 꾸며 미국 땅을 밟았다면, 후세대 이민자들은 지식과 기술로 무장하고 실리콘밸리의 꿈을 꾸며 미국으로 건너온 것이었다.

인도계와 마찬가지로 중국계 이민자들이 실리콘밸리에 자리를 잡을수 있었던 가장 중요한 이유는 실력이었다. 그들 가운데 주류인 백인을 앞서는 고급 인력이 많았다는 말이다. 1990년 실리콘밸리에서 일하는 중국계 이민자의 23퍼센트가 석사 학위 이상을 소지한 반면 백인의 경우 11퍼센트만이 석사 학위 이상을 소지했다. 인도계 이민자는 32퍼센트가 석사 학위 이상을 소지하여 가장 높은 학력 수준을 자랑했다. 또 실리콘밸리의 기술 직종에서 일하는 중국계 이민자의 40퍼센트가 석사 학위 이상을 소지한 반면 백인 직원은 18퍼센트만이 석사 학위 이상을 소지했다. 이 부문 역시 인도계 이민자의 55퍼센트가 석사 학위 이상을 소지하여 가장 높은 학력 수준을 자랑했다.[19]

중국인의 이민 행렬은 2000년대에도 이어졌다. 인도계 이민자들도 비슷한 추세로 증가했지만 숫자는 중국계가 좀 더 많았다. 영주권을 받은 사람들이 얼마나 되는지를 보면 그 흐름을 알 수 있다. 가장 최근인 2010~5년의 현황을 분석해보면, 2014년 근소한 차이로 인도계가 앞선 것을 제외하고는 해마다 중국계가 적게는 1000여 명, 많게는 1만 7000명가량 영주권을 받은 사람의 숫자가 많았다.[20]

중국계 이민자 사회의 탄탄한 네트워크가 큰 힘이 되었다. 실리콘밸리에서 활동 중인 엔지니어 중심의 친목 단체의 경우 중국계 이민자가 인도계 이민자보다 10년 이상 빨리 만들었다. 실리콘밸리에는 1979년 '중국인 엔지니어 협회CIE, Chinese Institute of Engineers' 샌프란시스코베이 지부가 설립된 것을 시작으로 1999년까지 11개의 중국계 엔지니어 친목 단체가 설립되었다(CIE USA는 1917년에 설립됐다). 같은 시기 인도계 단체는 1991년에 만들어진 '실리콘밸리 인도 전문가 협의회Silicon Valley Indian Professionals Association', 1992년에 설립된 '인더스 기업가들The Indus Entrepreneurs' 두 개였다.[21]

이들 단체는 실리콘밸리의 회사에 다니는 사람들의 친목을 도모하고 서로 창업을 지원하는 역할을 해왔다. 이를테면 업계 정보를 교환하고, 함께 스터디 그룹을 조직하며, 회사별 일자리 정보(언제 어느 부문의 직원을 채용한다는 정보)를 교환하고, 누군가를 회사 인사 담당자에게 추천해주는 등의 활동을 해왔다. 실리콘밸리의 한인 엔지니어들을 중심으로 2007년 설립된 'K-그룹' 같은 단체도 이런 기능을 한다.

스탠퍼드 대학 캠퍼스의 중국인 유학생

스탠퍼드 대학에는 일반 학생들이 이용할 수 있는 실내 농구 코트가 세 곳 있다. 저녁이면 실내 농구 코트에서 밤늦게까지 농구를 하기 위해 사람들이 몰려든다. 한국인 유학생들이 주축인 농구 동호회도 이곳의 단골이다. 적게는 10여 명, 보통 20명 정도가 모여서 농구를 한다. 그런데 이따금 당황스러운 일이 생긴다. 중국 유학생들이 모이는 날과 겹쳤을 때다. 20명이 아니라 50명, 60명가량이 체육관을 접수하는 경우가 흔하기 때문이다. 중국 유학생의 숫자가 워낙 많다 보니 생기는 불상사다.

미국 전체에서 가장 많은 유학생이 중국인 유학생이다. 미국 IIE^{Institute of International Education}의 연례 보고서에 따르면, 2015~6학년도(2015년 9월~2016년 8월) 미국에서 공부하는 유학생은 104만 3839명이고 그중 중국인 유학생은 32만 8547명(31퍼센트)으로 가장 많았다. 2위는 16만 5918명(15퍼센트)인 인도인 유학생, 3위는 6만 1287명인 사우디아라비아인 유학생, 4위는 6만 1007명인 한국인 유학생이었다.[22]

스탠퍼드 대학에서 공부하는 유학생 중에도 가장 많은 집단은 중국인 유학생이다. 2015년 가을 학기에 입학한 전체 유학생 3667명(대학원 3055명, 학부 612명) 가운데 중국인 유학생은

1013명(대학원 953명, 학부 60명)으로 27퍼센트를 웃돌았다. 2위인 인도인 유학생 360명(대학원 315명, 학부 45명)보다 세 배 가까이 많은 수치다. 2014년 가을 학기에 입학한 전체 유학생 3609명 중 중국인 유학생은 937명, 인도인 유학생은 347명이었다. 2013년엔 전체 유학생 3518명 중 870명이 중국인 유학생, 330명이 인도인 유학생이었다.[23]

참고로 한국인 유학생은 2015년 259명(대학원 205명, 학부 54명), 2014년 271명(대학원 218명, 학부 53명), 2013년 281명(대학원 235명, 학부 46명)이었다.

당장 3년치 현황만 보더라도 스탠퍼드 대학에서 공부하는 중국인 유학생은 매년 늘고 있다(한국인 유학생이 계속 줄고 있는 것과 대조적이다). 스탠퍼드 대학의 유학생이 증가한다는 것은 실리콘밸리에 정착할 가능성이 높은 인력이 늘고 있다는 이야기이기도 하다. 동문이 실리콘밸리 곳곳에 퍼져 있다 보니, 대학이나 대학원을 다니며 실리콘밸리 기업에서 인턴으로 일할 기회를 찾기도 쉽고 창업에 도움을 받거나 투자를 받기도 유리하다.

늘어나는 것은 유학생만이 아니다. 여름방학이면 자녀를 데리고 실리콘밸리를 찾아오는 중국인 관광객들로 스탠퍼드 대학 캠퍼스는 북적거린다. 실리콘밸리를 방문하는 관광객들에게 스탠퍼드 대학은 반드시 가야 하는 관광 코스다. 이렇게 자녀에게 스탠퍼드 대학을 보여주고 유학의 꿈을 심어주려는 부모들이 갈수록 늘고 있다. 수업 중인 강의실을 들여다보는 중국인 관광객이 많다 보니, 학교 곳곳에는 강의를 방해하지 말아 달라는 중국어 경고문이 붙어 있다.

2015년 여름 페이스북의 중국계 엔지니어가 해고된 일이 있었다. 이 사건을 처음 보도한 연합뉴스 임화섭 특파원의 기사를 보면, 페이스북 직원이 생면부지의 중국인 관광객들에게 회사 구경을 시켜주고 회사 식당에서 공짜 점심을 먹게 해주는 대가로 돈을 받았다가 적발되었던 것이다.[24] 페이스북 직원이 자신을 찾아온 손님에게 방문증을 발급받아주면, 함께 회사를 둘러볼 수도 있고 무료로 식당을 이용할 수도 있는데, 이를 이용해 수입을 올린 것이 문제가 됐다. 몇 개월 뒤 〈뉴욕타임스〉가 확인한 바에 따르면 중국인 관광객 한 그룹당 20달러를 받았다고 한다.[25] 실리콘밸리를 찾아오는 중국인이 많아지다 보니 빚어진 웃지 못할 에피소드였다.

중국계 이민자는 이미 실리콘밸리의 중심축이 됐다. 그들은 19세기 중반 낡은 배에 목숨을 맡기고 태평양을 건너와 중노동을 견디며 근면함과 끈기로 미국 땅에 차이나타운을 세우더니, 이제는 과학기술과 지식으로 무장하고 실리콘밸리에 굳게 뿌리를 내리고 있다. 그리고 지금도 많은 중국인이 새로운 꿈을 꾸며 중국에서 실리콘밸리로 무서운 기세로 달려오고 있다.

10장

수학 천재 인도인들의
아메리칸 드림

2015년 10월 구글의 새로운 최고 경영자로 취임한 순다르 피차이 Sundar Pichai, 선 마이크로시스템스의 공동 창업자이자 실리콘밸리의 벤처 투자사 코슬라 벤처스를 설립한 비노드 코슬라Vinod Khosla, 2005년 페이스북 최초의 여성 엔지니어로 합류했으며 2011년 파일 동기화file sync 회사를 창업해 2012년 드롭박스Dropbox에 매각한 루치 상비Ruchi Sanghvi. 이들의 공통점은 무엇일까? 그들 모두 실리콘밸리에서 활약하는 인도계 미국인이다. 인도에서 태어나 교육을 받다가 대학이나 대학원 시절 미국으로 유학 와서 미국 기업에 취업하고 창업한 사람들이다.

2013년 인도계 미국인 최초로 미국 프로 농구팀 새크라멘토 킹즈의 구단주가 된 신화적인 기업가 비벡 라나디베Vivek Ranadivé도 같은 길을 걸었다. 뭄바이 출신인 그는 고등학교를 마치고 유학길에 올라 MIT에서 전기공학 학사와 석사 과정을 마쳤다. 이후 실리콘밸리에서 컴퓨터 정보 처리 회사인 TIBCO^{The Information Bus Company}를 창업해 억만장자가 됐다.

또 순다르 피차이보다 앞서 미국의 대표적인 기술 기업인 마이크로소프트의 CEO가 된 사티야 나델라^{Satya Nadella}도 마찬가지 경우다.[1] 차이가 있다면 회사 본사가 실리콘밸리가 아닌 미국 서부 워싱턴주에 있다는 것 정도라고 해야 할까.

실리콘밸리는 인도 천하?

"실리콘밸리는 IC 위에 만들어졌다"는 말이 있다. 그런데 여기서 IC가 반도체 집적회로가 아닌 다른 것을 의미할 때가 있다. 그 경우 IC는 인도계^{Indian}와 중국계^{Chinese}를 의미한다. 그만큼 인도계와 중국계 엔지니어가 실리콘밸리에 많다는 뜻이다. 특히 실리콘밸리에는 인도계 엔지니어가 꾸준히 증가하는 추세다. 미국에서 인디언은 두 그룹을 의미한다. 첫 번째는 인디언 아메리칸(줄여서 그냥 인디언), 즉 아메리카 대륙 원주민이고, 두 번째는 아시안 인디언, 즉 인도계 미국인이다. 그런데 인디언 공동체가 없는 실리콘밸리는 상상하기 어려울 정도로 실리콘밸리에서 인도계의 위상은 어마어마하다. 실리콘밸리의 인구 분포만 살펴봐도 어림짐작할 수 있다.

미국 인구통계국의 조사에 따르면, 미국의 전체 인구(2015년 7월 현재)는 3억 2000만 명가량이다. 인종별로 보면 백인이 77.1퍼센트, 흑인이

13.3퍼센트, 아시아계는 5.6퍼센트다. 2016년 대선 기간 온갖 논란을 몰고 다닌 도널드 트럼프가 백인들의 전폭적인 지지를 얻어 당선된 것에서도 알 수 있듯이 미국은 여전히 백인이 압도적 다수인 나라다. 아시아계는 여전히 소수다.

그런데 캘리포니아주만 보면, 백인 72.9퍼센트, 흑인 6.5퍼센트, 아시아계 14.7퍼센트로 흑인보다 아시아계가 두 배 이상 많다. 그리고 실리콘밸리 지역만 보면 분위기가 또 다르다. 실리콘밸리를 아우르는 샌타클래라카운티(팰로앨토, 마운틴뷰, 쿠퍼티노, 산호세 등의 도시들을 포함하는 행정구역)의 인구 분포를 보면, 백인 55.7퍼센트, 흑인 2.9퍼센트, 아시아계 35.6퍼센트다. 미국 전체 평균보다 일곱 배나 많은 아시아계가 실리콘밸리에 살고 있는 셈이다.

미국에 사는 아시아계 다수는 인도계가 아닌 중국계(476만 명)다. 1800년대 미국 대륙에 철도를 놓고 광산에서 석탄을 캐며 미국에 정착하기 시작한 중국계 미국인의 역사가 보다 오래됐기 때문일 것이다. 중국계에 이어 인도계가 398만 명, 필리핀계가 389만 명, 베트남계가 198만 명, 한국계가 182만 명이다.[2]

머릿수는 중국계가 많지만 학력 수준은 인도계가 단연 1위다. 퓨리서치 센터의 조사를 보면, 2010년 현재 25세 이상의 인도계 미국인 중 70퍼센트가 학사 학위 이상을 소지하고 있었다. 2위인 한국계는 53퍼센트, 3위인 중국계는 51퍼센트가 학사 학위 이상을 소지하고 있었다. 2013년 인구통계국 보고서에 따르면 25세 이상 인도계 미국인 중 석사 학위 이상을 소지한 비율이 40.6퍼센트, 학사 학위를 소지한 비율이 32.3퍼센트였으며 그 외 10.4퍼센트가 대학에서 일정 수준의 교육을 받은 것으로 나타났다. 한마디로 인도계의 전체적인 학력 수준이 월등히 높다는 이야기다.

인도계 미국인은 소득 수준도 높다. 2010년 인도계 미국인 가구의 중위 소득(미국의 모든 가구를 소득에 따라 줄을 세울 경우 정확히 중간에 있는 가구의 소득)은 8만 8000달러였다. 같은 시기 미국 내 전체 아시아계 가구의 중위 소득은 6만 6000달러, 미국 전체 가구의 중위 소득은 4만 9800달러였다.[3] 범주를 실리콘밸리 지역에 사는 인도계로 좁혀보자. 실리콘밸리와 그 주변에 살고 있는 인도계 주민은 17만 명이 넘는다. 2015년 현재 실리콘밸리 지역에 8만 9000명, 그리고 샌프란시스코와 바다 건너 지척에 붙어 있는 오클랜드 지역에 8만 6000명가량이 살고 있다.[4] 그리고 이 숫자는 해마다 늘고 있다. 기술 이민을 오는 인도인들이 계속해서 늘고 있기 때문이다. 1848년에 시작된 미국에서 가장 오래된 샌프란시스코 차이나타운의 역사를 통해 짐작되듯 미국 전체에서도, 실리콘밸리와 그 주변 지역에서도 아직 숫자로만 보면 중국계 주민이 더 많다. 그러나 그 차이는 점차 줄어드는 추세다.

샌프란시스코 공항에서 고속도로를 타고 남쪽으로 30킬로미터쯤 달리면 페이스북 본사가 나온다. 그리고 다시 페이스북 본사에서 바다 위의 도로를 달리면 바다 건너 동쪽에 프리몬트라는 도시가 등장한다. 프리몬트라는 명칭은 1846년 캘리포니아 일대의 지형을 조사한 탐험가이자 육군 장교였던 존 프리몬트John C. Fremont의 이름에서 유래했다(존 프리몬트는 1856년 미국 공화당 최초의 대선 후보로 선출됐으나 민주당 제임스 뷰캐넌 후보에게 패했다).[5]

프리몬트는 샌프란시스코와 마찬가지로 지리적으로는 실리콘밸리에

속하지 않는다. 그러나 실리콘밸리가 사회경제적으로 점점 더 확장되는 상황에서 실리콘밸리 주변 지역으로서의 의미가 갈수록 커지고 있다. 당장 컴퓨터 저장 장치 회사로 유명한 시게이트Seagate, 웨스턴 디지털Western Digital 등 470여 개 기술 기업이 입주해 있을 뿐만 아니라 전기 자동차 테슬라의 생산 공장이 있는 도시로도 알려져 있다. 프리몬트시는 기업을 많이 유치하기 위해 2012년부터 태양에너지, 재생에너지, 풍력발전 등 청정기술을 개발하거나 그런 기술로 제품을 생산하는 기업에 세금 혜택을 주고 있다.[6]

그런데 프리몬트는 다른 면에서도 중요한 의미를 지닌다. 바로 실리콘밸리에 없어서는 안 되는 인도계 이민자들의 도시라는 점이다. 프리몬트는 스탠퍼드 대학과 팰로앨토 주변 실리콘밸리 도시들보다 집값이 상대적으로 저렴하면서도 다리 하나만 건너면 실리콘밸리로 들어갈 수 있고 샌프란시스코까지 바트Bart(샌프란시스코와 주변 도시를 연결하는 전철)로 이어져 있다.

실리콘밸리의 반도체 관련 산업이 성장하면서 1970년대 이후 엔지니어 중심의 인도계 이민자들이 실리콘밸리에 모여들기 시작했다. 실리콘밸리에 정착한 인도계 이민자들의 이야기를 들어보면, 처음 프리몬트 지역을 주거지로 정한 것은 생활비를 아끼기 위해서였다고 한다. 인구통계국 보고서에 따르면, 2014년 현재 프리몬트 인구(22만 1654명)의 52.2퍼센트(11만 5618명)가 아시아계였다. 그리고 인도계는 전체 인구의 20.7퍼센트(4만 5842명)로 중국계(17.5퍼센트, 3만 8706명)를 제치고 아시아계 주민 가운데 1위였다. 2010년엔 중국계가 전체 인구의 18퍼센트(3만 7640명)로 인도계(16.9퍼센트, 3만 5377명)보다 많았다. 2011년 인도계

실리콘밸리의 유일한 발리우드 극장 '시네 그랜드' 앞. 미국 이민자 가운데서도 인도인 이민자들은 결속력이 높기로 유명하다. 특히 프리몬트 지역에서는 독립기념일 축제를 비롯해 다양한 행사가 자주 열리고, 발리우드 전용 극장이 있어 인도인 이민자들의 향수를 달래준다.

(전체 인구의 17퍼센트)가 중국계(17.1퍼센트)를 거의 따라잡았고, 2012년 추월하더니 점점 차이가 벌어지는 추세다. 특히 실리콘밸리와 가까운 프리몬트 북부에 인도계 주민의 숫자가 빠르게 늘어나고 있다.

인도계 주민들이 모여 살다 보니 이 도시에서는 강한 향신료 같은 인도 느낌이 풍겨 나온다. 대표적인 것이 인도 독립기념일 축제다. 이것은 1947년 8월 15일 인도가 영국에서 독립한 날을 기념해 인도 문화를 소개하고 인도계 주민들의 유대를 다지는 행사다. 인도가 영국 왕실의 직접적인 지배를 받은 시기는 1858년부터 1947년까지 90년이지만 실제로는 거의 200년 가까이 식민 지배가 이뤄졌다. 1757년 6월 인도에 진출해 있던 영국의 동인도회사와 벵골 지역 군주 간의 전쟁에서 사병 조직을 앞세운 동인도회사가 승리하면서 인도 전역을 식민지처럼 지배했기 때문이다. 1910년부터 1945년까지 일제강점기를 겪은 우리보다 훨씬 더 오랫동안 영국의 지배를 받은 인도인들에게 독립기념일은 우리의 광복절만큼이나 의미 있는 날이다.

샌프란시스코베이 지역을 통틀어 인도의 독립을 기념해 인도 축제가 열리는 곳은 프리몬트뿐이다. 매년 8월 세 번째 주말에 이틀간 중심가 도로 일부를 통제하고 영화제와 패션쇼, 댄스 대회, 그리고 가장 중요한 퍼레이드를 하는데, 인근 도시에 사는 인도계 주민들까지 수만 명이 몰려온다. 1993년부터 축제가 시작된 것을 보면 프리몬트에 언제부터 인도계 이민자들이 많이 모여 살기 시작했는지 가늠할 수 있다.[7] 프리몬트에 이런 행사가 열리면 그야말로 인도의 어느 대도시에 와 있는 느낌을 받을 정도다.

평소에도 도시는 곳곳이 인도 색깔이다. 중심가의 대형 병원 바로 옆에는 미국 전역에 딱 네 곳 있다는 인도 영화 전문 극장이 있다. 캘리포니아주에서는 유일한 인도 영화 전문 극장이다. 실리콘밸리와 그 주변에 사는 인도계 주민들을 위한 극장인 셈이다. 시내 중심가를 비롯한 곳곳에는 다양한 종류의 인도 커리부터 인도 길거리 음식까지 인도 음식점이 맥도널드 같은 패스트푸드점보다 많다. 모양이 길쭉하고 향이 나는 쌀, 강황과 육두구 같은 향신료, 밀가루나 곡물에 향신료를 섞어 만든 과자 등을 파는 인도 식료품점도 동네마다 있다. 인도계 주민을 위한 음식점, 식료품점, 옷가게 등으로 채워진 쇼핑몰도 있다.

실리콘밸리에 인도인 공동체를 만든 대학

아이러니하게도 인도계 엔지니어들이 미국 정보 기술의 중심인 실리콘밸리에 몰려들고, 나아가 이곳의 핵심으로 자리 잡기까지 인도 공과대학IIT, Indian Institute of Technology이 큰 역할을 했다. 자와할랄 네루 인도 총리는 산업 육성과 국가 발전을 위해 미국 MIT를 모델로 한 IIT를 주요 지역에 설립했다. 1950년 5월 설립된 첫 번째 IIT이자 인도 전역의 23개 IIT 가운데 최고로 꼽히는 곳이 인도 서벵골주의 카라그푸르에 위치한 IIT 카라그푸르다. 구글의 순다르 피차이 CEO가 미국 스탠퍼드 대학원에서 재료공학을 전공하기 전에 금속공학 학사 학위를 받은 대학도 이곳이다.

처음 IIT 캠퍼스를 지은 장소는 카라그푸르 내의 히즐리라는 곳에 있던 강제수용소였다. 1930년 영국 정부가 식민 지배에 저항하는 인도인들을 감금했던 악명 높은 수용소에서 인도 최고의 교육기관이 출발한 것이었다. 1951년 8월 공식 개교한 IIT 카라그푸르의 첫 번째 졸업식이 열린 1956년, 네루 총리는 축사에서 이렇게 말했다.

"히즐리 강제수용소가 있었던 바로 이곳에 우리 인도가 원하는, 그리고 앞으로 만들어갈 미래를 보여주는 훌륭한 상징물이 서 있습니다. 지금 이 자리의 풍경이 우리 인도에 다가오는 변화를 보여주는 것 같습니다."[8]

인도 정부는 IIT를 육성하기 위해 미국, 보다 직접적으로는 MIT에 도움을 요청했다. 미국 최고, 아니 세계 최고의 공대였던 MIT의 지원을 받아야만 인도 산업을 발전시킬 인재들의 산실을 일굴 수 있다고 믿었던 것이다. 당시는 미국과 러시아(구소련)가 다른 나라를 자기편으로 만들기 위해 경쟁하던 냉전 상황이었다. 냉전 상황에 인도 정부의 끈질긴 노력이 더해지면서 미국은 인도에 과학기술 교육을 지원하게 된다. 1961년 11월 네루 총리가 미국을 방문했을 때 존 F. 케네디 대통령은 MIT를 비롯한 미국의 아홉 개 대학이 인도 북부 칸푸르에 1959년 설립된 IIT 칸푸르를 지원하기로 했다고 발표했다. 그에 따라 미국은 IIT 칸푸르에 재정적으로는 1350만 달러를 지원했고 인력으로는 188명의 교수진이 1년간 강의하는 수준으로 지원했다.

인도는 국가 차원에서 IIT에 막대한 자금을 쏟아부었다. 1964년에 발표된 연구에 따르면, IIT가 학생 한 명에게 1년 동안 쓰는 비용은 다른 공립 공대들보다 훨씬 많은 1만 6400루피였다. IIT보다 교육 수준이 한 단계 낮은 지역 공대REC, Regional Engineering College의 경우 학생 한 명에게 쓰는 비용이 연간 7000루피, REC보다 한 단계 아래인 주립공대SEC, State Engineering College의 경우 3000루피에 불과했다. 초등학생 1인당 정부가 지원하는 돈이 연간 24루피, 중학생이 65루피, 고등학생이 230루피이던 시절이었다. 당시 인도의 1인당 국민소득이 425루피였다는 점을 생각하면 IIT 학생들이 얼마나 전폭적인 지원을 받았는지 쉽게 알 수 있다.

IIT에 입학하려면 학업 성적이 최상위권이어야 했기 때문에 대부분의 입학생이 어려서부터 등록금이 비싼 사립학교에서 교육을 받은 부유한 가정 출신이었다. 잘사는 집에서 잘 배운 아이들에게 나랏돈을 투자한다는 비판이 있었음에도 인도 정부는 국가 재정을 부유한 엘리트 집단에 투자해도 국가 전체를 끌어올릴 수만 있다면 성공이라는 신념을 갖고 있었다.[9] 똑똑한 소수의 인재를 선발해 집중적으로 육성하는 엘리트 교육만이 단기간에 가난한 인도를 발전시킬 길이라고 여겼기 때문에 그 과정에서 발생하는 차별은 용인할 수밖에 없다고 생각했던 것이다.

미국으로 유학 간 수재들, 돌아오지 않다

그러나 국가 차원의 지원으로 IIT를 육성했음에도 많은 인재가 미국으로 유학을 떠나 돌아오지 않았다. 지식을 활용할 수 있는 기반 시설이 갖춰져 있고, 자신이 배운 것을 토대로 기업과 대학에서 더 많은 기회를 찾을 수 있는 미국 땅에 남은 인도인들이 훨씬 많았다. MIT로 대표되는 미국 명문대 대학원에 진학하는 것이 당연하게 여겨질 만큼 뛰어난 IIT 인재들이 고국을 떠났다. 1967년 MIT의 유학생 자문 교수가 펴낸 보고서를 보면, 인도 학생의 경우 MIT 입학을 문의한 건수가 2500건에 실제로 합격한 숫자가 82명이었다. 이는 캐나다 학생을 제외하면 가장 많은 수치였다. 당시 MIT를 포함한 미국 대학에서 공부하는 인도 유학생은 7500명으로 이 역시 캐나다 유학생을 제외하면 가장 많은 숫자였다.

1930~50년대 미국으로 유학을 떠난 인도 유학생 대부분은 고국으로 돌아왔지만 1965년 미국의 이민법 개정을 계기로 급격한 변화가 일어난다. 이민법 개정 전인 1960년대 초반까지만 해도 MIT에서 박사학위를 받은 학생들 가운데 절반은 미국에 남았지만 나머지 절반가량

은 귀국했다. 사실 미국에 남고 싶어도 법적으로 미국 이민이 극도로 제한되어 있었기 때문에 현실적으로 쉽지 않았던 것이다.

하지만 이민법 개정 이후에는 미국 유학을 마치고 인도로 돌아가지 않는 사람들뿐 아니라 인도에서 미국으로 이민을 오는 엔지니어, 전문 직 종사자들이 급증했다. 1965년 인도를 떠나 미국 땅을 밟은 기술직· 전문직 이민자의 숫자는 54명이었지만 법 개정 후인 1966년에는 1750 명으로 폭증했다. 이민법 개정으로 미국 체류를 방해하는 가장 큰 장벽 이 걷히자 유학을 마치고 귀국했던 인재들뿐 아니라 새로운 기회를 찾 는 인재들까지 이민을 떠났던 것이다. 특히 유학파의 경우 미국만큼 연 구 시설이 갖춰져 있지 않은 데다 MIT 박사 학위보다 집안 배경이 성 공에 훨씬 중요한 당시 인도의 사회적 분위기 탓에 대다수가 미국에 남 는 길을 택했다고 한다. 결국 1961~2000년 MIT에서 엔지니어링 박 사 학위를 받은 인도 유학생 중 80퍼센트가 미국에 남았다.[10]

실리콘밸리에 인도계 이민자들이 점차 늘어난 것은 1980~90년대 의 일이다. MIT를 기반으로 하는 기술 부문 중심지였던 보스턴 지역을 밀어내고 실리콘밸리가 기술 기업의 중심지로 거듭나면서부터였다. 미 국 이민법이 개정되던 1965년 IIT 카라그푸르를 졸업하고 미국 MIT 에서 컴퓨터공학 박사 학위를 받은 수하스 파틸Suhas Patil이 대표적인 인 물이다. 그는 MIT와 유타 대학에서 연구를 하다 대기업의 지원을 받아 1981년 파틸 시스템스Patil Systems라는 회사를 창업했다. 그러고는 1984 년 회사 이름을 시러스 로직Cirrus Logic으로 바꾸고 실리콘밸리로 이주한 그는 1989년 회사를 상장하면서 거부 반열에 올랐다.

사업으로 성공한 그는 1992년 실리콘밸리의 인도계 기업가를 지원하는 TiE(인더스 기업가들)를 설립한다. 인도계 기업가들에게 필요한 사람들을 소개해주고, 창업과 투자를 지원하며, 실리콘밸리의 인도계 커뮤니티를 발전시키는 조직을 만든 것이다.[11] 이 같은 지원에 힘입어 "인도계 미국인은 지역 인구의 6퍼센트 정도를 차지하는 반면 실리콘밸리 스타트업의 16퍼센트 정도는 인도계 기업가가 공동 창업한 것"이란 조사 결과가 나올 정도로 실리콘밸리 생태계에서 인도계의 힘이 강해졌다.[12]

인도 엔지니어의 꿈, 미국 비자

인도에서 보석 무역의 거점 역할을 하며 한때 '진주의 도시'로 불리던 인도 남부의 도시가 하이데라바드다. 인구 700만 명의 하이데라바드는 이제 인도의 대표적인 IT 도시로 거듭나 사이버라바드Cyberabad로 불린다. 이 도시의 변두리에 있는 힌두사원에는 미국 취업 비자를 받게 해달라며 신에게 기원하는 인도인들이 몰려든다고 한다.[13] 매년 4월 신청 접수가 시작되는 대표적인 취업 비자가 바로 이들이 바라는 H-1B 비자다. 이 비자를 받게 되면 통상 3년에서 최장 6년까지 미국에서 합법적으로 일할 수 있다. 미국에서 취업하는 외국인 대부분이 이 비자를 받는다.

그런데 H-1B 비자를 받을 수 있는 사람은 매년 8만 5000명으로 제한되어 있다. 그나마 그중 2만 명은 미국 대학에서 석사 학위 이상을 받은 사람들에게 할당되어 있다. 2013~6년 H-1B 비자 신청자는 90퍼센트 증가하여 2016년에는 4월 1일 신청 접수를 시작하고 5일 만에 23

만 6000명이 비자를 신청했다. 그리고 4월 9일 무작위 추첨을 통해 8만 5000명만 뽑은 다음 최종 심사에 들어갔다. 심사에서 별문제 없이 비자가 발급된 사람들은 같은 해 10월부터 비자를 지원한 회사(취업한 회사)에서 근무할 수 있다.[14]

H-1B 비자를 신청하려면 외국인 직원을 채용하려는 미국 기업이 지원해줘야 한다. 이때 1단계로 필요한 것이 노동조건신청서LCA, Labor Condition Application 승인이다. LCA는 H-1B 비자와 같은 비이민 취업 비자를 받기 위한 사전 조건으로, 고용주가 채용을 희망하는 외국인 노동자의 근로조건이 같은 직종의 미국인 노동자들에 비해 떨어지지 않는다는 것을 입증하는 서류를 제출해야 한다. 이는 외국인을 고용하려는 이유가 낮은 임금 때문이 아니라는 걸 입증하는 과정이다. LCA 이야기를 꺼낸 것은 2015년 실리콘밸리의 주요 도시들을 아우르는 샌타클래라카운티에서 승인된 LCA가 전체의 8퍼센트에 이르는 3만 4750건으로 미국 내에서 가장 많았기 때문이다. 이는 실리콘밸리가 외국인 직원을 채용하기 위해 H-1B 비자 발급을 신청하는 비율이 미국에서 가장 높다는 의미다.

브루킹스 연구소에 따르면, 2013년 실리콘밸리와 그 주변 지역의 기업에서 승인받은 H-1B 비자는 2만 7200개가 넘었다. 그런데 이 H-1B 비자를 받는 압도적인 다수가 인도인이다. 2014회계연도에 H-1B 비자를 받은 외국인 가운데 67퍼센트가 인도인이었을 정도다. 사실 1990년 H-1B 비자 제도를 도입할 당시의 취지는 엔지니어뿐 아니라 외과의사, 회계사, 패션 모델 등 전문직 외국인을 미국에 끌어들이는 것이었다.

그러나 실리콘밸리를 중심으로 기술 산업이 발전하면서 소프트웨어 엔지니어를 비롯한 정보기술 관련 전문가들에게 비자 발급이 집중되고 있다. 그리고 실제 비자를 발급받는 사람의 절반 이상이 인도인 엔지니어들이다. 정보기술 분야에서 일자리를 찾는 인도인들이 가장 가고 싶어 하는 곳은 단연 실리콘밸리다. 어지간한 도시에서는 방 두 개짜리 아파트의 한 달 월세가 3000달러 수준일 만큼 미국의 다른 지역들에 비해 물가가 월등히 비싸지만 일자리도 많고 근무조건도 좋기 때문이다.

워낙 많은 인도인이 몰리면서 취업 비자 지원을 무기로 회사가 직원을 헐값에 부려먹는 경우도 적지 않다. 실리콘밸리 기술 기업에서 IT 컨설팅 업무를 담당하고 있는 인도계 엔지니어 파완의 경우가 대표적이다. 13년 전 인도에서 대학을 졸업하고 미국 대학에서 석사 학위를 받은 그는 인도계 회사에 취업하면서 H-1B 비자를 받았다. 하지만 5년 전에 영주권을 받기까지 연봉 5만~6만 달러 정도를 받으며 일했다. 아파트 월세로 1년에 3만 달러 이상을 내야 하는 실리콘밸리에서는 생활이 힘든 박봉이었음에도 영주권을 받기 전에는 회사가 계속 H-1B 비자를 연장해주기를 바라며 일할 수밖에 없었기 때문이다. 그래서 무한정 미국에 머물 수 없는 취업 비자의 약점을 악용해 직원을 착취하는 회사도 적지 않다. 그럼에도 아무리 적게 받는다고 해도 인도에서 받는 임금보다 서너 배는 많은 것 또한 현실이다. 영주권을 받고 직장을 옮긴 그의 연봉은 곧바로 10만 달러가 넘었다.

물론 대부분의 회사는 H-1B 비자를 지원해주면서도 낮은 임금을 지급하지 않을뿐더러 보통 3~6년 안에 영주권을 받도록 도와준다. 다만 인도계 이민자들의 경우 H-1B 비자를 받으려는 자체적인 경쟁이 워낙 심하다 보니, 이를 악용하는 경우도 그만큼 많아질 수밖에 없는 구조다.

억척스러운 인도 부모의 스파르타 교육

가난한 조국 인도를 떠나 미국 땅에서 생존하려다 보니 인도계 이민자, 특히 1세대 이민자들은 여간 억척스러운 것이 아니다. 주변에서 무례하다는 말이 나올 만큼 남의 눈치를 보지 않는 인도계 이민자도 적지 않다. 그들은 작게는 상대를 배려하지 않고 차를 운전한다거나 새치기를 하는 일이 다반사이며, 크게는 자신의 잘못으로 교통사고가 나도 잡아떼는 경우도 종종 있다는 이야기를 주위 사람들에게서 듣곤 한다. 이런 개인적 평가들을 일반화하긴 어렵겠지만 누구나 공감하는 점은 있다. 그들이 억척스럽게 산다는 사실이다.

그래서 그럴 수도 있지만 인도계 부모의 교육열은 '대치동 엄마'를 능가할 만큼 대단하다. 그리고 가혹할 만큼 엄격하다. 자녀를 체벌하는 것은 아동 학대로 형사 처벌 대상이다. 그러나 프리몬트 같은 도시에서는 성적표를 보곤 학교 정문 앞에서 아이 뺨을 때리는 인도계 부모를 흔히 목격할 수 있다. 주위에 물어보면 중국계 부모들도 교육을 중시하지만 인도계 부모를 따라잡진 못한다고들 한다. 초등학교 때부터 방과 후에 수학, 영어, 음악, 체육 등을 가르치는 각종 학원에 보내 선행 학습을 시키는 것은 예사다.

2015년 세계 여러 나라의 부모를 대상으로 자녀에 대한 바람을 조사한 HSBC 보고서가 발표된 적이 있다. 보고서에는 인도 부모에 대한 흥미로운 분석이 담겨 있었다. 조사에 참여한 인도 부모의 51퍼센트가 자녀의 성공(출세)이 가장 중요하다고 답한 반면 미국 부모는 70퍼센트가 자녀의 행복이 가장 중요하다고 답했던 것이다. 또 중국 부모들은 72퍼센트가 건강이 가장 중요하다고 답한 반면, 인도 부모들은 33퍼센트만이 같은 답변을 한 것으로 나타났다.[15]

실리콘밸리 지역에서 평가 점수가 좋은 학교는 대부분 아시아계 학생의 비율이 70~80퍼센트에 이른다. 그리고 많은 학교에서 아시아계 학생의 절반 이상이 인도계다. 경우에 따라서는 중국계 학생들과 비슷한 비율이거나 중국계 학생의 비율이 좀 더 높은 학교도 있지만, 인도계 이민자가 늘어나는 추세와 비례해 인도계 학생의 비율도 빠르게 늘고 있다.

그런데 인종적으로 미국 명문대 진학이 가장 불리한 그룹이 아시아계다. 그리고 캘리포니아에서는 그 아시아계의 다수를 인도계 학생들이 차지하고 있다. 대학 입시에 특별 우대하는 아메리칸 원주민, 아프리카계 미국인(흑인, 특히 흑인 여성 우선), 라티노(아프리카계 미국인 다음 순위) 등과 달리 아시아계는 성적으로만 보면 사실상 역차별을 받는 상황이다. 미국의 수능시험인 SAT와 학교 내신 성적만으로 보면 다른 인종에 비해 최고 수준이지만 명문대 입학 비율은 해마다 10~20퍼센트 수준에서 변동이 없기 때문이다.

공부만 잘해서는 안 되고 방과 후 활동(스포츠를 비롯한 각종 클럽 활동, 자원봉사 등)이 중요하다고는 하지만 아시아계 학생들은 그런 모든 부문을 고려해도 대체로 우수하기 때문에 비공식적으로 대학들이 정해놓은 입학 제한이 있을 것이라는 말이 나온다. 아시아계 학생들은 그들끼리 경쟁해야 하기 때문에 방과 후 학원에 다니는 학생들도 적지 않다. 이런 상황에서 인도계 부모의 교육열에 힘입어 프리몬트 지역은 SAT에 대비한 입시학원들이 학원가를 이뤘고, 한국계 부모를 비롯한 다른 아시아계 부모들도 뒤질세라 자녀를 프리몬트에 밀집한 학원에 보낸다.

실리콘밸리는 인도계 엔지니어 없이는 굴러가지 않는다. 또한 지금 이 순간에도 세계 각지에서 인재를 빨아들이는 실리콘밸리에 인도계 엔지니어들이 흡인되고 있다. 실리콘밸리에 정착한 인도계 이민자 중에는 미국에서 석박사 학위를 받아 매우 높은 보수를 받으며 넉넉하게 살고 있는 사람들도 있고, 인도에서 대학을 마치고 미국 회사에 취업해 불안한 '비자 노동자'로 일하고 있는 사람들도 있다.

확실한 것은 실리콘밸리는 여전히 인도인들에게 '기회의 땅'이며 지금 이 순간에도 '미국 비자'를 얻기 위해 신에게 기원하는 인도 엔지니어들이 많다는 사실이다. 인도는 12억 명이 넘는 인구 중 "상위 1퍼센트가 전체 부의 58.4퍼센트를 갖고 있다"는 분석이 나올 만큼 빈부 격차가 심각한 나라다.[16] 부의 독점이 극심하고 여전히 신분제(카스트 제도)가 존재하는 인도를 떠나 실리콘밸리에 오는 사람들은 오늘도 실리콘밸리에 인도 공동체를 만들어가고 있다.

실리콘밸리 명문고의 자살 비극

실리콘밸리의 중심 팰로앨토에 공립인 건 고등학교Henry M. Gunn High School가 있다. 이 학교는 유튜브 최고 경영자인 수잔 워치츠키, 구글 창업자 세르게이 브린의 전처이자 23andMe(유전자 정보 분석 기업) 창업자인 앤 워치츠키 자매를 비롯해 성공한 졸업생이 많은 고등학교로 알려져 있다. 팰로앨토의 다른 공립학교인 팰로앨토 고등학교Palo Alto High School와 더불어 실리콘밸리 일대에서 명문대 입학생이 많은 고등학교이기도 하다.

그런데 이 학교의 웹사이트 첫 화면엔 자살 충동을 느낄 때는 도움을 청하라는 내용과 함께 두 개의 긴급 전화 상담 번호가 올라있다. 공립 고등학교 웹사이트에 24시간 자살 상담 전화번호가 올라 있을 만큼 자살 문제는 심각하다. 팰로앨토 지역교육청이 미국 질병통제센터CDC에 팰로앨토 지역 청소년의 자살 현황과 원인 등에 대한 연구를 의뢰했을 정도다.

얼마 전인 2017년 8월 중순에도 건 고등학교 졸업반 학생이 목숨을 끊었다. 앞서 2014년 11월엔 11학년 학생이 달려오는 기차에 몸을 던져 숨졌고 그 직전인 10월엔 5개월 전에 학교를 마친 졸업생이 같은 방식으로 목숨을 끊었다. 2015년 1월에도 12학년(졸업 학년) 학생이 스스로 세상을 등졌다. 그런가 하면 그해 3월엔 이웃의 팰로앨토 고등학교 10학년 학생이 목숨을 끊었다. 2009~11년에도 네 명의 건 고등학교 재학생과 한 명의 졸업생이 자살했다(미국에서는 9학년부터 12학년까지 4년간이 고등학교 과정이다).

고등학생들의 자살이 전염병처럼 이어지자 현지 언론인 〈샌프란시스코매거진〉은 2015년 5월 "왜 팰로앨토 아이들이 자살하고 있는가Why are Palo Alto's kids killing themselves"라는 특집 기사를 싣기도 했다. 2017년 3월 CDC 보고서를 보면, 2003~15년 팰로앨토의 청소년(10~24세) 자살률은 10만 명당 14.1명으로 샌타클래라카운티 전체 평균인 5.4명보다 훨씬 높았다. 실리콘밸리 중에도 팰로앨토의 학생 자살이 유독 심하다는 얘기였다.

건 고등학교와 팰로앨토 고등학교 학생들은 대개 부모가 스탠퍼드 대학 교수나 연구원, 실리콘밸리 기업가와 고액 연봉의 엔지니어 등이어서 경제적으로 여유 있는 가정 출신들이다. 이들이 잇따라 생명을 끊는 비극적인 선택을 한 이유는 심리적 불안 때문이라는 것이 CDC 보고서의 결론이었다. 한마디로 정신적 스트레스 때문이었다는 얘기다. 어느 정도 예상 가능하듯 그들의 스트레스는 명문대 진학과 성공에 대한 압박감이 주요 원인인 것으로 보인다. 현지 언론 보도뿐 아니라 주민들의 말을 들어봐도 대체로 그렇다. 부모와 형제자매가 명문대 출신인 경우가 많고 더불어 자신에 대한 기대 수준도 높다 보니 아이들이 스트레스를 심하게 받을 수밖에 없다는 것이다. 물론 공부 잘하는 친구들과의 경쟁도 압박감을 높이는 요인이다.

2009년부터 2015년까지 역병처럼 이어진 팰로앨토 청소년의 자살 이후 팰로앨토시는 여러 차례 자살 사건이 일어났던 철로에 감시 인원을 배치했다. 그리고 최근에는 아예 140만 달러를 들여 감시카메라 시스템을 설치하기로 했다. 이 시스템을 관리하고 유지하는 비용만 연간 32만 5000달러라고 한다. 실리콘밸리 중심부에서 첨단 기술을 이용해 청소년 자살 예방 시스템을 만드는 현실은 여간 씁쓸하지 않다. 첨단 기술만으로 비극의 원인까지 제거할 수도 없는 노릇이다.

11장

실리콘밸리의
'대학 중퇴 프로젝트'

스탠퍼드 대학 졸업식이 열린 2012년 6월 17일 일요일, 스물두 살의 청년 에번은 졸업식장에 앉아 있었다. 2008년 가을 스탠퍼드 대학에 입학한 그는 4년이 지난 이날 다른 친구들과 마찬가지로 졸업 가운을 입고 학사모를 쓰고 단상에 올라갔다.[1] 거대한 학교 스타디움에서 열린 졸업식에는 졸업생 가족과 친지들이 미국 전역뿐 아니라 세계 여러 나라에서까지 비행기를 타고 날아왔다. 자녀의, 손주의, 형제자매의 영광스러운 순간을 함께하려는 사람들로 졸업식장은 축제의 마당이었다.

에번의 가족도 로스앤젤레스에서 펠로앨토로 왔다. 그의 부모는 어릴 때부터 그가 해달라는 것은 거의 다 들어줬다. 적어도 경제적으로는 그랬다. 어머니는 하버드 대학 로스쿨을 졸업하고 대형 로펌에서 근무한 변호사였고, 아버지는 예일 대학 로스쿨 출신으로 역시 굴지의 로펌에서 일하는 변호사였다(부모는 그가 고등학생일 때 이혼했다). 로스앤젤레스 태생인 그는 대학에 입학하기 전까지 산타모니카 해변 근처의 퍼시픽팔리세이즈라는 동네에서 자랐다. 로스앤젤레스 중심가에서 서쪽으로 35킬로미터 정도 떨어진 이 동네는 부촌으로 유명했다. 그의 가족은 시시때때로 유럽, 하와이, 미국의 고급 휴양지 리조트로 날아가 휴가를 보냈다.[2]

에번은 고급 교육을 받으며 자랐다. 부모는 그를 집 근처에 있는 사립 학교인 '크로스로드 예술 과학 학교Crossroads School for Arts and Sciences'에 보냈다. 학교 이름에서 엿볼 수 있듯 예술과 과학 교육에 중점을 둔 학교였다. 유치원부터 고등학교 과정까지 가르치는 이 학교는 연간 학비만 3만 2000~3만 8000달러였다. 졸업생 중에는 더스틴 호프만의 아들과 딸, 배우 귀네스 펠트로, 방송인이자 모델인 브로디 제너 등이 있다.[3] 에번과 두 여동생도 이 학교에 다녔다. 에번은 정서적으로는 어땠을지 모르지만 경제적으로는 풍요로운 환경에서 성장한 것이 확실하다.

그런데 가족이 참석한 이날 졸업식에서 에번은 마음이 편치 않았다. 졸업식에 참석해서 친구들과 똑같이 단상에도 올라가고 졸업장 케이스도 받았지만 정작 케이스 안에는 졸업장이 들어 있지 않았던 것이다. 그는 몇 과목을 더 수강해야 졸업 학점을 채울 수 있었다. 그럼에도 학교 측은 졸업 학점이 약간 모자라도 일단 졸업식에는 참여하도록 해주었다. 스탠퍼드 대학은 여름 학기 수강으로 졸업이 가능한 상황이라면 미리 졸업식을 치르게 해주었다.

그러나 에번은 끝내 스탠퍼드 대학을 졸업하지 못했다. 정확히 이야기하자면 졸업하지 않았다. 그는 몇 과목만 더 수강하면 학사 학위를 받을 수 있었지만 대학을 중퇴하는 길을 택했다. 그는 얼마 남지 않은 학점을 굳이 채워야 할 필요성을 느끼지 못했다. 사업에 전념하기에도 시간이 모자랐기 때문이다. 1년 전 그는 동영상이나 사진을 전송하면 수신자가 확인한 즉시 지워지는 모바일 메신저를 친구들과 함께 개발했었다. 미국에서 '10대의 페이스북'으로 불리는 스냅챗을 창업한 에번 스피걸Evan Spiegel은 그렇게 실리콘밸리의 대학 중퇴자 대열에 합류했다.

손해 볼 것 없던 '창업 후 중퇴', 스피걸과 저커버그

실리콘밸리에서는 간간이 대학 중퇴자들의 이름이 오르내린다(대학을 중퇴하고 성공한 기업들이 수두룩한 것은 아니지만 성공한 기업가 중에 대학 중퇴자가 있다는 것 자체가 뉴스가 되기 때문에 오히려 좀 더 많게 느껴지는 측면도 있다). 스탠퍼드 대학을 중퇴한 스냅챗 공동 창업자 에번 스피걸, 하버드 대학을 중퇴한 페이스북 공동 창업자 마크 저커버그, 오리건주 포틀랜드에 있는 리드 칼리지를 중퇴한 애플 공동 창업자 스티브 잡스 등등. 어디 그뿐인가. 잡스와 함께 애플을 창업한 스티브 워즈니악도 1972년 6월 UC버클리 3학년을 마치고 사실상 학교를 떠났다가 1981년 다시 등록해 학사 과정을 마쳤다. 애플을 창업하던 시점에 그는 대학을 중퇴한 상황이었다.[4]

허위 마케팅 혐의로 소송을 당해 사실상 회사가 망해버리기는 했지만 소량의 혈액으로 수백 가지 질병을 진단하는 기술을 개발한 것으로 알려져 한때 실리콘밸리의 신데렐라로 등극했던 스타트업 테라노스의 창업자 엘리자베스 홈스도 스탠퍼드 대학을 중퇴했다. 또 실리콘밸리라는 지역으로 한정하지 않는다면, 뉴멕시코주의 앨버커키에서 회사를 창업했다가 지금은 서부 워싱턴주 레드먼드에 본사를 두고 있는 마이크로소프트의 창업자 빌 게이츠도 저커버그와 마찬가지로 하버드 대학을 중퇴했다.

대학을 중퇴하고도 성공한 기업가들이 많다 보니 굳이 대학을 마치고 사회생활을 시작하는 것보다 빨리 과감하게 창업도 하고 사회생활도 시작하는 편이 낫다는 이야기도 나온다. 그런데 성공한 대학 중퇴자들의 중퇴 과정을 살펴보면 작지 않은 차이가 있다. 모두 같은 조건에서 중퇴한 것은 아니었기 때문이다.

앞서 살펴봤듯 스냅챗 창업자 에번 스피걸은 여름 학기 3개월 정도만 투자해도 졸업에 필요한 학점을 딸 수 있었지만 당장 사업에 집중하는 것이 중요하다는 판단 하에 중퇴를 택한 경우다. 사업을 시작한 지 1년쯤 되었고 적지 않은 투자까지 받은 직후였으니 아마도 졸업에 필요한 학점을 따는 것보다 회사를 성장시키는 것이 급선무였을 것이다.

페이스북 창업자 저커버그도 비슷했다. 그는 하버드 대학 2학년 때인 2004년 2월 동문 학생들을 대상으로 페이스북 서비스를 시작했다. 그런데 4개월도 지나지 않아 34개 대학에서 10만 명가량이 페이스북을 이용할 정도로 인기를 끌게 되자 그해 6월 하버드 대학 기숙사를 떠나 실리콘밸리 심장부인 팰로앨토로 날아갔다. 그리고 한 달 뒤 페이팔 공동 창업자이자 실리콘밸리의 투자가인 피터 틸에게서 50만 달러를 투자받았다.[5] 그해 가을 하버드 대학을 중퇴한 그는 2017년 5월 모교에서 명예박사 학위를 받고 졸업식 축사를 건네며 금의환향했다.[6]

스피걸과 저커버그는 대학을 중퇴하기는 했지만 대학에서 꽤 많은 것을 얻어냈다. 다시 말해 중퇴로 큰 손해를 본 것은 아니라는 이야기다.

먼저 스피걸의 경우다. 그는 스탠퍼드 대학에서 사귄 친구 두 명과 함께 스냅챗을 만들었다. 메신저로 사진이나 동영상을 전송하면 수신자가 확인한 다음 사라지는 서비스(친구끼리 장난 삼아 보내놓고도 다시 생각하면 난감한 사진이나 동영상을 자동으로 사라지게 해주는 서비스)라는 스냅챗의 핵심 개념을 고안한 것은 스피걸이 아니었다. 공동 창업한 두 친구 중 한 명이었던 레기 브라운^{Reggie Brown}이었다(영어 전공의 인문학도였던 브라운은 역할이 미미하다는 이유로 스냅챗 초기에 회사에서 쫓겨나자 소송을 제기했다가 결국 1억 5750만 달러에 합의해줬다).[7] 그리고 또 다른 친구이자 수학과 전산과학을 전공한 바비 머피는 그와 함께 코딩을 하며 회사를 성장시켰다.

스피걸이 스탠퍼드 재학 중에 얻은 것은 또 있다. 물론 그는 제품 디자인을 전공하며 컴퓨터 프로그래밍 능력을 향상시키기도 했다. 그러나 그보다 중요했던 것은 사업을 계속해나갈 수 있는 '실탄', 즉 투자 유치에 도움을 받은 것이었다. 그는 재학 시절 스탠퍼드 경영대학원 강의를 하나 들었다. 시에라 벤처스라는 투자 회사의 창업자이자 벤처 투자가인 피터 웬델이 실리콘밸리의 스타 기업가들을 참여시켜 진행한 강의였다. 스피걸은 웬델에게 자신이 개발한 스냅챗 서비스를 설명하고 조언을 구했으며 결국 투자자를 소개받았다.[8]

페이스북의 저커버그 역시 하버드 대학 재학 시절 창업 동지를 만났다. 그것도 기숙사 같은 방에서. 저커버그를 포함한 페이스북 공동 창업자 네 명 중 세 명이 기숙사 룸메이트였다. 그들은 저커버그가 방에 세

위둔 대형 화이트보드에 페이스북의 개념을 정리하고 그림을 그려가며 토론했다. 페이스북의 사업 확장 부문을 이끌다가 이후 다른 회사를 창업한 더스틴 모스코비치, 페이스북의 대변인 역할을 하다가 2008년 버락 오바마의 대선 캠프에 합류해 백악관에 입성했던 크리스 휴즈 등이 그의 룸메이트였다. 다른 한 명의 창업 동지는 유대계 남학생 클럽에서 만난 1년 선배 에드와도 새버린Eduardo Saverin이었다. 수학과 체스 천재로 불렸던 그는 브라질 거부의 아들로서 하버드 대학 내에서도 비즈니스 감각이 남다르다는 평가를 받았다. 새버린은 페이스북 사업과 관련해 저커버그와 갈등하다가 주식만 갖고 페이스북 경영에서는 배제됐다.[9]

저커버그는 하버드 대학에서 사람만 얻은 것이 아니었다. 그는 페이스북을 키우는 과정에서 '하버드'라는 대학의 명성을 톡톡히 이용했다. 그는 하버드 대학을 대상으로 서비스를 시작한 뒤 다른 명문대로 사업을 확장해나갔다. 처음에 페이스북은 하버드 대학 이메일(@harvard.edu 이메일) 주소가 있어야만 가입할 수 있었다. 실명 확인을 거쳐야만 이용자로 받아들이는 폐쇄적인 시스템이었다(당시 엄청난 인기를 끌던 마이스페이스Myspace가 아무런 조건 없이 익명으로 이용할 수 있었던 것과 정반대였다). 하버드 대학 학생이나 교직원, (학교 이메일 주소를 가진) 졸업생 등이 아니면 가입을 제한했던 것이다. 하버드 대학 학생들을 대상으로 입소문과 이메일 홍보를 했는데, 일주일 만에 학부생 50퍼센트가 가입할 만큼 폭발적인 인기를 끌었다. 서비스를 시작하고 2주 만에 다른 대학들에서 '우리도 서비스에 포함시켜달라'는 요청이 쏟아졌고, 점차 다른 명문대로 서비스가 확대되었다. 하버드 프리미엄을 발판으로 다른 명문대로 확장해나가며 평판을 쌓아가는 전략이었다.[10]

계획에 없던 '중퇴 후 창업', 잡스와 워즈니악

잡스와 워즈니악의 경우는 좀 달랐다. 먼저 잡스는 실리콘밸리 쿠퍼티노에 있는 고등학교를 졸업하면서 캘리포니아주를 떠났다. 지리적으로 캘리포니아 위에 붙어 있는 오리건주 포틀랜드의 사립대학 리드 칼리지에 입학했기 때문이다. 문학, 철학, 수학, 사회과학 분야에서 높은 평가를 받는 대학인 동시에 등록금이 비싸기로 소문난 대학이었다. 잡스가 죽음을 예감하고 작가 월터 아이작슨에게 집필을 부탁한 공식 전기 《스티브 잡스》를 보면, 고등학교 시절 그는 공부를 제법 잘했지만 대학에는 가지 않겠다고 우겼다고 한다. 예술가적 기질이 있는 자신은 남들이 다 가는 뻔한 대학에는 가고 싶지 않았다는 것이었다. 부모가 계속 설득하자 그는 '그럼 내가 가고 싶은 대학에 가겠다'며 돈이 많이 드는 사립대에 진학하는 일종의 치기를 부린 것으로 보인다. 그의 부모는 갓난아기인 잡스를 입양하면서 생모에게 아이를 꼭 대학에 보내겠다고 서약하고 이를 지키기 위해 조금씩 돈을 모은 성실하고 신의 있는 사람들이었다.[11]

그러나 리드 칼리지는 잡스의 부모가 감당하기에는 벅찬 곳이었다. 2016~7년을 예로 들면, 이 기간에 신입생이 내야 하는 돈은 6만 5000달러다. 책값 등의 다른 비용은 제외하고 등록금, 기숙사비, 입학비 등 반드시 내야 하는 비용만 합산한 것이다. 미국 대학의 한 학년은 가을학기에 시작돼 다음 해 여름방학 전에 끝나는데, 리드 칼리지의 경우 한 학년은 8월부터 다음 해 5월까지다. 미국 대학 중 등록금이 비싼 편인 사립 스탠퍼드 대학의 경우 2016~7년 1년 동안 내야 하는 돈은 대

략 4만 7000달러 정도였다.[12]

잡스는 등록금이 상대적으로 저렴한 UC버클리 같은 공립대학은 고려하지 않았고 장학금을 받을 가능성이 있었던 스탠퍼드 대학도 쳐다보지 않았다고 한다. 그는 당시를 이렇게 회고했다.

"스탠퍼드 대학에 가는 아이들은 자신이 뭘 하고 싶어 하는지 이미 아는 아이들이었다. (다시 말하면) 그들은 예술가적 기질이 없었다. 나는 뭔가 좀 더 예술적이고 흥미로운 그런 걸 원했다."[13]

잡스는 리드 칼리지에 진학했지만 한 학기 만에 중퇴했다. 관심이 없는 과목까지 수강해야 하는 것이 싫은 데다가 엄청난 등록금 때문에 부모에게 부담을 주는 것도 미안했다고 한다. 결단력이 있었다고 해야 할지, 제멋대로였다고 해야 할지.

잡스는 중퇴를 하고도 상당 기간 리드 칼리지에 머물면서 자신이 듣고 싶은 강의를 청강하며 친구들과 어울렸다. 그렇게 18개월 정도를 리드 칼리지에서 보낸 잡스는 1974년 2월 로스앨터스의 집으로 돌아왔다. 그러고는 당시 최고의 비디오게임 회사로 평가받던 아타리에 취직했다. 그는 무작정 회사에 찾아가 인사 담당자를 만난 다음 채용해줄 때까지 한 발짝도 움직이지 않겠다고 막무가내로 버텼다. 이런 내용을 보고받은 수석엔지니어가 그의 패기를 높이 사서 면접을 진행했다. 그러곤 시간당 5달러에 잡스를 채용했다.

"돌이켜보면 리드 칼리지 중퇴생을 채용한다는 것은 이상한 일이었다.

하지만 난 그때 그에게서 뭔가를 봤다. 그는 매우 머리가 좋았고, 열정적이었으며, 기술에 대해 열광하는 친구였다."[14]

잡스가 고등학교 때부터 알고 지내던 워즈니악과 함께 애플 컴퓨터를 창업한 것은 1976년 4월 1일의 일이다. 대학을 중퇴하고 부모 집으로 돌아와 워즈니악과 어울리던 잡스는 1975년 6월 천재 엔지니어 워즈니악이 재미 삼아 조립한 컴퓨터(애플 I의 초기 형태로 지금처럼 모니터와 키보드가 달린 형태가 아니라 키보드와 모니터를 별도로 연결하는 컴퓨터 본체 기판 형태)를 보고 감명을 받아 시중에 내다 팔자고 설득해서 회사를 세우게 됐다.[15] 이런 상황을 보면 그가 대학을 중퇴한 것이 창업을 위해서였던 것도 아니고 딱히 창업에 도움이 됐다고 하기도 어렵다. 그는 애당초 대학에 입학하지 않았더라도 창업을 했을지 모른다.

워즈니악은 어땠을까. 그가 UC버클리를 중퇴한 것은 3학년을 마친 1972년 6월의 일이다. 중퇴한 이유는 돈을 벌기 위해서였다. 그는 자서전 《스티브 워즈니악Woz》에서 자신의 애마였던 낡은 자동차를 졸음운전으로 폐차시킨 뒤 새 차를 사기 위해 학업을 중단하고 취직했다고 밝혔다. 친구들과 어울리기 좋아했던 그는 주말이면 자신의 승용차에 친구들을 태우고 이리저리 놀러 다녔다고 한다. 그는 나중에 이렇게 말했다.

"그해 자동차 사고가 없었다면 아마 학교도 그만두지 않았을 것이고, 애플을 창업할 일도 결코 없었을 것이다. 세상일이란 것이 참 신기하다."[16]

순전히 새 차를 사기 위해 학업을 중단했다는 이야기다. 언뜻 이해하기 쉽지 않다. 하지만 애플 창업 초기에 회사에 합류하고도 상장 당시 주식을 배분받지 못했던 직원들에게 자신의 주식을 나눠줄 정도로 정이 많았고 〈스타와 함께 춤을Dancing With Stars〉이라는 TV 프로그램에 출연해 춤출 정도로 엉뚱한 '워즈니악다운' 결정이었을지 모른다.

작은 전자 기기 회사에 취업했다가 1973년 1월 HP로 이직한 워즈니악은 애초에 창업할 생각이 없었다. 컴퓨터 조립에 관심이 많았던 그는 HP에서 컴퓨터가 아닌 전자계산기를 설계하면서도 상당히 만족했다고 한다. 엔지니어를 높이 평가하며 직원을 가족처럼 대하는 회사이자 고성능 전자 제품을 만드는 회사였던 HP는 꿈같은 직장이었다는 것이 워즈니악 자신의 평가였다. 그는 잡스와 함께 컴퓨터 마니아들과 어울리며 애플I의 초기 형태를 조립했고, 아예 컴퓨터 회사를 세워보자는 잡스의 끈질긴 설득에 HP를 그만두고 창업을 했다.[17] 잡스와 마찬가지로 그 역시 창업을 위해 대학을 중퇴하지도 않았고 대학 중퇴와 창업이 딱히 관련 있어 보이지도 않는다.

실리콘밸리의 '대학 중퇴 실험'

실리콘밸리에서 대학 중퇴와 창업이 주목받기 시작한 것은 페이팔 공동 창업자이자 페이스북 투자가인 억만장자 피터 틸 때문이었을지 모른다.

그는 스탠퍼드 대학에서 철학을 전공하고 같은 대학 로스쿨을 졸업했다. 한때 로펌에서 변호사로 일하다가 7개월 만에 그만두고 뉴욕 맨해튼의 금융 회사에서 파생상품 트레이더로 일했다. 그러고는 다시 실리콘밸리로 돌아와 투자가로 변신해 거부가 됐다. 공동 창업한 페이팔이 이베이에 인수되고 초기에 투자한 페이스북이 성공적으로 주식시장에 상장되면서 천문학적인 금액을 벌었다.[18] 〈포브스〉에 따르면, 2017년 7월 현재 그의 재산은 27억 달러다. 계산하기 쉽게 1달러를 1100원으로 환산하면 3조 원에 가까운 돈이다.[19]

틸은 실리콘밸리에서 찾아보기 드문 도널드 트럼프 대통령 지지자이며 스스로를 정부의 개입 없는 완전한 자유를 주창하는 자유지상주의자libertarian로 규정한다. 어떤 형태든 외부의 간섭을 배제한 개인과 시장의 자유를 추구하는 인물이다. 정부 통제를 벗어난 새로운 화폐를 만들겠다며 페이팔을 시작했고, 정부의 간섭을 벗어나 자치권을 인정받는 도시를 건설하겠다며 인공섬Floating Island 프로젝트를 추진하고 있을 정도다. 인공섬 프로젝트는 정부의 개입이 없는 시장 자유를 중시했던 노벨경제학상 수상자 밀턴 프리드먼의 손자가 이끌고 있다.[20]

틸은 2011년 5월 '틸 장학금Thiel Fellowship'이란 프로그램을 시작했다. 보통 장학금이라고 하면 대학 공부를 지원해주지만 틸 장학금은 대학 중퇴와 창업을 지원한다(정확히는 자금을 지원받는 2년 동안 대학을 떠나 창업을 하는 조건이었다). 구체적으로는 세상을 변화시킬 창업 아이디어를 제시하는 20세 이하 과학기술 영재 20명(20 under 20)을 발탁해 2년 동안 창업 자금으로 10만 달러(1년에 5만 달러)를 지원하고 창업에 필요한 도움을 주는 내용이었다. (실제로는 1회 장학생은 24명을 뽑았다. 연령 제한은 이후 22세로 완화되었다).[21]

1회 틸 장학생 중에는 14세에 MIT에 입학했으며 불로장생약을 개발하겠다는 포부를 밝힌 천재 소녀도 있었고, 우주에 나가 소행성과 혜성에서 광물을 채취하겠다는 다트머스 대학생도 있었다. 장학생으로 선발되기가 아이비리그 대학에 합격하기보다 훨씬 더 어렵게 느껴질 정도로 스탠퍼드 대학, 예일 대학, 프린스턴 대학 등 명문대에서 지원자가 밀려들었다고 한다.[22]

틸이 이렇게 희한한 장학금 프로그램을 만든 것은 대학 교육이 갈수록 쓸모없어지고 있다는 인식 때문이었다. 빚을 내서 비싼 등록금을 감당하며 좋은 대학을 나와도 좋은 직장에 취업하기가 점점 어려워지니, 차라리 자신이 하고 싶은 일에 일찌감치 도전하는 게 낫다는 것이었다. 그는 다양성이 갈수록 중요해지는 시대에 학생들을 천편일률적으로 가르치는 것에도 반대했다. 그러면서 뛰어난 영재들이 10대 후반부터 20대 초반까지 황금기를 대학에서 썩히는 대신 하고 싶은 일에 도전하게 하면 사회를 변화시킬 혁신적인 성과가 나올 것이라며 이 장학금 프로그램을 시작한 것이었다.[23]

대학 중퇴 실험의 씁쓸한 성공

그럼 틸 장학금은 성공했을까. 틸 재단The Thiel Foundation에 따르면, 2017년 7월 현재 장학생으로 선발된 104명이 창업한 회사들의 기업 가치는 총 10억 달러에 이른다고 한다. 1달러를 1100원으로 계산하면 틸 장학생들이 1조 1000억 원의 가치를 갖는 회사들을 만들었다는 소리다.[24]

틸 재단이 밝힌 수치를 보면 실리콘밸리의 대학 중퇴 실험은 상당한 성공을 거둔 것으로 보인다. 일단 몇 사람만 살펴보면, 프린스턴 대학을 중퇴한 캐나다 태생의 에덴 풀 고Eden Full Goh가 설립한 태양광 에너지 회사 선 살루터Sun Saluter는 18개국에 저렴한 비용으로 전기와 식수를 공급하는 기술을 제공할 만큼 큰 성과를 냈다.[25] 예일 대학을 중퇴한 폴 구Paul Gu는 학력과 경력으로 신용등급을 평가해 대출을 해주는 온라인 대출 회사 업스타트Upstart를 공동 창업했는데, 이 회사는 2017년 3월까지 8500만 달러를 투자받았다.[26] 저개발국의 가난한 사람들과 서구의 기업을 연결하여 빈곤 문제를 해결하겠다던 스탠퍼드 중퇴생 누르 시디키Noor Siddiqui는 방향을 바꿔 구글 글라스Google Glass로 응급구조대원과 병원의 의사가 커뮤니케이션하게 해주는 회사를 창업했다.[27]

대부분은 여전히 사업을 하고 있지만 일부는 다시 대학으로 돌아갔다. (미국 대학은 문제를 일으켜 학교에서 쫓겨난 것이 아니라면 대부분 복학을 허용한다. 예컨대 애플의 스티브 워즈니악은 거의 10년 만에 UC버클리에 복학했다.) 소행성과 혜성에서 광물을 채취하겠다는 청사진으로 주목받았던 존 번햄John Burnham은 투자도 받지 못했고 자신의 포부를 뒷받침할 방법도 찾아내지 못했다. 그는 결국 다트머스 대학으로 돌아갔다. 웨이크 포레스트 대학을 중퇴하고 온라인 교육 서비스 회사를 창업하려던 존 마바크John Marbach도 별 성과를 내지 못하고 학교로 돌아갔다.[28]

대학으로 돌아간 일부 낙오자(?)가 있긴 하지만 이 정도면 적지 않은 성과를 내고 있는 셈이다. 6년 만에 총 1조 1000억 원의 가치를 지닌 회사들을 세상에 내놨으니 말이다. 그런데 사실 이런 성과는 틸 장학금이 아주 특별한 혜택을 중퇴자들에게 제공했기 때문에 가능했다. 틸 장학금은 10만 달러라는 돈과 함께 대학과 사회생활을 거쳐야만 얻을 수 있는 자산을 장학생들에게 주었다. 그 특혜는 바로 네트워크, 즉 인맥이었다.

틸 장학금 프로그램은 실리콘밸리의 대표적인 창업 지원 기관인 와이 콤비네이터가 그런 것처럼 창업을 하려는 장학생들에게 멘토를 붙여주고 필요한 사람을 연결해줬다(와이 콤비네이터는 도움을 주면서 일정한 지분을 받는 반면 틸 장학금은 그런 조건 없이 지원한다는 차이점이 있다). '틸 장학생'이란 타이틀은 대학 중퇴자들이 실리콘밸리에서 내세울 수 있는 중요한 자산이 되었다. 그들은 대학과 사회생활을 통해 스스로 형성한 인맥은 없지만 피터 틸이라는 실리콘밸리의 거물이 제공한 막강한 인맥을 이용할 수 있는 특권을 얻은 것이었다.

틸이 내놓은 '대학 중퇴 프로그램'은 세상을 변화시킬 소수의 엘리트를 육성하는 프로그램이었다. 누구나 대학을 중퇴하고 성공할 수 있음을 보여준다고 하기는 어렵다. 소수의 영재를 최대한 지원하면 세계를 변화시킬 혁신 기업을 만들 수 있다는 사실을 보여주려는 프로그램이기 때문이다. 국가 차원의 교육 시스템을 개혁하는 것은 애당초 그의 관심사가 아니었다.

실리콘밸리는 에번 스피걸, 마크 저커버그, 스티브 잡스가 그랬던 것처럼 '대학을 중퇴해도 성공할 수 있는 곳'일지 모른다. 게다가 '피터 틸의 아이들'도 계속해서 중퇴자 창업가로 등장하고 있다. 다만 피터 틸같은 든든한 지원군이 없다면 대학 중퇴는 약점이 될지언정 강점이 될수는 없다.

어느 통근버스 스타트업이 망한 진짜 이유

실리콘밸리에 혜성처럼 등장했다가 사라진 신생 기업들이 있다. 승승장구하는 듯하던 기업들이 순식간에 문을 닫는 경우도 심심치 않게 목격할 수 있다. 리프 트랜짓Leap Transit이란 샌프란시스코의 고급 통근버스 회사도 그중 하나였다.

이 회사는 일반 버스 요금보다 세 배나 비싼 6달러를 받았다. 대신 승객이 스마트폰 앱으로 버스 도착 시간과 빈 좌석 현황을 확인할 수 있고 탑승 시에 요금이 자동 결제되는 서비스를 제공했다. 가죽 좌석에 전자 기기 전원과 무선 인터넷을 제공했고 앱으로 주문받은 유기농 주스와 간식도 제공했다. 대중교통에 최신 기술과 '럭셔리'를 결합한 버스 사업이었다.

노선은 '승객은 많지만 운행 버스 숫자가 적은 노선'에서 선정했다. 샌프란시스코는 경기 호황으로 기업과 직원이 늘어났지만 대중교통 서비스는 개선되지 않아 불만이 커진 상황이었다. 출퇴근 시간마다 택시를 타기는 부담스러워도 일반 버스 요금의 세 배 정도는 지불할 수 있는 직장인들을 겨냥했다. 그러면서 출퇴근 시간에만 운행했다. 앤드리슨 호로위츠Andreessen Horowitz 같은 실리콘밸리의 유명 벤처 투자사에서 250만 달러를 투자받기도 했다.[29]

2013년 버스 한 대로 사업을 시작한 회사는 2015년 3월에는 버스 숫자를 네 대까지 늘렸다. 그러나 그해 5월 서비스를 시작하고 딱 2년 만에 사업을 접었다. 회사 측은 캘리포니아 주정부의 사업 면허를 받지 못한 상태로 영업을 하면서 당국과 협상을 해나갔다. 하지만 결국 영업 중단 명령을 받고 파산 절차를 밟게 됐다. 회사 측이 면허 발급에 필요한 버스의 안전 검사, 운전기사의 약물 검사와 범죄 경력 조회 등을 받지 않았고 교통사고 보험에도 가입하지 않은 채 불법 운행을 해왔다는 것이 영업 중단 명령의 이유였다.[30]

한국에서 리프 트랜짓은 당국의 규제 때문에 신생 기업이 몰락한 사례로 종종 거론된다. 기존 대중교통 체계에 없던 새로운 서비스를 제공하려던 기업의 시도가 공공기관의 경직된 규제에 가로막혀 좌절했다는 것이다. 그러나 실상은 사뭇 다르다.

리프 트랜짓은 시나 주정부의 허가를 받지 않은 상황에서 버스 운행을 시작했다. 관광버스 등을 빌려 일반 버스처럼 승객을 실어 나른 것이었다. 그리고 승하차는 기존의 버스 정류장을 이용했다. 처음부터 기존 규제에 따를 생각 없이 사업을 해나가면서 규제 문제가 생기면 대응하자는 전략이었다. 규제부터 따지면 사업을 시작할 수 없으니 일단 저지르고 나서 수습은 나중에 하는 것이 실리콘밸리 정서라고 하지만 리프 트랜짓은 규제가 많은 대중교통 부문의 사업이었다.

대중교통 부문의 '선배' 우버처럼 규제를 돌파하려면 당국과의 협상에서 지렛대로 사용할 대중적인 지지, 열광적인 우군이라도 얻어내야 했지만 리프 트랜짓은 그렇게 하지 못했다. 당국과의 마찰이 시작되었을 때 리프 트랜짓의 서비스에는 '잘나가는 기술 기업에서 일하는 젊은 직원들을 위한 럭셔리 버스'라는 이미

지가 씌워져 있었다. 〈뉴욕타임스〉의 정보기술 칼럼니스트이자 작가인 파하드 만주의 분석처럼 샌프란시스코는 고액 연봉을 받는 젊은 엔지니어들이 밀려들고 월세가 급등하면서 가난한 주민들은 월세를 감당하지 못해 집에서 쫓겨나는 판이었다.[31]

그런 상황에서 리프 트랜짓은 우버처럼 열광적인 우군의 지원을 받을 수 없었다. 일반 버스 요금보다 세 배나 비싼 럭셔리 버스는 비싼 택시 요금과 부족한 택시 숫자 때문에 불만을 표출하던 사람들이 열광했던 우버가 아니었다. 기존 교통 체계를 교란하고 싸구려 노동자를 양산한다는 비판에도 우버는 운전기사 일자리를 만들어내 우군을 얻어냈지만 리프 트랜짓은 그것도 아니었다. 우버는 우군을 등에 업고 당국과의 협상에서 합법화를 얻어냈지만 리프 트랜짓은 영업 중단 명령을 받으며 결국 시장에서 물러나고 말았다. 2015년 3월부터 2개월 동안 매출이 2만 1000달러 정도였다고 하는데, 그 정도의 매출로는 영업 중단 사태를 돌파할 때까지 버티기도 어려웠을 것이다.[32]

12장

팰로앨토의 판자촌과
샌프란시스코의 홈리스

실리콘밸리의 심장인 팰로앨토 시내를 지나는 도로 바로 옆이자 스탠퍼드 대학에서 자동차로 5분 남짓 떨어진 곳에 1만 8200제곱미터 넓이의 공동 주거단지가 있다. 이곳에는 히스패닉이 대부분인 400여 명의 주민이 사는 100여 채의 조립식 컨테이너 주택들이 하나의 단지를 이루고 있다. 이곳의 공식 명칭은 부에나비스타 모바일홈 파크^{Buena Vista} Mobile Home Park다.

스페인어로 '아름다운 경관'이란 뜻의 부에나비스타는 이곳이 아름다운 떡갈나무 숲이 있던 곳이라 붙은 이름이라고 한다. 하지만 실제로는 스페인어를 하는 히스패닉 주민들이 많아서 그런 이름이 붙은 게 아닌가 하는 생각이 든다. 모바일홈은 대형 화물차로 옮길 수 있는 이동 주택이다. 이곳 조립식 주택의 가치는 적게는 3000달러, 많게는 2만~3

만 달러 정도다. 집주인들이라고는 해도 그들은 땅주인에게 매달 월세를 낸다. 한국식으로 표현하자면 이곳은 판자촌 같은 곳이다.

축복받은 날씨가 불러온 '판자촌'

조립식 컨테이너 주택에 사는 사람들이 땅 주인에게 내는 한 달 월세는 700달러다.[1] 조립식 주택은 내 것이지만 땅은 내 것이 아니기 때문에 엄밀히 말하면 토지 이용료를 내는 것이다. 방 두 칸짜리 아파트의 월세가 평균 2800달러를 웃도는 팰로앨토 지역에서 도저히 찾을 수 없는 가격의 주거 공간이다. 실리콘밸리 전체를 뒤져도 이 정도의 월세를 내고 살 수 있는 주택은 없다.

엄청나게 저렴한 월세 외에도 주민들이 이 공동 주거단지에서 떠나지 못하는 다른 이유가 있다. 바로 자녀 교육이다. 아이들이라도 여러모로 좋은 환경에서 교육받게 하고 싶어서다.[2] 이곳에 사는 130명의 아이들 중 104명이 팰로앨토 학군의 공립학교에 다닌다.[3] 인근에서도 최고의 학군으로 이름난 곳이 바로 팰로앨토 학군이다.

원래 이곳은 1926년 캠핑장으로 문을 열었다. 그랬다가 1950년대부터 지금처럼 조립식 주택들이 모여 있는 주거단지가 됐다. 그러곤 1986년 소유주가 바뀌었다.[4] 2012년 가을, 땅주인이 개발업자에게 땅을 팔겠다면서 주민들에게 조립식 주택을 다른 곳으로 옮기라고 통보했다.

개발 업체 측이 주거단지 부지에 고급 아파트 단지를 건설하겠다며 땅주인에게 3000만 달러를 제시했던 것이다. 1달러를 1100원으로 계산하면 330억 원이다. 주민들과 시민단체 등의 반발로 주거단지는 땅주인의 계획대로 폐쇄되지 않았다. 그러다가 2015년 팰로앨토 시의회가 땅 주인의 요구를 승인한다고 결정했다. 하지만 다시 주민 등의 반발 속에서 2016년 팰로앨토시를 관할하는 샌타클래라카운티 지방법원이 "이주 지원비가 제대로 산정되지 않았는데도 시의회가 땅주인의 요구를 수용했다"며 시의회의 결정을 무효화했다. 그리고 2017년 5월 샌타클래라카운티 정부가 팰로앨토시와 함께 이 땅을 4000만 달러에 사들이는 계약을 맺으면서 일련의 사태는 해피엔딩으로 막을 내렸다.[5]

실리콘밸리를 다니다 보면 곳곳에서 낡은 건물을 허물고 주택단지를 짓는 공사가 한창이다. 경기가 호황이다 보니 고액 연봉을 받는 엔지니어들이 몰려들고 주거 공급은 수요를 따라가지 못한다. 그러다 보니 집값과 월세는 더욱 오르고 덩달아 낡은 건물을 허물어 주거단지를 짓는 공사가 늘고 있다. 팰로앨토 판자촌 주민들은 예외적인 경우다. 실리콘밸리처럼 집값이 폭등하는 지역에서 주거가 불안정한 주민들을 지역 정부가 구제한다는 건 지금으로선 꿈같은 이야기다.

미국 동부 보스턴에서 태어나 동부에서 대학을 졸업하고 뉴욕시에 취업했다가 2013년 초 실리콘밸리로 이직한 40대 중반의 백인 엔지니어 피트. 나의 테니스 친구인 피트는 새로운 동네로 이사 와서 가장 만족하는 게 날씨라고 말한다. 거의 1년 내내 맑고 화창한 날씨가 이어지는 실리콘밸리로 이사한 뒤로는 30대 초반부터 그를 따라다닌 무릎 통증이 거의 신경 쓰이지 않을 만큼 완화됐다고 한다. 순전히 날씨 덕분에 그는 좋아하던 테니스를 다시 즐기게 됐다며 즐거워한다.

따뜻하고 온화한 날씨 덕분에 체리, 자두, 배, 살구 등의 과일 산지로 유명했던 실리콘밸리는 거의 1년 내내 따스하다 못해 강렬한 햇살 때문에 자외선 노출을 걱정해야 하는 동네다. 지리적으로 조금 위에 있는 샌프란시스코는 바다에 감싸여 있어 안개도 많이 끼고 부슬비도 종종 내리는 '안개 도시'다. 하지만 실리콘밸리 자체는 로스앤젤레스와 같은 남부 캘리포니아와 달리 여름에도 덥지 않다. 물론 겨울에도 그리 춥지 않다. 눈 구경이라도 하려면 북쪽으로 3~4시간가량 올라가야 한다.

12월부터 2월까지 통상 겨울이라고 불리는 3개월 동안엔 기온이 섭씨 10도 이하로 떨어지는 경우도 있고 일주일 이상 비가 올 때도 있다. 그나마 최근 5년 사이엔 가뭄이 들어 겨울에도 거의 비가 내리지 않았다. 이렇다 보니 미국의 다른 지역에서 실리콘밸리로 이사 온 사람들이 거의 빠짐없이 하는 말이 '축복받은 날씨'라는 것이다. 샌타클래라시의 경우 2016년 한 해 동안 가장 추울 때가 평균 섭씨 5~6도, 가장 더울 때가 27~28도 수준이었다. 여름에 30도를 넘을 때도 있지만 그런 더위는 오래가지 않는다.

하지만 이런 날씨에는 세금이 붙는다. 이름하여 '날씨세Weather Tax'다. 중앙정부나 지방정부가 거둬들이는 세금 항목에 날씨세가 있는 것은 아니다. 이 동네 사람들이 농담 반 푸념 반으로 쓰는 표현 중의 하나다. 이런 식이다. "이 동네 물가는 거의 살인적이다. 모두 이런 좋은 날씨에 세금을 내는 거다." 사실 날씨세의 거의 8할은 주거비가 차지한다.

실리콘밸리에서 연봉 10만 달러를 버는 직장인은 주변에서 쉽게 찾아볼 수 있다. 원화로 환산하면 1억 원이 훌쩍 넘는 고액 연봉이지만 실리콘밸리와 그 주변 지역에선 절대 고액이 아니다. 일단 연방정부와 주정부 등에 세금을 내고 실제 수령하는 액수는 6만 8000달러 정도다.[6]

이를 12개월로 나누면 한 달 급여는 5600달러 수준이다. 배우자와 자녀가 있는지에 따라 세금 혜택이 달라지기 때문에 이건 그냥 배우자나 자녀가 없는 1인 가구를 기준으로 계산한 수치다.

월세가 가장 문제다. 부모에게 집이라도 물려받지 않았다면 대부분의 경우 월세를 내고 살아야 한다. 실리콘밸리에서 방 두 개, 욕실 하나짜리 아파트의 월세는 싼 곳이 2500달러 수준, 비싼 곳은 3500달러를 훌쩍 넘어선다. 실리콘밸리보다 월세가 비싼 샌프란시스코에선 방 하나에 욕실 하나짜리 아파트가 월 3500달러 수준이고 방 두 개에 욕실 하나짜리 아파트가 4500달러 수준이다. 부동산 정보 사이트인 질로 Zillow.com나 렌트Rent.com 같은 곳에서 검색하면 금세 확인되는 것들이다. 실리콘밸리 지역에서 방 세 개에 욕실 두 개짜리 주택이 100만 달러 수준이면 비싸지 않은 축에 속한다. 팰로앨토 같은 곳에선 방 세 개에 욕실 두 개짜리 주택이면 집값이 200만 달러를 훌쩍 넘어선다. 월세와 집값은 하루가 다르게 올라가는 추세다.

다시 한 달 순수입이 5600달러인 연봉 10만 달러 직장인의 이야기로 돌아가 보자. 월세가 2500달러라면 그에게 남는 돈은 3100달러. 사실 어지간한 동네에선 월세 2500달러짜리 집을 구하기도 쉽지 않다. 어쨌든 그 가격에 구한다고 쳐도 수입의 절반 가까이가 월세로 나간다. 남는 돈으로 일단 자동차를 굴려야 한다. 대중교통이 불편해 차가 없으면 정말 힘들다. 자동차로 20분 거리가 대중교통을 이용하면 한 시간 반이 걸리기도 한다. 자동차를 리스한다면 소형차도 최소 월 100달러는 내야 한다. 연료비는 제쳐두더라도 자동차 보험료는 내야 한다. 보통 월 100달러 수준이다. 밥도 먹어야 하는데, 쌀국수 한 그릇을 먹으면 팁까지 10~12달러 정도 든다. 일주일에 5일 동안 점심만 사먹어도 4주면 200~240달러다. 인터넷과 휴대전화 요금, 쓰레기 수거비, 전기 요금 등도 내야 한다. 한 달에 총 150달러 정도가 나가면 저렴한 편이다. 이렇게 따지면 월세 외에 추가로 대략 500~600달러 정도는 들어간다. 그럼 2500~2600달러가 남는다.

월셋방을 얻는 대신 낡은 트럭을 사서 집으로 삼은 구글 소프트웨어 엔지니어가 화제가 됐던 적이 있다. 브랜든이란 이름의 이 청년은 앰허스트 매사추세츠대^{UMass Amherst}를 졸업하고 2015년 5월 구글에 입사했다. 그는 방을 얻는 대신 누적 주행 거리가 25만 3000킬로미터인 포드 트럭을 8800달러에 샀다. 여기에 세금과 등록비, 수리비 등으로 1200달러가 더 들었다. 그가 이삿짐 운반용으로 쓰였던 이 트럭을 구매한 것은 짐칸에 침대를 놓아 잠자리로 쓰기 위해서였다.

요즘 잘나가는 컴퓨터 관련 학과를 졸업한 그는 아마도 10만 달러 이상의 고액 연봉을 받았을 것이다. 그런데도 그가 짠돌이 생활을 택한 것은 실리콘밸리의 월세와 집값이 워낙 비싸기 때문이었다. 그는 잠은 회사 주차장에 세워놓은 트럭에서 자고, 밥은 삼시 세끼 회사 식당에서 공짜로 먹고, 샤워도 회사 체육관에서 공짜로 하고, 휴대전화 충전도 회사에서 하면서 집값만큼 더 저축할 수 있다고 블로그에서 자랑한다.

"방값으로 얼마나 절약하는지 보죠. 이 지역에서 정말 싼 아파트(룸메이트랑 같이 쓰고 쥐들도 같이 사는 정말 아주 싼 아파트)가 대략 한 달에 1인당 1000달러 정도는 하죠. 그러니까 트럭에서 1년을 살면 최소 1만 2000달러를 절약하는 셈이죠.

트럭 값은 고려하지 않은 겁니다. 트럭 구입에 1만 달러가 들었으니까요. 매년 자동차 보험료로 1000달러를 내고 연료비로 500달러, 자동차 등록세로 500달러를 씁니다. 그러면 (트럭을 구입한 초기 비용을 제외하면) 1년에 1만 달러 정도 절약됩니다."[7]

브랜든이 다니는 회사가 최고의 직원 복지를 자랑하는 구글이기 때문에 이런 트럭 생활도 가능한 것이다. 이 지역에서는 10만 달러를 넘어가는 포르쉐, 마세라티 같은 고급차도 흔하게 보이지만 찌그러진 낡은 차도 그만큼 흔하고 회사에서 제공하는 공짜 점심을 먹는 사람들도 많지만 아침마다 도시락을 싸 들고 출근하는 직장인들이 그보다 많다.

교사를 찾습니다

실리콘밸리와 샌프란시스코 주변 지역은 새 학년이 시작되는 8월을 앞두고 해마다 교사 구인난을 겪는다. 여기에는 몇 가지 이유가 복합적으로 얽혀 있다. 우선 2008년 경제 위기의 여파로 학교마다 신규 임용이 줄면서 교사를 준비하는 인원도 크게 줄어들었다. 이제 경기가 호황으로 접어들고 학교 재정이 나아져서 교사를 충원하려다 보니 수요에 비해 공급이 달린다. 캘리포니아주 전체로 보면 2008년 경제 위기 직후 교사 과정에 지원한 인원은 4만 5000명이었던 반면 2013년엔 2만 명도 안 될 만큼 교사 지원자가 줄었다.[8]

이에 못지않게 중요한 게 앞서 언급한 물가다. 실리콘밸리가 제2의 전성기를 구가하고 고액 연봉을 받는 엔지니어들이 이 지역으로 몰리면서 집값을 중심으로 물가가 급등했다. 실리콘밸리의 직장에 다니고 도시 생활을 선호하는 젊은 직장인들이 많이 사는 곳이자 실리콘밸리의 호황과 더불어 IT기업들이 몰리고 있는 샌프란시스코의 물가도 가파르게 상승했다.

특히 월세가 감당하기 어렵게 오르다 보니, 아예 이 동네를 떠나는 교사들이 늘고 있다. 샌프란시스코를 예로 들면, 2015~6년 한 학년(2015년 8월~2016년 5월) 동안 초등학교 교사의 중간 소득(중위 소득)은 연간 6만 5240달러였다. 이 금액은 개인별로 차이가 나는 보너스와 각종 혜택이 제외된 것이긴 하지만 샌프란시스코의 물가를 감당하기엔 턱없이 부족하다. 같은 기간 샌프란시스코에서 방 하나짜리 아파트의 월세는 가장 비싼 월세와 가장 싼 월세의 중간 금액이 월 3500달러였다. 이는 교사들이 버는 돈의 64퍼센트에 이르는 금액이다.[9]

100만 원의 월급에서 64만 원을 월세로 내고 나면 남은 36만 원으로 입고 먹는 문제를 해결해야 한다. 물론 미래를 위해 얼마라도 저축을 해야겠지만 현실은 녹록하지 않다. 샌프란시스코 시내의 한 초등학교 산하 유치원에서 아이들을 가르치는 교사 레베카의 이야기를 들어 보자.

"서른두 살의 레베카는 연간 5만 5000달러를 번다. 로스앤젤레스 캘리포니아대UCLA에서 교사 과정을 포함해 석사 학위를 마치고 잠시 로스앤젤레스의 초등학교에서 1학년과 유치원생을 가르치다가 2년 전에 샌프란시스코로 옮겨왔다. 그런 그녀가 연봉 5만 5000달러를 받으며 살고 있는 곳은 샌프란시스코가 아니라 바다 건너 오클랜드. 그것도 붙박이 옷장도, 사생활도 없는 한 아파트의 거실에서 살면서 매달 1200달러를 월세로 낸다. 대학과 대학원 시절의 학자금 대출까지 갚다 보니 그달 벌어 그달 먹고산다. 기회가 날 때마다 아이들을 돌봐주는 베이비시터 일을 하며 돈을 번다. 교사 월급이 없는 여름방학에 대비해 미리 보모 일을 구한다. 옷은 자선단체가 운영하는 가게에서 헌 옷을 사 입는다. 10년 된 소형차 혼다 씨빅, 그리고 일주일에 한 번씩 사먹는 멕시코 음식 부리토가 그녀 나름의 사치다."[10]

미국에서 유치원은 초등학교 교육에 포함된다. 통상 유치원 1년, 초등학교 5년, 중학교 3년, 고등학교 4년 등 총 13년이 의무교육 기간이다. 고등학교 기간을 제외하면 지역교육청에 따라 조금씩 달리 운영하기도 한다. 초등학교 과정이 5년이면 중학교는 3년, 초등학교 기간이 6년이면 중학교는 2년 같은 식으로 운영되기도 한다. 어찌 됐든 전체 기간은 13학년으로 동일하다. 그래서 미국 공교육을 상징하는 'K-12'는 유치원부터 고등학교 졸업 학년인 12학년까지 13년간의 교육을 뜻한다. 나름 명문대를 졸업한 공립학교 교사의 생활 수준이 이렇다 보니 어지간히 벌어서는 실리콘밸리와 그 주변에서 살기 힘들다.

샌프란시스코 스타벅스 화장실의 잠금장치

샌프란시스코 일대와 바다 건너 오클랜드 그리고 프리몬트 등의 지역까지 이어진 전철의 이름이 바트다. 샌프란시스코베이 지역을 잇는 빠른 운송 수단^{Bay Area Rapid Transit}이라는 의미다. 그런데 샌프란시스코 시내를 지나는 여덟 개의 바트 역엔 공통점이 있다. 바로 홈리스가 많다는 것이다. 역사 계단이나 구석에 앉아 구걸하는 사람들도 있지만 승차권을 끊으려는 사람들에게 굳이 발권을 도와주겠다며 돈을 요구하는 홈리스도 적지 않다. 승강이가 붙고 수시로 경찰도 출동한다.

샌프란시스코는 공격적으로 돈을 요구하는 홈리스가 많은 도시로 악명 높다. 또 대낮부터 술이나 약에 취해 있거나 거리에서 아무렇게나 바지나 치마를 내리고 소변, 심지어 대변을 보는 홈리스도 흔히 볼 수 있다. 홈리스가 많은 것으로 유명한 텐더로인 지역에선 수시로 물청소를 하는데도 소변과 대변, 토사물 등의 냄새가 가시지 않는다. "어떻게 해야 홈리스의 대변 문제를 해결할 수 있을까"라는 제목으로 샌프란시스코 현지 언론이 기사를 썼을 정도다.[11]

미국 주택도시개발부^{HUD}가 2016년 11월 연방의회에 제출한 보고서에 홈리스 현황이 나온다. 2016년 1월 미국 전역의 홈리스 숫자는 54만 9928명이었다. 그중 샌프란시스코의 홈리스는 6996명이었다.[12] 다른 조사에 따르면 미국 주요 대도시 가운데 인구 10만 명당 홈리스 비율이 가장 높은 곳은 뉴욕시였고 그다음은 샌프란시스코였다.[13]

샌프란시스코에는 80개 정도의 스타벅스 매장이 있다. 이따금 촌동네인 실리콘밸리를 벗어나 도회지인 샌프란시스코 시내에 나갈 때면 커피 한잔을 하며 공짜 와이파이를 쓸 수 있는 매우 유용한 장소다. 그런데 이곳 화장실에 들어갔다가 낭패를 본 적이 있다. 비밀번호를 입력해야 하는 잠금장치가 설치되어 있었기 때문이다. 대부분의 스타벅스

매장이 홈리스의 이용을 막기 위해 잠금장치를 화장실에 달았다. 비밀번호를 물어보면 알려주지 않는 경우는 드물지만 화장실 이용을 불편하게 만들어 접근을 막는 방식이다. 이건 홈리스가 많은 미국 대도시의 특징이기도 하다.

샌프란시스코는 시 차원에서 홈리스를 지원하여 길거리나 보호소가 아닌 주거시설에 정착시킬 대책을 내놓았지만 그리 뾰족한 해법은 아니었다. 그사이 홈리스

샌프란시스코 거리의 홈리스. 샌프란시스코는 미국에서도 손꼽는 부촌이지만, 실리콘밸리에서 고액 임금을 받는 직원들이 몰려들어 집 임대료가 천정부지로 치솟았다. 그로 인해 샌프란시스코 시내 곳곳에서는 거리로 내몰린 홈리스들이 노숙하는 모습을 볼 수 있다. (ⓒSonny Abesamis / flickr).

대책을 마련하라는 시민의 요구도 고조돼왔다.

2016년 11월 8일 미국에선 대통령선거와 동시에 주별로 각종 지방선거(각종 안건 투표 포함)가 치러졌다. 샌프란시스코에선 홈리스가 보행자 도로에 텐트를 치지 못하게 하는 안건도 투표에 부쳐졌다. 경찰이 24시간 전에 철거를 통보하면서 임시숙소나 보호소 등의 잠자리를 제공하면 보행자 도로에 쳐놓은 홈리스 텐트를 강제 철거할 수 있게 하는 내용의 이 안건은 주민투표에서 찬성 52.74퍼센트, 반대 44.26퍼센트로 통과됐다.[14]

실리콘밸리의 성장과 더불어 스타트업의 도시, IT산업의 도시로 거듭난 샌프란시스코에서 대체 어떤 사람들이 홈리스가 되는 것일까. 기구한 그들의 사정을 속속들이 알기는 어렵지만 간접적인 정보를 통해 가늠해볼 수는 있다. 2015년 샌프란시스코시가 실시한 홈리스 조사가 그런 정보다.[15]

이 조사에선 홈리스가 된 가장 주요한 이유를 물었다. 그러자 응답자의 25퍼센트가 '일자리를 잃었기 때문'이라고 답했다. 샌프란시스코는 정보기술 중심의 기업들이 계속 생겨나고 성공하면서 일자리도 그만큼 늘어났다. 하지만 그런 흐름에서 소외된 사람들, 새로운 변화에 적응하지 못하는 사람들의 일자리는 변화의 속도만큼 빠르게 줄어들고 있다.

두 번째(18퍼센트)로 많이 나온 답변은 '살 곳을 잃었기 때문'이라는 것이었다. 셋집에서 강제로 쫓겨나거나(13퍼센트) 인상되는 월세를 감당하지 못했거나(3퍼센트) 대출금을 갚지 못해 집을 차압당했다(2퍼센트)는 것이었다.[16] 특히 세입자를 집에서 강제로 쫓아내는 강제퇴거eviction는 하루아침에 홈리스를 만들어내곤 한다.

실리콘밸리의 경기가 호황이고 더불어 샌프란시스코의 경기도 불타오르면 강제퇴거 숫자는 늘어난다. 집값과 월세가 뛰면서 낡은 집을 건설업자에게 팔려는 집주인들이 늘고, 그러면서 낡은 주택에 오래전부터 세 들어 있던 세입자들이 거리로 나앉게 되는 것이다.

대부분의 도시처럼 샌프란시스코 역시 매년 월세 인상 한도가 정해져 있기 때문에 오래전 월세가 저렴할 때부터 살아온 세입자들은 상대적으로 월세를 적게 낸다. 월세가 급등한 다음에 들어온 세입자는 한달에 3000달러를 내는 반면 20년 전부터 살아온 세입자는 1000달러 정도만 내는 식이다.

강제퇴거가 가장 많았던 해는 닷컴 열풍이 최고조에 달했던 1998~9년이었다. 강제퇴거가 사회문제가 되면서 샌프란시스코시는 매년 3월부터 다음해 2월까지 1년간의 강제퇴거를 조사해왔다. 조사 결과 1998년 3월에서 1999년 2월까지의 강제퇴거 숫자가 2878건으로 사상 최고였다. 강제퇴거는 닷컴 거품이 꺼지면서 점차 줄어들어 2009년 3월~2010년 2월 1269건으로 바닥을 친 뒤 2015년 3월~2016년 2월 2376건으로 계속 늘었다. 그러곤 2016년 3월~2017년 2월에는 1881건으로 상승세가 주춤한 상태다.[17]

전반적으로 보면 지역 경기가 좋아지면 쫓겨나는 사람들이 늘어나고, 경기가 나빠지면 줄어든다. 경기가 좋아지면 삶이 더 나아져야 하는데 현실은 정반대다. 호황으로 고액 연봉을 받는 엔지니어들이 밀려들면서 원래 주민들의 생활은 어려워진 것이다. 샌프란시스코에서 강제퇴거에 반대하고 주민을 지원하는 단체인 안티 이빅션 매핑 프로젝트Anti-Eviction Mapping Project의 조사에 따르면, 샌프란시스코에서 밀려난 일부 세입자들은 홈리스로 전락하기도 하고, 일부는 싼 방을 찾아 바다 건너 오클랜드 등으로 이주하고 있다.[18]

전기 자동차 인기의 이면

실리콘밸리 일대에선 전기 자동차가 갈수록 늘어나고 있다. 2012~3년만 해도 테슬라 모델S 같은 고급 전기 자동차가 고액 연봉의 엔지니어 등에게 인기를 끌었는데, 요즘엔 BMW의 전기차를 비롯해 다양한 자동차 회사의 전기차를 타고 다니는 사람들이 크게 늘고 있다.

전기차가 얼마나 인기인지 눈으로 확인하는 가장 쉬운 방법은 아침저녁 출퇴근 시간에 고속도로를 달려보는 것이다. 최악의 교통 도시로 불리는 로스앤젤레스보다는 좀 나을지 몰라도 실리콘밸리 일대의 교통 상황도 최악이다. 이렇다 보니 고속도로에는 카풀 전용차선이 운영된다. 두 명 이상(지역에 따라서는 세 명 이상)이 탑승하고 있으면 이 차선을 이용할 수 있다. 그런데 여기에 한 가지 예외가 있다. 하이브리드차, 전기차 등 오염물질을 거의 뿜어내지 않는 친환경 차량은 혼자 타고 있어도 카풀 차선을 이용할 수 있다.

아침 저녁 출퇴근길의 고속도로 카풀 차선에선 운전자 혼자 타고 있는 전기차를 쉽게 볼 수 있다. 평소엔 전기차로 다니다가 배터리가 떨어지면 일반 휘발유 엔진으로 돌아가는 하이브리드차 역시 사실상 전기차라고 보면, 전기차들이 줄지어 가는 풍경도 자주 보게 된다. 막히지 않으면 20분밖에 걸리지 않는 거리도 출퇴근 시간엔 한 시간 이상 걸리는 게 다반사이다 보니 10분 정도만 절약된다고 해도 눈이 번쩍 뜨일 수밖에 없다. 실리콘밸리 경기가 호황이라 사람들은 점점 더 밀려들고 있고 교통체증도 점점 더 심해지고 있다. 얼마 전 지인이 소형 전기차를 산 것도 출퇴근 시에 카풀 차선을 이용하기 위해서였다.

전기차(하이브리드차 포함)를 사면 연방정부 차원에서 세금 보고(한국의 연말정산 개념) 시에 상당한 금액을 환급해줄 뿐만 아니라 캘리포니아 주정부가 곧바로 적지 않은 금액을 보조금으로 돌려준다(상당수의 전기차가 이 특별 지원 프로그램에 해당된다).

차종에 따라선 연방정부와 주정부의 지원으로 최대 1만 달러까지 되돌려받을 수 있다. 예컨대 미쓰비시 전기차i-MiEV Electric 2017년형을 사면 연방정부에서 세금 혜택으로 7500달러, 캘리포니아 주정부에서 보조금으로 2500달러 등 총 1만 달러의 혜택을 볼 수 있다. 세금을 제외하면 차 값이 2만 7100달러인데, 이렇게 받는 지원 금액을 제하면 사실상 지불하는 금액은 1만 7100달러 수준이다. 그리고 차 값만 최소 7만 달러에 달하는 고급 차량인 테슬라 모델S를 사도 1만 달러의 혜택을 받는다. 물론 출퇴근 시간에 카풀 차선을 이용하는 혜택도 받고 말이다.[19]

그런데 전기차를 탄다는 이유로 고속도로에서 카풀 차선을 이용하게 하는 것이 합당한지는 한번 생각해볼 문제다. 테슬라 모델S 같은 고급 차량에도 친환경 차량이라는 이유로 연방정부와 주정부 차원의 보조금을 주는 것이 괜찮은지도 말이다.

〈뉴스위크〉 칼럼니스트를 거쳐 〈데일리비스트The Daily Beast〉의 국제 뉴스를 담당하며 여러 매체에도 기고해온 언론인 대니얼 그로스Daniel Gross 같은 사람들은 카풀 차선 특혜와 보조금 지원은 충분히 경제적으로 윤택해서 도움이 필요 없는 사람들을 위한 것이 아니라며 문제를 제기한다.[20] 차량 구입비를 지원해주지 않아도 고급 전기차를 살 만한 여력이 있는 사람들에게 세금으로 차량 구입비를 지원해주면서 공공재인 고속도로 이용의 특혜까지 주는 것은 그럴 능력이 없는 다른 사람들에겐 차별이라는 지적이다. 그래서일까. 출퇴근 시간 샌프란시스코와 실리콘밸리를 잇는 101번, 280번 고속도로의 카풀 차선을 볼 때면 썩 마음이 편치 않다.

왜 구글버스를 막아섰을까

이 지역의 고속도로 카풀 차선에서 전기차보다 훨씬 더 눈에 띄는 차량이 있다. 바로 구글, 페이스북, 애플 등의 실리콘밸리 기업들이 운행하는 대형 통근버스다. 이들 기업은 샌프란시스코에 살면서 실리콘밸리에 있는 회사로 출퇴근하는 직원을 위해 버스를 운행하고 있다. 냉난방 시설이 갖춰지고 와이파이wifi가 제공되는 최신식 대형 버스다.

구글에서 근무했던 엔지니어에 따르면, 구글은 2004년 초 직원의 제안으로 통근버스를 시범 운행하기 시작했다.[21] 자가용 운행을 크게 줄여서 공기 오염을 줄이고 교통체증도 완화하며 직원들의 피곤도 덜어줄 수 있으니, 회사로서도 업무 효율이 향상될 것이라는 생각에서 출발한 아이디어였다. 시범 운행한 통근버스에 대한 반응이 좋자 그해 하반기에 정식으로 통근버스가 운행되었고 이후 다른 기업들로 퍼져나갔다. (구글 이전에 통근버스를 운행한 회사들이 있었겠지만 실리콘밸리 전체로 통근버스가 퍼져나간 계기는 구글이었다. 실리콘밸리 일대의 통근버스가 구글버스로 불린 것은 이 때문이다.) 그렇게 해서 통근버스는 실리콘밸리의 잘나가는 기업들이 도시 생활을 즐기려는 젊은 직원들에게 제공하는 대표적인 혜택이 됐다.

2016년 9월 발표된 관련 보고서에 따르면, 2014년 한 해 동안 샌프란시스코베이 지역에서 하루 평균 3만 4000명이 통근버스에 탑승한 것으로 나타났다. 연간 탑승 횟수는 960만 건. 전철, 버스, 기차 등 샌프란시스코베이 지역의 11개 공공 운송수단 가운데 승객 수송 규모로 6위를 차지했을 정도다. 통근버스 수는 2012년 473대에서 2014년 765대로 크게 늘었다. 샌프란시스코와 실리콘밸리를 왕복하는 노선이 전체의 38퍼센트로 가장 많았다. 그 외 다른 노선들도 대부분 실리콘밸리를 오가는 노선이었다. 사실상 통근버스는 샌프란시스코베이 지역에서 실리콘밸리로 출퇴근하는 직장인을 위한 것임이 확인된 셈이었다.[22]

그런데 통근버스는 이 지역이 겪고 있는 계층 갈등을 보여주는 대표적인 사례다. 2013년 12월 9일 월요일 아침 샌프란시스코 시내에서 구글의 통근버스가 시위대에 둘러싸였다. 시위대는 "샌프란시스코를 팔아먹지 말라", "강제퇴거를 중단하라"는 구호를 외치며 30여 분간 버스를 가로막았다.[23] 시위대의 구호는 샌프란시스코의 공용버스 정류장을 구글과 같은 기업의 통근버스가 사용하게 해선 안 된다는 요구와 더불어 구글 같은 기업에서 일하는 고액 연봉의 엔지니어들 때문에 샌프란시스코의 주거비가 급등하고 원래 주민들이 주거비를 감당하지 못해 쫓겨나고 있다는 불만을 담고 있었다.

이날 시위를 포함해 2013년 겨울부터 본격적으로 '구글버스'에 반대하는 시위가 곳곳에서 일어났다. 일부 시위대는 구글버스 앞에 드러눕기도 했고, 버스 옆에 '젠트리피케이션과 강제퇴거 기술Gentrification & Eviction Technologies'이라는 문구를 적은 플래카드를 붙이기도 했다.[24] 시위대의 반발과 그에 따른 논란은 한동안 지속되다가 통근버스 회사들이 일정한 사용료를 내고 특정한 정류장을 이용하기로 샌프란시스코 교통당국과 협정을 맺으면서 외형적으로는 갈등이 봉합되었다. 하지만 구글과 애플, 페이스북 같은 실리콘밸리 기업들과 그 기업에서 일하는 고액 연봉자들에 대한 부정적 인식은 여전히 달리는 구글버스에 실려 있다.

실리콘밸리의 세금 회피 전통

2016년 당시 버락 오바마 대통령을 비롯한 정치인들이 공개적으로 문제 삼을 만큼 미국 기업의 세금 회피는 심각하다. 주요 기업들이 조세피난처에 서류로만 존재하는 페이퍼 컴퍼니를 세우고 해외에서 벌어들인 소득에 대해선 거액의 세금을 내지 않고 해외에 돈을 쌓아두는 경우가 비일비재하기 때문이다. 그리고 그 중심에 구글과 애플, 페이스북 같은 실리콘밸리 기업들이 있다. 이들은 더블 아이리시Double Irish 방식으로 세금을 회피해왔다.

> "'더블 아이리시'란 다국적기업들이 해외사업 총괄 법인을 세율이 낮은 아일랜드에 만들어 자회사 기술료(로열티)라는 형태로 자금을 이동시키고 나서 재차 버뮤다 등의 '제로 세율(세율 0퍼센트)' 지역으로 옮겨 납세액을 최소화하는 회계 기법을 일컫는다."[25]

세금 회피는 미국을 제외한 다른 나라에서 제품이나 서비스를 팔고도 그 나라에 세금을 내지 않는 문제와 직결되어 있기도 하다. 바로 '구글세' 논란이다. 예컨대 구글의 경우 한국에서의 매출은 구글 코리아가 아닌 구글 싱가포르(아시아태평양 총괄) 법인의 매출로 잡힌 다음 다시 구글 아일랜드 법인으로 이전되는 식이다. 구글, 애플, 페이스북 같은 회사들은 매출 현황을 한국 정부에 보고할 의무가 없는 유한회사 형태로 한국 법인을 운영하기 때문에 정확한 매출 현황도 알 수 없고 세금을 제대로 내는지도 확인하기 어렵다.[26]

OECD의 압박을 받은 아일랜드 정부가 2020년까지 더블 아이리시에 이용되는 세법 규정을 폐지하겠다고 약속하는 등 세계 각국이 기업들의 세금 회피를 막기 위해 행동에 나서고 있지만 또 어떤 새로운 기법이 등장할지 모를 일이다.

2016년 1월엔 "구글이 매년 버뮤다 우체국 사서함 666번으로 보내는 돈이 80억 파운드(약 13조 6000억 원)"에 달한다는 보도가 나오기도 했다.[27] 영국 언론이 영국에서 사업을 하면서도 막대한 수익금에 대해 세금을 내지 않는 구글을 비판한 보도였다. 기사의 핵심은 구글이 조세 회피처로 알려진 영국령 버뮤다섬에 세운 페이퍼 컴퍼니에 돈을 보내는 방식으로 세금을 내지 않는다는 것이었다. 구글이 2015년 버뮤다의 페이퍼 컴퍼니에 155억 달러(약 18조 6000억 원)를 보내는 방식으로 36억 달러(약 4조 3000억 원)의 세금을 줄였다는 보도가 나오기도 했다.[28]

합법적으로 세금을 내지 않거나 적게 내는 것이니 문제가 되지 않는다는 게 기업들의 인식이다. 사업하기 좋은 방향으로 법과 제도를 고쳐주면 굳이 해외에 법인을 세우고 돈을 쌓아둘 이유가 있겠느냐는 것이다. 2013년 5월 미국 의회의 상원 국토안보·공공행정위원회 상임조사소위원회가 애플의 조세 회피와 관련된 청문회를 열었을 때 기업의 그런 인식이 적나라하게 드러났다.

당시 위원회는 2009~12년 애플이 미국 세법의 허점과 국제 세법의 맹점을 이용하여 아일랜드 법인 두 곳으로 막대한 수입을 이전하고도 세금을 거의 내지 않았다는 보고서를 냈다. 보고서에 따르면, 단 한 명의 종업원도 없는 '페이퍼 컴퍼니'인 아일랜드의 한 애플 법인은 해당 기간 300억 달러의 수입을 신고하고도 세계 어느 나라에도 법인세를 내지 않았다고 한다. 또 애플은 같은 기간 미국에 세금을 내야 마땅할 740억 달러의 수입을 또 다른 아일랜드 법인으로 이전하고 아일랜드 정부와의 협상 끝에 2퍼센트도 안 되는 특별세율을 적용받았다. 결과적으로 법인세율이 35퍼센트에 이르는 미국에 세금을 내지 않기 위해 편법을 사용했던 것이다.[29]

하지만 청문회에 나온 애플 최고 경영자 팀 쿡Tim Cook은 당당했다. 그는 애플이 미국에 창출한 일자리가 60만 개, 2012년도에 납부한 세금이 60억 달러에 이르고, 세법을 위반하는 일도 하지 않았다고 반박했다. 그러고는 한 발 더 나아가 비즈니스가 세계적인 규모로 커진 디지털 세상에 맞게 세법을 개정하라고 큰 소리를 쳤다. 청문위원들도 그를 몰아붙이지 못했다. 일부 청문위원은 현재 35퍼센트에 이르는 법인세율을 얼마 정도로 하면 좋겠느냐고 물었고, 팀 쿡은 "20퍼센트 중반 정도로 생각한다"는 답변을 하기도 했다.[30] 청문위원들이 애플 CEO의 눈치를 보는 꼴이었다.

미국에서 개인은 철저하게 세금을 내야 한다. 혹시 실수로도 세금을 내지 않았다가는 패가망신하기 십상이다. 반면 실리콘밸리의 기술 기업은 막대한 돈을 벌면서도 세금을 회피하는 것을 큰 문제로 여기지 않는다.

정부가 국민 전체를 위해 마땅히 걷어야 하는 세금이 줄어들거나 사라지고 있는 것은 미국 사회의 관점에서도 심각한 경제적, 윤리적 문제다. 이는 실리콘밸리가 어떤 사회를, 어떤 가치를 만들어가고 있는지에 대한 근원적 질문일 수도 있다.

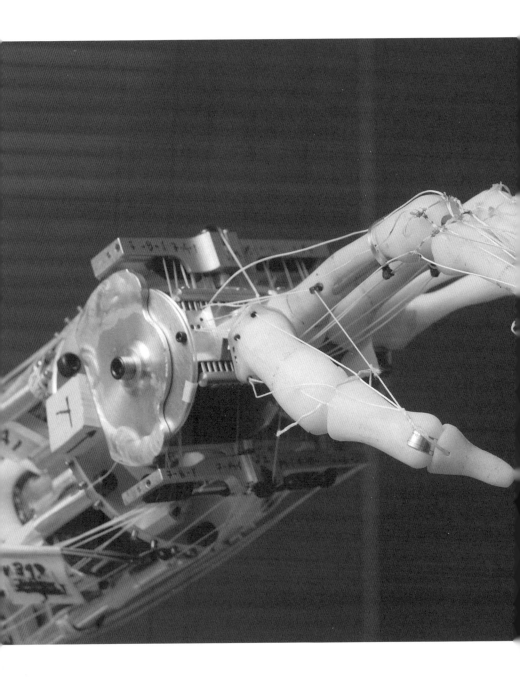

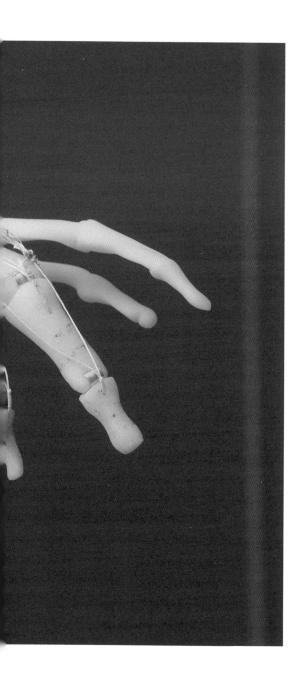

4부

———

**성공을 위해
실패를
권하다**

13장

엑시트의 기회는
누구에게나 열려 있다

온라인 게임의 아이템 거래를 중개하는 실리콘밸리의 게임플립 Gameflip. 2015년 말 창업한 이 회사는 2017년 상반기에 벤처 투자사와 개인 투자자 등을 상대로 투자를 유치했다. 회사의 창업자이자 CEO는 투자를 받기 위해 6개월 동안 100차례 이상 프레젠테이션을 했다. 약속을 정해 벤처 투자사를 찾아가기도 하고, 회사로 찾아온 잠재적 투자자들에게 사업계획을 설명하기도 했다. 산호세 중심가에 있는 그의 회사에서 스탠퍼드 대학 근처, '실리콘밸리 벤처 투자사의 거리'로 불리는 샌드힐로드까지 자동차로 20분 남짓인 거리를 거의 매일같이 왕복했다.

그렇게 공을 들인 끝에 그의 회사는 수백만 달러의 투자금을 유치했다. 그런데 100차례가 넘는 투자 설명에서 그가 회사를 성장시킬 계획과 더불어 빼놓지 않은 것은 회사를 파는 계획이었다. 일정한 사업 목표를 달성하면 이런저런 회사에 매각할 가능성이 있다는 얘기였다. 물론 그의 투자 설명에는 '인수합병$^{M\&A}$을 통한 매각이 여의치 않으면 가까운 미래에 주식시장에 상장^{IPO}한다'는 계획도 포함되어 있었다. 하지만 그가 보다 힘주어 밝힌 것은 매각 계획이었다(투자 유치 단계에서 매각 계획이란 희망적인 바람인 경우가 대부분이지만).

실리콘밸리에서 창업하는 사람들의 꿈은 누가 뭐래도 엑시트다. 힘든 고비를 넘고 회사를 키워서 주식시장에 상장하거나 그전 단계에 회사를 매각하는 것이다. 주식시장에서 자금을 충당할 필요가 없을 만큼 돈을 잘 버는 회사라면 굳이 상장하지 않아도 되겠지만 당연히 그런 경우는 흔치 않다. 물론 상장까지 가는 것도 여간 힘들지 않은 일이다. 그래서 어느 정도 회사를 키운 다음 더 큰 회사에 팔 계획을 세우는 게 보통이다.

벤처 투자사들도 투자한 신생 회사가 좋은 가격에 팔리는 것이 최대의 관심사다. 물론 실리콘밸리의 유명 벤처 투자사인 세쿼이아 캐피털처럼 "우리에게 거래^{deal}나 엑시트 같은 용어는 금지어"라고 말하는 곳도 있다.[1] 그렇지만 그 역시 '투자 수익에만 혈안이 되어 있는 장사치가 아니라 기업이 성공하기까지 돕는 훌륭한 조력자'라는 걸 강조하는 수사로 이해하는 것이 보다 현실적이다.

인수 전쟁과 만만치 않은 엑시트

실리콘밸리에서 직장을 다니거나 사업을 하거나, 아니면 실리콘밸리와 관련된 일을 하는 사람들에게 인기 있는 드라마 중에 HBO의 〈실리콘밸리〉가 있다. 이 드라마는 그저 드라마라고 하기엔 무척이나 현실적이다. 과장이 들어간 코미디이긴 하지만 실제 실리콘밸리에서 벌어지는 일들을 실감나게 묘사하고 있다. 드라마는 구글, 페이스북, 애플과 같은 기업들을 비롯해 벤처 투자사와 법률 회사 등이 실리콘밸리에서 어떤 역할을 하는지도 이해하기 쉽게 보여준다.

〈실리콘밸리〉의 주인공은 리처드 헨드릭스다. 그는 구글을 모델로 삼은 듯한 실리콘밸리의 거대 인터넷 기업 훌리Hooli에서 일하며, 밤에는 집에서 음악 애플리케이션을 개발하는 소프트웨어 엔지니어다. 그는 창업의 꿈을 꾸고 있다. 리처드는 우연한 기회에 자신이 개발 중인 앱을 외부에 공개하게 되었고 앱의 가치를 알아본 훌리 CEO가 400만 달러에 회사를 인수하겠다고 제안한다. 리처드가 제안을 거절하자 금액은 1000만 달러로 올라간다. 그것도 거절하자 이번엔 리처드가 개발 중인 앱을 그대로 베낀 서비스를 만들어 이제 막 시작한 리처드의 회사를 죽이겠다고 달려든다.

드라마의 내용처럼 실제로도 실리콘밸리에서 성장 가능성을 보여주는 신생 기업들은 큰 회사에 거액으로 인수된다. 그리고 창업자들은 거부가 된다. 큰 기업들은 자신들의 사업에 필요하다고 판단되는 회사들은 과감하게 사들인다.

예컨대 구글은 2006년 11월 유튜브를 16억 5000만 달러에 인수했다. 유튜브가 2005년 2월에 설립되었으니 회사가 생기고 1년 9개월 만에 천문학적 금액에 팔린 셈이었다. 2005년 7월 구글이 인수한 모바일 운영체계^{OS} 개발 회사인 안드로이드^{Android}도 마찬가지였다. 당시 설립 1년 9개월째였던 안드로이드의 인수 가격은 5000만 달러 정도로 추정되었다.[2] 2012년 4월 페이스북이 10억 달러에 인수한 인스타그램도 설립 2년이 되지 않은 신생 기업이었다. 그나마 페이스북이 2014년 2월 190억 달러에 인수한 왓츠앱^{WhatsApp}이 설립 5년 차로 상대적으로 연륜 있는(?) 회사였다.[3]

회사가 이처럼 거액에 인수되면 소수의 창업자뿐 아니라 초기에 참여한 사원들도 돈벼락을 맞는다. 물론 대부분의 경우 인수 직후에 현금화할 수는 없고 대부분 일정 기간 '의무 복무'하는 조건이 있기는 하지만.

유튜브가 16억 5000만 달러에 인수됐을 때 세 명의 창업자를 포함해 직원은 70명이 안 됐다. 창업자들의 몫이 절대적이기는 하지만 기계적으로 계산할 경우 직원 1인당 2500만 달러씩 돌아가는 셈이었다. 인스타그램이 10억 달러에 인수됐을 때 직원 수는 13명이었다. 같은 방식으로 계산하면 1인당 7700만 달러가 돌아간 셈이었다. 그런가 하면 왓츠앱이 190억 달러에 인수됐을 때 직원 수는 55명이었다. 이 금액을 공평하게 배분한다면 직원 1인당 3억 4500만 달러가 돌아간다.[4] 편의상 1달러를 1100원으로 치면, 우리 돈으로 3795억 원이다.

요즘엔 인공지능^{AI} 관련 회사들이 불티나게 팔리고 있다. 2011~6년 팔린 인공지능 관련 회사는 140여 개였다. 2016년 한 해에만 42개 사가 대기업에 인수됐다. 시간이 갈수록 이런 회사들을 인수하려는 기업들의 경쟁도 치열해져서 구글, IBM, 야후, 인텔, 애플, 세일즈포스 등

이 인수 전쟁을 벌이고 있다.[5]

삼성전자도 2016년 10월 실리콘밸리의 AI 플랫폼 개발 기업인 비브 랩스VIV Labs를 인수한다고 발표했다. 구글과 페이스북까지 뛰어든 비브 랩스 인수 전쟁에서 승리한 삼성이 설립 4년 차인 이 회사에 지불한 금액은 2억 1500만 달러였다.[6] 비브 랩스의 창업자들은 2010년 1억 5000만~2억 5000만 달러에 애플이 사들인 시리Siri의 공동 창업자들이었다.[7] 그들은 실리콘밸리에서 잇따라 '대박 홈런'을 친 행운아들이었다.

물론 엑시트가 쉬운 것은 아니다. 어느 정도 사업을 인정받는 위치까지 올려놓아도 그렇다. 인공지능 회사들의 경우처럼 대기업들이 앞다투어 더 좋은 조건을 내거는 경우도 있지만 경쟁관계에 있는 대기업의 압사 작전으로 사망 직전까지 몰렸다가 힘겹게 살아남아 인수되는 경우도 있다. 페이팔이 이베이에 인수되기 전에도 그랬다. 페이팔이 2002년 2월 주식시장에 상장되기 전부터 이베이가 페이팔 인수를 발표한 그해 7월까지 이베이는 자체 결제 시스템에 수천만 달러를 쏟아부으며 페이팔 고사 작전을 펼쳤다.[8]

미국에서 페이스북을 제치고 10대들의 소셜 미디어가 된 스냅챗의 경우는 살벌하기까지 하다. 2014년 1월 경제지 〈포브스〉의 커버스토리는 페이스북의 마크 저커버그와 스냅챗의 공동 설립자인 에번 스피걸 사이에서 있었던 일을 다뤘다. 기사에 따르면 저커버그는 스냅챗 초기인 2012년 말 로스앤젤레스의 한 아파트에서 스피걸을 만났다고 한다. 그리고는 스냅챗의 핵심 기능인 '첨부한 사진을 확인하면 사진이 자동 삭제되는 기능'을 가진 모바일앱 포크Poke를 내놓을 것이라고 말했다. 스피걸에겐 선전포고와 다름없었다. 스피걸은 저커버그를 만나고 사무실로 돌아와 전의를 불태우며 직원들과 함께 읽을 《손자병법》을 주문했다고 한다. 페이스북은 저커버그의 경고대로 2012년 12월 21일 모바일 앱 포크를 내놓았지만 저커버그의 장담과 달리 성공하진 못했다. 반면 스냅챗은 폭발적인 인기를 얻었다.[9]

그리고 시간이 흘러 2013년 11월 페이스북이 스냅챗에 30억 달러에 인수하겠다는 제안을 했다가 거절당했다는 〈월스트리트저널〉의 보도가 나왔다. 저커버그가 그보다 조금 앞서 10억 달러를 제안했다가 스피걸이 거절하자 인수 금액을 세 배로 올렸지만 역시 거절당했다는 내용이었다.[10] 이후 페이스북은 '팔지 않는다면 베낀다'는 전략에 따라 친구들끼리 공유한 동영상이나 사진 등이 자동적으로 삭제되는 스냅챗의 독특한 기능을 페이스북과 인스타그램에 추가했다.[11] 스냅챗은 2017년 3월 뉴욕 증시에 상장하긴 했지만, 얼마 지나지 않아 주식 가격이 공모가인 주당 17달러 밑으로 떨어지는 등 고전했다. TV시리즈 〈실리콘밸리〉에도 신생 기업 인수에 실패한 대기업이 그 회사를 망하게 하기 위해 서비스를 베끼고 소송까지 걸어 압사 작전에 나서는 내용이 등장한다.

엑시트해도 손 털고 나가지 않는다

창업 이후 회사를 매각하거나 상장하여 돈을 벌어들인 실리콘밸리 사업가는 대개 은퇴하지 않고 다시 창업을 모색한다. 시리의 공동 창업자들이 비브 랩스를 창업한 것처럼 말이다. 링크트인 창업자인 리드 호프먼과 '페이팔 마피아'가 그랬던 것처럼 그들은 실패와 성공의 경험과 인맥을 발판 삼아 다시 한 번 도전에 나선다. 사업을 해본 경험, 그렇게 쌓은 인맥, 성공으로 벌어들인 자금 등 훌륭한 자산을 활용하지 않고 썩히는 것이 외려 힘든 일이 아닐까.

주위에서 투자를 받기도 어렵지 않으니 자신의 돈만 쏟아부어 창업을 하는 것은 아니다. 다시 창업을 하지 않더라도 다른 유망한 신생 기업에 자금을 대는 에인절 투자자로 나서기도 하고 와이 콤비네이터처럼 종합적으로 기업 육성을 지원하기도 한다. 그리고 이런 성공한 선배들의 지원을 받으며 다시 후배들이 도전에 나서는 선순환 구조가 만들어진다.

한국에서도 벤처 기업 창업에 성공한 기업가들이 후배 기업가들의 창업을 지원하는 문화가 점차 만들어지고 있는데, 이는 실리콘밸리의 문화와 무관치 않아 보인다. 국내 최초의 결제 시스템 전문 업체인 '이니시스'를 창업해 10년 만인 2008년 3300억 원에 매각한 권도균 씨를 2013년 초 실리콘밸리의 한 식당에서 만난 적이 있다. 누구나 부러워하는 엑시트에 성공한 그는 당시 실리콘밸리에서 기업인, 엔지니어, 벤처 투자가 등 다양한 사람들을 만나고 있었다.

엑시트 이후 상당 기간 실리콘밸리에서 머물렀던 그는 2010년엔 다음 창업자 이재웅, 첫눈 창업자 장병규 등의 인터넷 벤처 1세대 기업인들과 함께 '프라이머'라는 창업 지원 투자 회사를 설립했다. 그가 대표를 맡고 있는 프라이머는 실리콘밸리를 대표하는 인큐베이터 와이 콤비네이터의 한국 버전 같다. 설립 당시 돈만 투자하는 게 아니라 필요한 사람들을 소개하고 사업 경험을 전수하는 등 창업 준비를 돕고 사업이 일정 궤도에 오를 때까지 멘토 역할을 한다는 방향을 설정한 것부터가 와이 콤비네이터를 닮았기 때문이다.

한국의 경우 인수 합병을 통해 신생 기업이 엑시트하는 비율은 극히 낮다. 구글 캠퍼스 서울의 임정민 총괄이 2015년 현황을 분석한 글엔 참고할 만한 수치가 등장한다. 2015년은 한국 벤처 투자사들의 국내 투자가 최초로 2조 원을 넘어선 해였다. 임 총괄이 한국벤처캐피탈협회 자료를 근거로 분석한 결과, 같은 기간 미국의 경우 80퍼센트 이상의 엑시트가 인수 합병으로 이뤄진 반면 한국에선 인수 합병으로 엑시트한 비율이 2퍼센트밖에 되지 않았다.[12]

엑시트와 관련해 한 가지 더 참고할 만한 수치가 있다. 미국에서 엑시트에 걸리는 기간이다. 2017년 6월 말 현재 미국에서 신생 기업이 첫 번째 벤처 투자를 받은 뒤부터 다른 회사에 인수될 때까지 걸리는 기간은 중간 수치(가장 짧은 기간부터 가장 긴 기간까지 순서를 매겼을 때 중간에 해당하는 기간)로 보았을 때 4년 6개월이었다. 인수 합병 없이 주식시장에 상장될 때까지 걸린 기간은 중간 수치가 8년이었다.[13]

실리콘밸리에서 창업을 하고 4년 이상 회사를 생존시키는 것은 여간 힘든 일이 아니다. 비용을 감당하기가 벅차기 때문이다. 예컨대 요즘 실리콘밸리의 기술 기반 신생 기업에 절대적으로 필요한 직원이 바로 코딩을 하는 소프트웨어 엔지니어다. 보통 대학을 갓 졸업한 소프트웨어 엔지니어를 고용하려면 연봉이 10만 달러 정도는 들어간다. 물론 5~6만 달러에도 고용할 수는 있다. 단 그러려면 창업자가, CEO가 꿈을 주어야 한다. 스톡옵션을 두둑하게 주면서 '몇 년만 고생하면 큰 회사에 인수될 수 있으니, 몇 년만 고생하면 회사의 가치를 키워 매각할 수 있으니 함께 고생해보자'고 비전을 제시하는 것이다. 실리콘밸리에서 창업하고 2년도 지나지 않아 어마어마한 금액에 인수된 유튜브, 안드로이드, 인스타그램 등의 환상 같은 현실이 있기에 가능한 일이다.

피벗이 있어 실패는 없다?

엑시트가 성공의 꿈을 이루는 길이라면 피벗은 실패를 딛고 일어나는 디딤돌에 비유할 수 있다. 실리콘밸리에서 널리 쓰이는 단어 피벗. 농구팬의 경우 피벗이라고 하면 공을 잡은 선수가 두 발 중에 축이 되는 한 발을 코트 바닥에 붙인 채 다른 발만 움직여 기회를 만드는 플레이가 먼저 떠오를 것이다. 실리콘밸리에서 피벗은 한 기업이 처음의 사업을 다른 사업으로 변화시켜나가는 것을 지칭한다. 기존 사업이 실패하고 다른 분야로 옮겨가면서 그럴듯하게 포장하는 말이라는 부정적 인식도 있지만 현실에 맞게 사업 방향을 변화시켜나간다는 긍정적 의미로도 자주 쓰인다. 어떤 회사가 '이번에 우리는 사업 방향을 이렇게 변화시켜 피벗한다'고 얘기하는 식이다.

2014년 6월 드라마 〈실리콘밸리〉 시즌 1이 종영되자 〈워싱턴포스트〉는 "기술 기업의 역사에 남을 일곱 가지 위대한 피벗들The 7 greatest pivots in tech history"이라는 제목의 기사를 실었다. 드라마에선 주인공이 창업한 회사가 새로운 방향으로 변신해야 한다는 의미로 피벗이란 표현이 계속해서 등장했었다. 제목조차 "모두 피벗한다Everybody pivots"였다. 어쨌든 〈워싱턴포스트〉가 해당 기사에서 꼽은 1, 2, 3위 기업은 모두 실리콘밸리 기업이었다. 1위 유튜브, 2위 트위터, 3위 인스타그램 모두 피벗했기 때문에 성공했다는 분석이었다.

유튜브는 원래 온라인 동영상 데이트 사이트로 시작했다가 이용자들이 웃기는 동영상을 올리기 시작하자 사업 방향을 틀어 성공한 경우였고, 트위터는 오데오^{Odeo}라는 팟캐스트 서비스를 하던 창업자들이 사업이 망해가자 새로 시작해 폭발적인 인기를 끈 경우다. 또 현재의 위치를 등록하는 체크인 기능과 사용자들이 참여하는 네트워크 게임 기능을 합친 복잡한 앱에서 출발했다가 사진 공유 기능 같은 아주 단순한 기능만 특화시킴으로써 성공한 사례가 인스타그램이었다.[14]

피벗이란 농구 용어를 비즈니스 용어로 처음 사용한 것은 에릭 리스였다. 《린 스타트업$^{The Lean Startup}$》의 저자인 그는 '사업의 비전은 유지하면서 전략을 변화시켜 기존의 실패를 만회하는 방식'을 피벗으로 표현했다.[15] 그리고 리스가 피벗을 농구장 밖의 비즈니스 세계로 불러낸 뒤 실리콘밸리에서는 사업의 실패를 덮을 때도, 실패를 딛고 새로운 길을 모색할 때도 피벗이란 말을 쓰게 되었다. 실패해도 피벗의 기회가 있다고 믿지 않는다면 엑시트의 꿈을 이룰 때까지 계속 도전하기는 쉽지 않을 것이다.

아이디어를 중시하는 실리콘밸리의 절도 사건

2017년 2월 구글의 자율주행 부문 회사인 웨이모^{Waymo}가 우버와 우버의 자회사인 자율주행 트럭 회사 오토^{Otto}를 상대로 소송을 냈다. 2016년 우버가 인수한 오토의 공동 창업자 등 임직원이 웨이모의 자율주행 기술 자료를 몰래 훔쳐 막대한 피해를 입었다는 것이었다. 절도 혐의의 중심에 있는 오토 공동 창업자는 웨이모의 자율주행 부문 핵심 엔지니어로 일하다가 사직하고 오토를 설립했다.

구글과 우버는 자율주행차 개발을 놓고 서로 협력하는 관계였다. 구글은 첨단 자율주행 기술을 갖고 있었고 우버는 세계 최대의 고객 정보가 있었다. 서로가 도움받을 것이 있으니 협력할 필요성도 컸을 것이다. 그러던 차에 구글(정확히는 웨이모)의 자율주행 부문을 이끌던 핵심 인재들이 회사를 그만두고 자율주행 트럭 회사를 차렸고 6개월 만에 우버가 이 회사를 인수했다. 그리고 얼마 뒤에 구글이 소송을 제기했다.[16]

실제 절도가 발생했는지는 재판 결과를 지켜보고 판단할 일이다. 다만 한 가지 확실한 것은 이 사건이 실리콘밸리에서 일어나는 '절도 논란'의 단면을 잘 보여준다는 사실이다.

기술을 모방하는 사례는 쉽게 찾을 수 있다. 대표적인 예가 스냅챗과 페이스북이다. 스냅챗 인수에 실패한 페이스북은 대중의 '베긴다'는 비난에도 아랑곳하지 않고 계속해서 스냅챗의 독특한 서비스를 자사 서비스에 붙여 넣었다. 2017년 5월 〈하버드 비즈니스리뷰〉에 실린 기사의 제목이 "좋은 서비스들을 모조리 페이스북이 베껴도 스냅챗이 살아남을 수 있을까"였을 정도였다.[17]

조금 더 시간을 거슬러 올라가면 애플의 공동 창업자 스티브 잡스의 사례도 있다. 그가 1979년 당시 가장 혁신적인 연구소 중 하나였던 제록스 팰로앨토 연구소를 방문한 뒤 그래픽 사용자 인터페이스GUI와 마우스를 모방했다는 이야기는 정설처럼 받아들여진다.

당시는 주식시장 상장을 앞두고 최고의 기대주였던 애플 주식을 사고 싶다는 요청이 밀려들 때였다. 잡스는 제록스 본사 측에 '주당 10달러에 10만 주를 사게 해주는 조건'으로 팰로앨토 연구소의 기술을 보여달라고 요구해 이를 관철시켰다. 《아웃라이어》 등의 베스트셀러 작가 말콤 글래드웰은 〈뉴요커〉에 기고한 글에서 "당시 잡스는 여우였고 팰로앨토 연구소는 닭장이었다"고 표현하기도 했다.[18]

작가 월터 아이작슨은 잡스의 전기 《스티브 잡스》에서 그가 팰로앨토 연구소 사건에 대해 이렇게 말했다고 기록하고 있다.

> "피카소는 '좋은 예술가는 모방하고 위대한 예술가는 훔친다'고 말했다. 우리는 위대한 아이디어를 훔치는 것을 부끄러워해본 적이 없다."[19]

애플이 훗날 삼성 갤럭시가 아이폰을 베꼈다고 소송을 제기한 것은 어찌 보면 아이러니하다.

14장

실리콘밸리는 4차 산업혁명을 어떻게 준비하는가

실리콘밸리 지역의 샌타클래라시에는 웨스트필드 밸리 페어Westfield Valley Fair라는 고급 쇼핑몰이 있다. 드넓은 야외에 수많은 상점들이 모여 있는 일반적인 미국의 프리미엄 아웃렛과 달리 여러 개의 대형 건물들이 통로로 이어져 있어 마치 백화점처럼 실내에서 쇼핑할 수 있는 대규모의 쇼핑몰이다.

그런데 지역 주민들이 즐겨 찾는 이 쇼핑몰엔 최근 인간 경비원과 더불어 로봇이 경비를 서고 있다. K5란 이름의 경비 로봇이다.

키 152센티미터, 무게 136킬로그램 정도인 이 로봇은 얼핏 영화 〈스타워즈〉 시리즈의 귀여운 로봇 R2-D2를 연상시킨다. 이 경비 로봇은 카메라와 센서 등이 장착되어 주변에서 수상한 활동을 감지하면 즉각적으로 인간 경비원에게 보고한다. 피곤함을 느끼지 않는 로봇이니 당연히 충전 시간을 제외하곤 24시간 쉬지 않고 경비를 선다.

친근한 생김새 때문인지 쇼핑몰을 방문하는 손님들, 특히 호기심 많은 어린이들이 이 로봇을 애완동물처럼 좋아하고 반긴다.

실리콘밸리 쇼핑몰의 경비 로봇

이 경비 로봇은 각종 해프닝으로 언론에 오르내리고 있다. 최근엔 워싱턴 DC의 쇼핑몰에 배치된 경비 로봇이 쇼핑몰 안을 돌아다니다가 연못 계단에서 미끄러져 연못에 빠지는 해프닝이 벌어지면서 체면을 구기기도 했다. 트위터에 '익사 로봇'이란 이름으로 이 경비 로봇이 오르내리자 회사 측은 "경비 로봇? 맞아요. 잠수함 로봇? 아녜요. 접수 완료－K5"라고 유머로 대응했다.[1] 2017년 4월엔 '구글의 도시' 캘리포니아 마운틴뷰의 주차장에서 범죄 감시 활동을 하던 이 로봇을 술에 취한 40대 남성이 쓰러뜨렸다가 경찰에 붙잡히기도 했다. (실리콘밸리에도 대낮에 주차장에서 자동차의 유리창을 깨고 물건을 훔쳐가는 도둑들이 꽤 많다. 식당 유리문에는 '차에 귀중품을 두지 마세요'라는 문구가 흔히 붙어 있다).[2]

그럼에도 이 경비 로봇은 점차 활동 공간을 넓혀 2017년 1월 현재 캘리포니아의 12개 장소에 15대가 배치돼 있다. 회사 측이 투자 설명용으로 공개한 자료에 따르면, 미국 여섯 개 주의 29개 회사와 계약을 맺고 로봇 경비 서비스를 제공하고 있다고 한다. 회사 측은 고객사를 100곳으로 늘릴 계획이라고 하지만 실제 그렇게 될지는 지켜볼 일이다.[3] 현재 K5 경비 로봇은 쇼핑몰, 병원, 데이터센터 등에 배치돼 있다.[4]

로봇을 제작하는 회사는 '구글의 도시' 마운틴뷰에 있는 나이트스코프Knightscope. 회사는 로봇을 팔지 않는다. 시간당 7달러에 임대해준다. 회사 측은 인간 경비원의 평균 인건비인 시간당 25달러의 3분의 1도 되지 않는다고 밝히고 있다.[5] 이 회사는 인력사무소에서 경비원을 파견하듯 로봇 파견 사업을 하고 있는 셈이다.

경비 로봇을 고용하는 비용인 시간당 7달러는 인간으로 치면 최저임금도 안 되는 금액이다. 2017년 캘리포니아주의 최저임금은 직원이 25명 이하인 사업장의 경우 시간당 10달러, 25명을 초과하는 사업장의 경우 시간당 10.50달러다. 연방정부 차원의 최저임금은 시간당 7.25달러이지만 주의 최저임금이 이보다 낮거나 아예 정해져 있지 않은 일곱 개 주를 제외하고는 주에서 정한 최저임금이 적용된다.[6] 어느 경우든 시간당 7달러면 최저임금도 안 되는 비용이다.

이 회사를 창업한 인물은 포드, 아마존, 소프트뱅크 벤처 캐피털 등에서 근무한 엔지니어 출신의 윌리엄 산타나 리William Santana Li다. 그는 2012년 12월 코네티컷주 뉴타운에서 발생한 샌디 훅 초등학교 총기 난사 사건을 지켜보면서 경비 로봇을 만들게 됐다고 한다.[7] 샌디 훅 총기 난사 사건은 20세 청년이 총을 들고 초등학교에 난입해 20명의 어린 학생들과 여섯 명의 교사·직원을 살해한 사건으로, 미국 학교에서 발생한 최악의 총기 사건으로 꼽힌다.[8] 그는 이런 끔찍한 비극을 예방하기 위해 경비 로봇을 만들게 됐다고 한다.

실리콘밸리 고급 쇼핑몰의 경비 로봇은 인공지능AI과 사물인터넷IoT 그리고 로봇 같은 개념을 중심으로 하는 이른바 '4차 산업혁명'의 수많은 사례 중 하나다. 일정한 공간을 돌아다니면서 카메라와 센서 등으로

쇼핑몰 웨스트필드 밸리 페어의 경비로봇 K5. 실리콘밸리는 IT 기술의 최전선인 만큼 인간을 대체할 기계들이 가장 빨리 만들어진다. 최근에는 경비로봇을 비롯해 햄버거 패티를 굽는 기계, 서빙을 하는 로봇 등이 실제 현장에 투입되며 사람의 일자리를 위협하는 문제도 발생하고 있다.

주위 상황을 감지하고 위험하다는 판단이 내려지면 이를 즉각적으로 인간 경비원의 스마트폰이나 스마트워치로 알리는 경비 로봇은 생활 속에 다가오는 거대한 변화의 일부다. 최저임금도 안 되는 비용으로 인간 경비원이 해온 일들을 대체하고 있다는 점에서도 그럴 것이다.

사실 지금 일어나고 있는 변화를 '또 하나의 산업혁명'으로 규정해야 할지는 애매한 부분이 있다. '4차 산업혁명'의 전도사인 클라우스 슈밥 세계경제포럼WEF 회장이 이 개념을 언급한 것은 2015년 12월의 일이다. 그는 〈포린 어페어스Foreign Affairs〉에 기고한 글에서 인공지능과 사물인터넷을 중심으로 4차 산업혁명이란 개념을 소개했다. 슈밥 회장은 우리 사회에 마치 18세기 후반의 산업혁명과 같은 혁명적 변화가 있을 것이라면서 이렇게 설명했다.

"최초의 산업혁명은 물과 증기기관을 이용한 생산의 기계화였다. 2차 산업혁명은 전기를 이용한 대량생산이었다. 3차 산업혁명은 전자제품과 정보기술에 의한 생산의 자동화였다. 그리고 이제 3차 산업혁명의 기반 위에서 4차 산업혁명이 지난 세기 중반 이후 발생한 디지털 혁명을 이어 나가고 있다. 그것은 물리적, 디지털적, 생물학적 경계를 구분하기 힘든 기술들이 섞이는 특징을 갖는다."[9]

반면 한국계 일본인 기업가인 소프트뱅크의 손정의 회장은 현재 진행 중인 변화를 산업혁명과 구분해 정보혁명으로 부른다. 그는 '2017 소프트뱅크 월드' 행사 기조연설에서 인터넷과 사물인터넷, 인공지능 등이 가져오는 혁명적 변화란 의미로 정보혁명이란 용어를 사용했다. 손 회장은 정보혁명의 핵심이 인공지능이라면서 "인공지능이 여러 산업의 중심에 있다"고 말하기도 했다.[10]

그런가 하면 MIT 경영대학원의 에릭 브린욜프슨Erik Brynjolfsson과 앤드루 맥아피Andrew McAfee 교수는 산업혁명과 디지털화로 구분한다. 그들에 따르면 산업혁명을 통해 인류가 제1의 기계 시대(기술 혁신이 인류 발전의 주된 원동력이 되었던 첫 번째 시대)에 들어섰고, 컴퓨터를 비롯한 디지털 기술을 통해 정신적 능력(뇌를 써서 환경을 이해하고 변화시키는 능력)이 대폭 강화되는 제2의 기계 시대에 들어서고 있다는 것이다.[11]

인공지능 자동화의 대표 주자, 자율주행차

4차 산업혁명이든 정보혁명이든 디지털화든 현재 변화의 중심에 인공지능과 로봇 같은 분야가 있다고 보는 것은 다르지 않다. 그 때문인지 실리콘밸리, 나아가 미국에선 4차 산업혁명이라는 용어보다 인공지능, 그리고 인공지능이 주도하는 자동화automation란 개념이 보편적이다. 버락 오바마 대통령 시절인 2016년 2월 백악관이 의회에 제출한 〈대통령 경제보고서〉를 보면, 로봇공학의 발전으로 산업 현장에서 로봇 보급이 확대되는 현상을 크게 자동화의 범주에 포함시키고 있다.[12] 역시 오바마 대통령 시기인 2016년 12월 백악관 대통령실EOP은 〈인공지능, 자동화, 그리고 경제〉라는 보고서를 내기도 했다.

실리콘밸리에서는 인공지능 전문가가 아닌 일반인도 인공지능이 대세임을 체감하고 있다. 일단 신문과 방송에 구글과 페이스북, 애플 같은 기업들의 인공지능 뉴스가 매일 등장한다. 결과적으로 세계에 바둑이란 게임을 홍보해준 구글의 '알파고 대 이세돌 대국' 이후 이런 흐름은 더욱 강해지고 있다. 주변에서 가정용 스마트 기기를 사용하는 사람들도 늘고 있다. 인공지능 비서로 불리는 아마존 에코, 구글 홈 등을 사용하는 집도 흔하게 볼 수 있다.

인공지능 분야가 각광받으면서 관련 회사의 직원들도 주가 급등으로 목돈을 손에 쥐고 있다. 실리콘밸리 기업들 중에 엔비디아NVIDIA가 대표적이다. 이 회사는 당초 컴퓨터 그래픽카드 업체로 알려졌다. 다시 말해 고화질의 컴퓨터게임이 원활하게 실행되게 해주는 고급 그래픽카드를 만드는 업체로 소비자들에게 인식돼왔다. 지금도 이 회사의 게임용

그래픽카드는 최고로 꼽힌다.

하지만 이제 이 회사의 주력 제품은 인공지능 컴퓨터(자율주행 자동차의 핵심이다)의 두뇌 역할을 하는 그래픽 처리 장치GPU, Graphics Processing Unit다. 과거 '인텔 인사이드Intel Inside'라는 마케팅으로 컴퓨터 업계를 주름잡았던 인텔의 중앙처리장치CPU, Central Processing Unit를 자율주행차(무인자동차) 시장에서 밀어낼 만큼 엔비디아의 GPU는 뛰어난 성능으로 각광받고 있다. 전기 자동차 테슬라, IBM의 슈퍼컴퓨터 왓슨, 중국 최대 인터넷 검색 업체 바이두의 자율주행 플랫폼, 구글의 알파고 등엔 모두 엔비디아의 GPU 제품이 사용된다.[13]

이쯤 되다 보니 2016년 1월 초 주당 33달러 수준이었던 이 회사의 주가는 연말에 110달러를 넘어섰고 2017년 7월 말에는 160달러 수준으로 급등했다. 불과 1년 반 만에 다섯 배 가까이 폭등한 것이다. 회사의 매출도 큰 폭으로 증가했다. 2017년 2월에서 4월까지 3개월간의 매출은 1년 전에 비해 48퍼센트 늘어난 19억 4000만 달러이고, 순이익은 1년 전의 약 2.5배인 5억 700만 달러였다.[14] 엔비디아는 MIT가 발행하는 기술 전문 잡지 〈테크놀로지 리뷰MIT Technology Review〉가 선정한 2017년 가장 스마트한 기업 1위를 차지했다. 얼마나 혁신적인 기술, 효율적인 비즈니스 모델을 갖고 있느냐가 평가 기준이었다.[15]

엔비디아의 인공지능 기술은 컴퓨터게임 때문이 아니라 자율주행차 때문에 더 큰 가치를 인정받고 있다. 인공지능 기술이 핵심인 자율주행차가 우리 사회를 혁명적으로 바꿔놓을 것이란 전망 때문이다. 그렇게 보면 자율주행차는 인공지능이 가져올 미래를 보여주는 창이다.

이론적으로는 자율주행 차량들만 도로를 다니게 되면 음주운전이나 졸음운전, 운전 중 스마트폰 사용 등 인간의 부주의에 따른 사고는 사라질 것이다. 미국에서만 10만 명당 10명이 교통사고로 사망한다.[16] 그리고 교통사고의 90퍼센트가량이 인간의 실수 때문에 일어난다.[17] 이런 상황에서 인간의 부주의를 배제하는 인공지능 컴퓨터가 운전하는 자율주행차는 많은 사람에게 혜택을 줄 것이다.

당연한 이야기지만 교통사고에 따른 의료비 등 각종 비용도 그만큼 줄어들 것이다. 또 인공지능 컴퓨터가 운전하는 차량들끼리 실시간으로 교통정보를 주고받으며 도로를 달린다면 교통 흐름도 빨라져서 도로 혼잡에 따른 물류 비용도 줄어들 것이다. 또한 필요한 시간에 자율주행차가 우리를 태워준다면 굳이 자동차를 구입할 필요가 없을 것이다. 그러면 전체 자동차 숫자도 줄어들 것이다. 쉼 없이 자율주행차가 이 사람 저 사람을 태우게 되면 굳이 주차할 필요가 없을 테니 주차장의 필요성도 사라질 것이다.

물론 자율주행차를 도입하기 위해선 여전히 사회적으로 해결해야 할 난제들이 남아 있다. 예컨대 교통사고가 나면 자동차 회사, 부품 공급업체, 운영체제와 소프트웨어 업체, 지도 서비스 업체, 통신 서비스 업체 등 관련자들 중에 누가 책임을 져야 할지 법적 판단을 내려야 한다. 또 인공지능 컴퓨터가 차량 탑승자를 보호하게 해야 할지, 충돌할 상대를 보호하게 해야 할지 등의 윤리적 판단도 내려야 한다.[18]

여기서 파생하는 일자리 문제는 더욱 골치 아프다. 당장 자율주행차의 등장으로 일자리 숫자가 줄어들지, 아니면 늘어날지 섣불리 판단하긴 어렵다. 다만 대체 가능한 일자리는 사라지는 반면, 자동화 가능성이 낮은 부문의 운전직은 사라지지 않을 것이다. 2016년 12월 오바마 대통령실이 내놓은 〈인공지능, 자동화, 그리고 경제〉 보고서는 이렇게 설명한다.

"예컨대 학교버스 운전기사는 운전뿐 아니라 아이들의 안전을 신경 써야 하는 직업이기 때문에 이 직업은 사라지지 않을 것이다. 운전기사가 운전보다 아이들에게 더욱 신경을 쓰는 일로 직업 성격이 진화할 수도 있다. 결과적으로 자율주행 기술은 학교버스 운전기사의 일부 일은 대체할 수 있지만, 보육사는 여전히 필요하다. 반면에 대중버스 운전기사는 운전이 전부이고, 운전과 관련 없는 작업이 거의 없다. 따라서 이들 일자리는 자율주행 기술로 인해 일자리의 상당 부분이 대체될 것이다."[19]

물론 운전직 외에도 보험 산업을 포함한 기존의 자동차 관련 산업의 일자리도 당연히 영향을 받을 것이다.

햄버거 로봇과 인앤아웃 점원들

앞서 살펴본 쇼핑몰의 경비 로봇처럼 이미 실리콘밸리엔 인공지능과 자동화의 사례가 수없이 늘고 있다. 그중 한 가지 사례만 더 살펴본다. 이번엔 햄버거를 만드는 기계다. 실리콘밸리에서 소프트웨어 회사를 창업한 기업가이자 베스트셀러 《로봇의 부상Rise of the robots》의 저자인 마틴 포드는 2015년 발간된 책에서 샌프란시스코의 신생 기업인 모멘텀 머신즈Momentum Machines를 소개했다.

스탠퍼드 대학, UC버클리, MIT 출신의 로봇공학자들과 레스토랑 매니저 등이 뭉친 이 회사는 인간 요리사가 만드는 수준의 고급 햄버거를 한 시간에 360개 만드는 기계를 개발했다. 재료만 준비해주면 인간의 노동 없이 처음부터 끝까지 요리를 마친다. 인간 종업원은 손님의 식탁에 완성된 햄버거를 가져다주기만 하면 된다.

회사 측은 햄버거를 만드는 직원의 연봉이 13만 5000달러라면서 자신들의 기계를 사용하면 1년 안에 본전을 뽑을 수 있다고 말한다.[20] 이 회사는 자신들의 햄버거 기계로 식당을 세울 계획이라고 한다. 2009년 설립된 이 회사는 가능성을 인정받아 2017년 6월 현재 구글 벤처스 Google Ventures와 코슬라 벤처스 등 잘나가는 실리콘밸리 벤처 투자사들로부터 총 2200만 달러를 투자받았다.[21]

2017년 3월엔 햄버거 패티를 뒤집어가며 구운 뒤 햄버거 빵 위에 얹는 기계가 캘리포니아의 한 햄버거 가게에 도입됐다. 햄버거를 처음부터 끝까지 완성하는 기계는 아니지만 햄버거 가게에서 가장 힘들고 위험한 햄버거 패티 굽는 일을 인간 대신 하는 로봇이었다. 플리피Flippy라는 이름의 이 햄버거 로봇은 인공지능을 이용해 패티를 굽는 것뿐 아니라 감자와 양파를 튀기고, 음식을 그릇에 담는 작업까지 수행할 수 있을 것이라고 회사 측은 밝혔다.[22]

햄버거 로봇은 숙련도가 낮은 저임금 노동자의 일자리를 자동화하는 기계다. 한마디로 대체하기 쉬운 일자리를 줄이는 로봇이다. 2015년 12월 미국 노동통계국BLS이 발표한 자료를 보면, 2014~24년 가장 일자리가 늘어날 15개 직업 중에 2위를 차지한 것이 패스트푸드점 등에서 음식을 준비하고 나르는 일이었다. 예컨대 맥도날드에서 햄버거를 만들고 주문을 받고 서빙하는 일을 말한다(일반 레스토랑에서 손님을 접대하는 웨이터와 웨이트리스는 여기에 포함되지 않는다).

이 부문의 일자리는 2014년 315만 9700개에서 2024년 350만 3200개로 10.9퍼센트 증가하는 것으로 나타났다. 2014년 현재 이 일을 하는 사람들의 중간 소득(중위 소득)은 연간 1만 8410달러였다.[23] 한편 가장 일자리가 늘어날 직종은 상점의 판매직으로 2014년 현재 462만 4900개에서 2024년엔 493만 9100개로 6.8퍼센트가 늘었다. 이들의 중간 소득은 연 2만 1390달러였다.

하지만 햄버거 패티를 굽는 로봇의 등장에 이어 머지않아 햄버거를 처음부터 끝까지 요리하는 인공지능 요리 로봇이 등장하게 되면 이런 전망은 달라질 수밖에 없다. 가장 대규모인 맥도날드를 비롯해 패스트푸드 업체에 요리 로봇이 점차 늘어나면 매장 점원의 일자리도 줄어들 수밖에 없다. 실리콘밸리가 있는 서부 캘리포니아를 대표하는 인앤아웃In-N-Out 버거의 매장 직원들도 줄어들 것이다. 캘리포니아를 중심으로 성장해 네바다, 유타, 텍사스, 오리건 등으로 매장을 확장해가고 있는 인앤아웃 버거는 현재 300여 개 매장에서 모두 1만 6000여 명을 고용하고 있다.[24]

현재 감자와 양파를 튀기고 패티를 굽고 치즈를 패티 위에 녹인 다음 빵 위에 채소와 함께 차례차례 얹는 일을 하는 점원들의 상당수는 일자리가 사라질 위기에 놓일 것이다. 그렇다고 햄버거 로봇의 등장으로 줄어든 일자리를 대체할 만큼 관련 부문의 일자리가 생겨날 가능성은 낮아 보인다. 햄버거 로봇 부품 업체의 고용이 늘어봐야 얼마나 늘겠는가.

불분명한 미래, 해법은 교육?

인공지능과 인공지능이 이끄는 자동화가 인간의 일자리를 줄일지, 늘릴지, 아니면 그대로 둘지는 장담하기 어렵다. 자동화에 따른 생산성 증가로 일자리가 줄어들고 있다는 연구가 많고 비관적인 전망이 우세하기는 하다. 그렇지만 세계적인 경제학자인 MIT의 데이비드 오토^{David} 라고 말하는 어색하다. 오토와 네덜란드 위트레흐트 대학 안나 살로몬스^{Anna Salomons} 교수의 최근 논문처럼 생산성 증가가 고용률에 부정적인 영향을 미친다는 증거가 없다는 연구 결과도 있다(이들은 세계 19개국의 35년치 자료를 분석했다).[25]

실리콘밸리가 이끄는 인공지능 및 자동화와 관련해 참고할 만한 자료가 오바마 대통령 시절 백악관이 내놓은 보고서들이다. 앞서 언급한 것처럼 당시 백악관은 여러 차례 인공지능, 자동화, 일자리 관련 보고서를 냈다. 실리콘밸리의 기술 발전이 국가 경제 발전에 중요하다며 다양한 정책적 지원을 했던 오바마는 기술 발전이 사회에 미치는 영향에도 관심이 많았다. 〈뉴욕타임스〉의 제나 워섬 기자는 "오바마는 미국 최초의 디지털 대통령이었다"고 평가하기도 했다.[26]

사실 오바마는 2008년 대선후보 시절 페이스북이나 트위터 같은 소셜 미디어에 불었던 '오바마 바람'에 힘입어 대통령에 당선됐다. 취임 후에는 친민주당, 친오바마 성향이 대부분인 실리콘밸리 기업가들과 가깝게 지냈다. 구글, 페이스북, 애플 등의 창업자나 CEO와 수시로 연락을 주고받고 후원금 모금 행사에서 만났다. 외국인의 미국 입국을 제한하는 정책을 펴는 도널드 트럼프 대통령과 달리 외국인 노동자의 미국 취업을 적극 지원하는 정책을 폈던 것도 잡스와 같은 실리콘밸리 기업가들과의 교류에 영향을 받은 것이었다. 실리콘밸리는 이민자 없이 돌아가지 않는 곳이다. 기술 발전에 많은 관심을 기울였던 오바마와 실리콘밸리의 관계는 지금까지도 우호적이다.

오바마 대통령 시절 백악관이 내놓은 관련 보고서는 인공지능과 자동화 부문의 연구 개발에 많은 투자를 해야 하며, 인공지능이 주도하는 자동화가 일자리 감소로 이어진다고 단정할 수도 없다고 밝혔다. 다만 저숙련 노동자의 일자리가 대체될 가능성은 크고 고숙련 노동자의 일자리도 영향을 받을 수 있다고 전망했다. 보고서에 실린 정책적 제안은 이렇게 정리할 수 있다. 산업 구조의 변화 과정에서 저숙련 노동자들이 일자리를 잃더라도 새로운 고숙련 일자리를 찾을 수 있도록 교육 지원을 확대해야 하고, 기본적인 생계를 꾸릴 수 있도록 사회안전망을 확대해야 한다는 것이다.[27]

오바마 대통령의 임기 말에 나온 이 보고서는 아마도 오바마의 뒤를 이어 민주당 대선후보가 정권을 잡는다는 가정에서 출발한 것으로 보인다. 미국 국내에 공장을 늘리거나 미국 기업의 해외 공장을 국내로 이전하는 등의 방식으로 제조업 중심의 국가 부흥 정책을 펴겠다는 인물이 정권을 잡을 줄은 몰랐을 테니까 말이다.

실리콘밸리의 기본소득 실험

창업 자금과 네트워크를 지원하는 실리콘밸리의 대표적인 창업 투자

인큐베이터인 와이 콤비네이터. 정부나 국가기관의 간섭 없이 시장과 개인의 자율성을 최대한 보장하는 것이 미덕인 실리콘밸리에서 와이 콤비네이터는 기본소득 실험을 하고 있다. 소득 수준에 관계없이 누구에게나 공짜로 일정 금액의 생활비를 나눠주는 실험이다.

와이 콤비네이터는 실리콘밸리를 포함한 샌프란시스코베이 지역에서 저소득층이 많은 도시인 오클랜드의 주민들을 대상으로 기본소득 신청을 받았다. 1000가구가 신청했고 그중 100가구를 선정해 별다른 조건 없이 매달 1500달러씩 현금으로 지급하고 있다(단 매달 받은 돈으로 어떻게 생활했는지, 만족감은 어떤지 등의 설문 조사에 응해야 한다는 조건은 있다). 2017년 1월부터 시작되어, 2년 동안 1000만 달러의 예산을 집행할 계획이라고 한다.[28]

와이 콤비네이터가 기본소득 실험에 나선 이유를 샘 알트만[Sam Altman] 대표는 이렇게 말한다.

"다른 나라들에 기본소득(정책)과 비슷한 사례가 있지만, 우리는 미국에서 이게 어떻게 작동하는지 알고 싶습니다. 일찍 이 연구를 시작하는 편이 낫다고 생각합니다. 저는 확신합니다. 미래의 어느 시점에 기술 발전으로 기존 일자리가 계속 줄어들고, 그러면서 또 새롭게 막대한 부가 형성될 겁니다. 그리고 (그때 가면) 국가 차원에서 기본소득 실험을 하게 될 겁니다."[29]

결국 이들이 기본소득 실험에 나선 것은 기술 발전으로 인간의 일자리가 줄어들 수밖에 없다고 봤기 때문이다. 일자리가 줄어들어 저소득층이 늘어나면 로봇과 자동화로 생산성이 아무리 늘어난다고 해도 소비자의 감소로 시장경제가 유지되기 어렵다는 것이다.

실리콘밸리의 창업 투자 인큐베이터가 기본소득 실험까지 하게 된 것은 그만큼 인공지능과 자동화가 일자리를 획기적으로 변화시킬 것이고, 그 변화로 많은 실직자가 발생할 것이라고 생각하는 사람들이 많다는 의미다.

오바마 대통령 당시 백악관이 발표한 〈인공지능 자동화 보고서〉는 실직의 대책으로 사회안전망 확충과 더불어 교육을 강조했다. 고급 교육을 받고 고숙련 일자리를 얻게 하는 것이 하나의 대안이라는 것이었다. 하지만 교육은 대안이 되기 어렵고 고숙련 일자리도 자동화로 인해 위협받을 것이란 분석도 나오고 있다.

마틴 포드는 《로봇의 부상》에서 등록금은 엄청나게 비싸진 반면 대학을 나와도 과거처럼 고임금의 좋은 일자리를 얻을 기회는 줄어들고 있다면서 대학을 졸업한 뒤에 대학 졸업장이 필요 없는 일을 하는 사람들이 전체의 20퍼센트라고 말했다. 그에 따르면 미국에서 대학을 갓 졸업한 사람들의 평균 임금은 10년 넘게 하락해왔다고 한다.

고학력 화이트칼라 직종들도 자동화의 예외가 아니다. 포드가 소개한 뉴욕시의 신생 기업 워크퓨전WorkFusion의 사례를 살펴보자. 이 회사는 대기업들에 인공지능 소프트웨어 플랫폼을 제공한다. 이 소프트웨어 플랫폼은 기업의 사업에서 자동화가 가능한 부분과 아웃소싱으로 진행할 부분, 그리고 사내 인력에게 맡길 부분을 분석한다. 그리고 필요한 인원을 채용하기 위해 공고도 내고 채용 절차도 관리한다. 인력이 충원되면 업무를 배분하고 성과를 평가한다.[30] 하나의 프로젝트를 전담

하는 매니저 역할에서부터 인사 담당자 역할까지 기업이 고액 연봉에 고용하는 고학력 화이트칼라의 일을 대체한다는 의미다.

실리콘밸리에서 잔뼈가 굵은 사업가이자 소프트웨어 엔지니어인 포드가 생각하는 장기적 대안도 기본소득이다. 일자리는 줄어들고 임금은 낮아지는 상황이 빤히 예상되기 때문에 정부가 성인 1인당 연간 1만 달러를 무조건 기본소득으로 지급하는 방안이 대안이라는 것이다. 단기적으로는 오바마 시절 백악관 보고서가 제시한 것처럼 교육과 직업훈련을 강화하고 사회안전망을 확충하는 방안이 효과적이라고 본다.[31]

포드는 〈한겨레〉 신문과의 인터뷰에서 향후 20~30년 동안 어떤 일이 펼쳐질지 다음과 같이 전망했다.

"현재 우리는 인공지능의 부상에 전혀 준비되어 있지 않다. 이는 실업자와 불완전취업자(능력에 비해 하향 취업하는 이들)를 늘리고 사회적 불평등을 높일 것이다. 이는 정치적 격변과 일부 시민 저항으로 이어질 것이다. 도널드 트럼프의 당선과 브렉시트(영국의 유럽연합 탈퇴)는 그 전조다. 기술 발전은 경제적으로 많은 이들을 뒤처지게 만들었다. 다수는 불평등의 원인으로 세계화를 지목하는데, 나는 기술 발전이 가장 중요한 요소였다고 본다. 우리가 적절한 대책을 도입하지 않는다면 더 극단적인 일들이 벌어질 것이다."[32]

기본소득은 대안이 아니라는 반론도 만만치 않다. 앞서 언급한 MIT의 에릭 브린욜프슨과 앤드루 맥아피 교수 같은 사람들의 견해가 대표적이다. 이들은 볼테르를 인용해 기본소득이 '궁핍, 권태, 방탕'이라는 세 가지 거대한 악惡 중에 궁핍은 피하게 해주겠지만 나머지 둘은 막아주지 못한다고 말한다. 그냥 돈을 주는 게 아니라 일을 하도록 유도하고 지원하는 방식으로 돈을 줘야 한다는 것이다. 이들은 일을 하지만 소득이 일정 수준 이하인 가정에 세금 환급 형태로 장려금을 지원하는 근로장려세제EITC를 확대해야 한다고 말한다.[33]

나아가 지원 금액이 많지 않고 조건이 복잡한 근로장려세를 1968년 경제학자 밀턴 프리드먼이 제안했던 역소득세negative income tax로 전환해야 한다고 주장한다. 역소득세란 소득이 세금을 내는 기준에 미치지 못하는 경우 정부가 마치 세금을 환급하듯 돈을 주는 것이다.

미국에서 한 자녀를 기르는 부부를 예로 들어보자. 2017년 기준으로 이 부부는 기본공제(1만 2700달러)와 인적공제(3명×4050달러)를 합해 2만 4850달러까지 세금 공제 대상이다.[34] 이 가구의 연 소득이 2만 4850달러였다면 전액 세금 공제 대상이기 때문에 세금을 모두 돌려받을 것이다.

그런데 이 가구의 연 소득이 세금 공제 한도에도 미치지 못하는 1만 4850달러였다고 가정하자. 이렇게 공제 한도에 미치지 못한 금액에 대해 50퍼센트의 역소득세율을 정해 돈을 주자는 것이 프리드먼의 역소득세 개념이다. 이 부부의 경우 프리드먼의 역소득세율 50퍼센트를 적용하면 5000달러(1만 달러×0.5)를 마치 세금을 환급받듯이 지원받게 된다. 만일 1년 내내 근로소득 없이 정부의 저소득층 지원금만 받으면서 입에 풀칠만 하고 살았다면, 2만 4850달러의 50퍼센트인 1만 2425달러를 받게 된다.

1975년 제럴드 포드 대통령 시절에 도입된 근로장려세는 역소득세를 모델로 했지만 역소득세가 보다 지원 금액이 크고 지원 범위도 넓다. 근로장려세의 경우 2012년 자녀가 세 명 이상인 가구는 많아야 6000달러 미만, 자녀가 없는 가구는 500달러 미만을 받았다. 소득이 아예 없는 사람은 이 제도를 이용할 수도 없다.[35]

기본소득이 됐든 역소득세가 됐든 이런 실험과 아이디어가 나오는 것은 자동화가 가져올 일자리의 미래를 불안하게 보고 있기 때문이다. 물론 오바마와 포드 같은 사람들은 일자리가 사라지고 경제적 불평등이 극심한 사회가 될지 모른다는 우려를 하는 반면, 브린욜프슨 교수나 《한계비용 제로 사회》의 저자 제러미 리프킨 같은 사람들은 기계가 힘든 노동을 대신하고 인간은 자아실현을 하는 세상이 도래할 것이란 낙관론을 펴지만 말이다.

4차 산업혁명이 만들 미래는 유토피아인가

2015년 영화 〈터미네이터 제니시스〉에서 인류를 지배하는 인공지능 스카이넷Skynet의 제작사인 사이버딘 시스템스Cyberdyne Systems로 실리콘밸리의 기술 기업인 오라클Oracle 본사가 등장한다. 오라클이 인류를 멸망시키려는 인공지능 네트워크를 만드는 악마 같은 기업으로 등장한 이유는 매우 단순했다. 오라클 창업자 래리 앨리슨의 아들과 딸이 영화 제작에 참여했기 때문이었다.[36] 앨리슨의 아들 딸이 악마 같은 최첨단 기술 기업의 이미지에 적합한 건물을 물색하다가 여러 면에서 편리한 아버지의 회사를 선택했을 것이다.

영화 〈터미네이터 제니시스〉에 오라클이 인공지능 스카이넷을 만드는 회사로 등장한 것은 우연이었지만, 실제로 그런 일이 일어날지 모른다는 우려가 있는 것도 사실이다. 인공지능 기술이 발전하다가 어느 순간 인간을 뛰어넘는 존재가 나타날 수도 있다는 전망은 영화와 소설뿐 아니라 실리콘밸리 리더들 사이에서도 지속적으로 나오고 있다. 테슬라 창업자 일론 머스크와 페이스북 창업자 마크 저커버그의 설전이 대표적이다.

머스크가 전미주지사협의회NGA에서 인공지능이 인간을 위협하기 전에 선제적으로 규제해야 한다고 말하면서 공방이 시작됐다. 머스크는 통상적으로 어떤 문제가 발생하고 그에 대해 불만이 제기된 다음에야 규제가 만들어지지만 인공지능의 경우 그렇게 대응하면 이미 때가 늦을 것이라고 이야기했다. 그러면서 인공지능 로봇이 길거리에서 인간들에게 총을 쏘기 직전까지 인간은 그런 위험성을 미처 깨닫지 못할 수도 있다고까지 경고했다.[37]

저커버그는 이렇게 반박했다. 그는 페이스북 이용자들과의 화상 대화 중에 누군가 머스크의 이야기를 언급하며 그에 대한 의견을 묻자 "인류 멸망의 시나리오를 띄우는 사람들을 이해할 수 없다. 그건 정말 부정적인 것이고 어떤 면에서는 아주 무책임한 것이다"라고 대답했다. 인공지능 기술이 교통사고 위험성을 크게 줄여주지 않느냐면서 인공지능 자율주행 기술을 도입한 테슬라를 은근히 비아냥댔다.[38]

머스크는 저커버그에게 잘 모르면 가만히 있으라는 식으로 응수했다. 그는 자신의 트위터에 이렇게 썼다. "마크(저커버그)와 이미 이(인공지능) 이야기를 했었다. 그 친구는 이 주제에 대한 이해가 제한돼 있다."[39]

정보통신과 뉴미디어를 연구해온 지디넷코리아 김익현 미디어연구소장의 분석처럼 머스크와 저커버그의 논쟁 밑바탕엔 '기술을 바라보는 관점'의 차이가 자리잡고 있다. 저커버그는 기술은 그저 중립적이기 때문에 인간이 어떻게 사용하느냐가 중요하다고 보는 반면 머스크는 어떤 기술은 인간 자체를 위협할 수도 있다고 보는 것이다.[40]

인공지능은 크게 두 가지로 구분되곤 한다. '좁은 인공지능narrow AI'과 '인공 보편지능AGI, Artificial General Intelligence'이다.[41] 인공지능을 이용해 의료 정보를 분석하는 민현석 박사는 "현재 인공지능 기술은 인간이 하는 많은 지적 활동들을 동일한 지능으로 할 수 있는 AGI가 아니라 특정 분야의 문제를 잘 풀기 위한 좁은 AI"라고 설명한다.[42]

인간과 같은 지적 활동을 하는, 즉 인간처럼 생각하고 사고할 수 있는 인공지능을 인공 보편지능이라고 하고 특정한 분야에서 인간과 동일하거나 인간보다 뛰어나게 업무를 수행하는 인공지능을 좁은 인공지능이라고 하는데, 지금의 인공지능 기술은 좁은 인공지능 기술이라는 이야기다.

이렇게 보면 저커버그는 좁은 인공지능을 중심으로 이야기한 반면 머스크는 인공 보편지능을 중심으로 이야기한 것일 수도 있다. 그리고 지구 멸망의 시나리오는 인공 보편지능을 둘러싸고 나오는 이야기다. 실리콘밸리엔 머스크처럼 인공지능은 특정 시점이 되면 사람의 통제를 벗어날 수밖에 없는 기술이라고 우려하는 사람들이 있는가 하면, 저커버그처럼 그런 걱정은 기우일 뿐이라면서 기술은 그저 인간이 다루는 도구라고 낙관하는 사람들도 있다.

인공지능이 발전하면 인간과 같은 의식을 지닌 기계가 탄생할 것이라고 전망하는 사람들도 두 부류로 나뉜다. 머스크는 인간이 인공지능 기계에 의해 지배되는 암울한 디스토피아를 우려한다. 반면《특이점이 온다The Singularity Is Near》의 저자이자 미래학자인 레이 커즈와일은 조만간 인간과 인공지능 컴퓨터가 융합되는(한몸이 되는) 순간이 올 것이라고 주장한다.[43] 커즈와일 같은 사람들은 인간이 질병과 노화에서 벗어나 원하는 만큼 살고 컴퓨터와 융합돼 인간 한계를 뛰어넘는 시대가 올 것이란 낙관론을 피력한다.

최근 미국에는 인공지능이 인간과 한몸이 되는 세상을 그린 드라마들이 잇따라 등장하고 있다. 혈관을 타고 돌 만큼 작은 크기의 나노봇nanobot이 인간의 몸에 들어가 인간을 지배하는 이야기를 다룬 〈레볼루션Revolution〉, 인간의 몸에 인공지능 칩을 이식해 인간을 인공지능 컴퓨터와 같은 존재로 만드는 〈100〉 같은 드라마가 대표적이다.

누구나 돈만 있으면 우주여행을 하고 화성을 식민지로 개척하는 등의 프로젝트를 추진하는 일론 머스크 같은 인물이 이끌고 있는 곳이 실리콘밸리라고 한다면, 바다 위에 어떤 국가나 정부기관의 간섭도 받지 않는 독립된 도시를 만들겠다는 피터 틸 같은 인물이 영향력을 행사하는 곳이 실리콘밸리라고 한다면 허무맹랑해 보이는 SF 공상과학 영화나 소설에 나올 법한 미래가 현실이 되지 말라는 법도 없다. 다만 우리 앞에 다가온 미래가 암울한 디스토피아일지, 유토피아일지는 여전히 우리의 선택에 달려 있다는 기대만은 버리지 못하겠다.

실리콘밸리의 아날로그 방식

2015년 겨울 페이스북이 멘로파크 본사 가까운 곳으로 이사 오는 직원들에게 가구당 최소 1만 달러의 보너스를 준다는 소식이 전해졌다. 본사에서 반경 16킬로미터 이내의 지역으로 이사를 하면 거금을 준다는 것이었다.[44] 회사 가까운 곳으로 이사를 하면 보너스를 주는 것은 페이스북이 처음은 아니었다. 실리콘밸리의 몇몇 회사에서 이미 실시하고 있는 정책을 페이스북도 도입한 것뿐이었다.

페이스북의 '이사 보너스' 정책은 실리콘밸리 지역의 교통체증이 갈수록 심해지는 상황에서 직원들이 출퇴근에 시달리지 않고 일에 집중하게 하자는 취지로 해석됐다. 이미 와이파이와 편안한 좌석이 제공되는 통근버스를 운영하고 있지만 그것만으로는 한계가 있다는 생각에 추가적인 복지 정책을 내놓았다는 것이다.

그런데 이런 정책은 직원들이 회사에서 더 많은 시간을 보내면 업무 효율도 높아질 것이란 판단에서 나왔을 것이다. 인터넷만 연결되면 세계 어디에 있든 스카이프 같은 프로그램을 이용하여 화상회의도 할 수 있는 시대에 페이스북 같은 디지털 중심의 회사가 직원들을 사무실에 붙잡아두려는 정책을 시행한 것은 디지털이 아닌 아날로그 방식의 커뮤니케이션을 강화하기 위한 것이었다.

실리콘밸리의 근무 환경을 말할 때면 종종 원격 근무가 등장한다. 사무실에 출근하지 않고 어디든 원하는 곳에서 근무하게 해주는 회사가 많기 때문이다. 상당수의 직장인들은 몸이 아프거나 집에 일이 있으면 휴가를 내기도 하지만 회사에 미리 이야기하고 집에서 근무하는 경우도 많다. 샌프란시스코에 있는 회사의 직원이지만 회사의 허락을 받고 세계 곳곳을 돌아다니며 원격 근무를 하는 지인도 있다. 근무 공간이 중요하지 않은 디지털 방식의 근무인 셈이다.

그렇지만 여전히 사무실에 출근해 얼굴을 보고 일하는 것을 중시하는 회사도 적지 않다. 2013년 2월 당시 야후 최고 경영자였던 마리사 메이어Marissa Ann Mayer는 페이스북처럼 '이사 보너스'라는 당근을 제시한 것이 아니라 '원격 근무 금지'라는 채찍을 들었다. 회사에서 직접 얼굴을 보고 이야기해야 사내 소통이 원활해진다는 이유였다.[45] 당시 메이어의 원격 근무 금지령에 대해 내부의 반발과 안팎의 비판도 거셌지만 채찍이 효과가 있었는지는 또 다른 문제이니 제쳐두기로 하자.

디지털과 대비되는 개념으로 아날로그를 정의할 경우 디지털 세상을 이끈다는 실리콘밸리에서 아날로그 방식을 적지 않게 찾아볼 수 있다. 칼럼니스트이자 논픽션 작가인 데이비드 색스는 저서 《아날로그의 반격》에서 몰스킨의 사례를 든다. 실리콘밸리 사람들이 스마트폰과 아이패드 등 디지털 메모가 가능한 기기들 틈에서 몰스킨 다이어리를 즐겨 쓴다는 것이다.[46]

몰스킨 제품뿐만이 아니다. 색스는 페이스북에 사람 냄새가 나는 서비스를 만들자는 취지로 슬로건을 인쇄 제작하는 아날로그 연구소Analog Research Laboratory가 생기고, 엘프가 엔지니어들의 요청으로 신형 디지털 디스플레이 대신 화이트보드를 설치하며, 어도비^{Adobe}와 구글 같은 기업들이 직원을 위한 명상 프로그램을 운영하는 것도 아날로그에 대한 애착을 보여주는 것이라고 설명한다.

색스는 실리콘밸리의 기술 기업들이 아날로그에 보이는 애착을 이렇게 설명한다.

> "이들은 전 세계에서 가장 앞선 진보적인 회사들이다. 그런 그들이 아날로그를 수용하는 것은 아날로그가 멋있어서가 아니다. 아날로그가 가장 효율적이고 생산적인 비즈니스 방식이라는 점이 입증되었기 때문에 수용하는 것이다. 아날로그가 그들에게 경쟁 우위를 선사하기 때문에 수용하는 것이다."[47]

1부 이글거리는 태양이 탄생하다

1장 실리콘밸리는 어디에서 시작됐을까

1 Marc Igler, "Our Town: The case of the Lucky Lager", *Palo Alto Weekly*, 2000. 4. 12.

2 Michael S. Malone, *Bill & Dave*, Portfolio, 2007.

3 Michael S. Malone, 앞의 책.

4 Michael S. Malone, 앞의 책.

5 David Packard, *The HP Way*, Harper Business, 1995.

6 David Packard, 앞의 책.

7 Michael S. Malone, 앞의 책.

8 Hewlett Packard Website, "Model 200B audio oscillator, 1939".

9 Michael S. Malone, 앞의 책.

10 Stanford University, "Stanford mourns loss of David Packard", *Stanford News Service*, 1996. 3. 26.

11 Office of Historic Preservation Website, "NO. 976 BIRTHPLACE OF SILICON VALLEY", California State Parks.

12 Therese Poletti, "HP garage becomes U.S. historic landmark", *The Mercury News*, 2007. 5. 17.

13 Office of Historic Preservation Website, 앞의 글.

14 Michael S. Malone, 앞의 책.

15 Michael S. Malone, 앞의 책.

16 Michael S. Malone, 앞의 책.

17 David Packard, 앞의 책.

18 David Packard, 앞의 책.

[19] David Packard, 앞의 책.

[20] Jefferson Graham, "The house that helped build Google", *USA TODAY*, 2007. 7. 5.

[21] City of Garden Grove Website, "Disney Garage Studio".

[22] Harley-Davidson Museum Website, "Get the rest of THE STORY".

[23] David Packard, 앞의 책.

[24] 스티브 잡스의 쿠퍼티노 시의회 프레젠테이션, 유튜브 동영상, 2011. 6. 7.

[25] John Markoff, "William Hewlett Dies at 87 ; A Pioneer of Silicon Valley", *The New York Times*, 2001. 1. 13.

[26] Steve Wozniak and Gina Smith, *iWoz*, Norton, 2006.

[27] Little Basin Website, "Welcome to Little Basin".

2장 실패한 기업가 쇼클리, 실리콘밸리에 주춧돌을 놓다

[1] David Laws, "Who named Silicon Valley?", *Computer History Museum*, 2015. 1. 7.

[2] Don Hoefler, "Silicon Valley U.S.A.", *Electronic News*, 1971. 1. 11.

[3] Timothy J. Sturgeon, "How Silicon Valley Came to Be", *Understanding Silicon Valley : The Anatomy of an Entrepreneurial Region*, Edited by Martine Kenney, Stanford University Press, 2000.

[4] The Nobel Foundation, "The Nobel Prize in Physics 1956".

[5] 김윤주, "반도체, 그 역사의 시작 – 반도체에 대한 이해와 개발의 역사", 앰코인스토리(http://amkorinstory.com/72), 2014. 7. 7.

[6] Steven Levy, "The Brief History of the ENIAC Computer", *Smithsonian Magazine*, 2013. 11.

[7] The Nobel Foundation, "The Nobel Prize in Physics 1972".

[8] Joel N. Shurkin, *Broken Genius : The rise and fall of William Shockley, creator of the electronic age*, Macmillan, 2006.

[9] Joel N. Shurkin, 앞의 책.

[10] Joel N. Shurkin, 앞의 책.

[11] Joel N. Shurkin, 앞의 책.

[12] Joel N. Shurkin, 앞의 책.

[13] C. Stewart Gillmor, *Fred Terman at Stanford*, Stanford University Press, 2004.

[14] Michael S. Malone, *The Intel Trinity*, Harper Business, 2014.

15 Tom Wolfe, "The Tinkerings of Robert Noyce: How the Sun Rose on the Silicon Valley", *Esquire Magazine*, 1983. 12.

16 W. Wayt Gibbs, "Interview with Gordon E. Moore", *Scientific American*, 1997. 9. 22.

17 Tom Wolfe, 앞의 글.

18 Marion Lewenstein, "The Splintering of the Solid-State Electronics Industry", *Information*(8), 1969.

19 Joel N. Shurkin, 앞의 책.

20 Wolfgang Saxon, "William B. Shockley, 79, Creator of Transistor and Theory on Race", *The New York Times*, 1989. 8. 14.

21 Edward J. Boyer, "Controversial Nobel Laureate Shockley Dies", *Los Angeles Times*, 1989. 8. 14

3장 혁신의 요람 스탠퍼드 대학은 누가 만들었을까

1 "늘 갈망하고 미련하게 도전하라(Stay Hungry, Stay Foolish)"라는 문구는 잡스가 고등학교 시절 깊이 감명받았던 〈지구 백과(Whole Earth Catalog)〉라는 잡지의 1971년도 종간호(이후엔 한동안 부정기적으로 발간) 뒷면에 쓰여 있던 말이었다.
월터 아이작슨 지음, 《스티브 잡스》, 안진환 옮김, 민음사, 2011.

2 Stanford University, "Steve Jobs' 2005 Stanford Commencement Address", YouTube, 2008. 3. 7.

3 Brent Schlender and Rick Tetzeli, *Becoming Steve Jobs*, Crown Business, 2015.

4 J.J. Colao, "Snapchat: The Biggest No-Revenue Mobile App Since Instagram", *Forbes*, 2012. 11. 27.

5 Charles E. Eesley and William F. Miller, "Stanford University's Economic Impact via Innovation and Entrepreneurship", Stanford University, 2012. 10.

6 팰로앨토라는 이름은 그 지역에 있는 레드우드에 붙여진 스페인어 애칭 '엘 팔로알토(El Palo Alto, 길다란 막대라는 뜻)'에서 유래했다(2002년 이 나무의 나이는 1061세로 추정되었다). 지금도 생존하고 있는 이 장수 나무는 스탠퍼드 대학을 상징하는 문양이기도 하다.
City of Palo Alto Website, "Palo Alto's Heritage Trees".

7 Pamela Gullard and Nancy Lund, *History of Palo Alto: The Early Years*, Scottwall

Associates, 1989.

8 Port Washington Historical Society Website, "Welcome to The Port Washington Historical Society".

9 Norman E. Tutorow, *Leland Stanford: Man of Many Careers*, Pacific Coast, 1971.

10 Norman E. Tutorow, 앞의 책.

11 Norman E. Tutorow, 앞의 책.

12 Norman E. Tutorow, 앞의 책.

13 Norman E. Tutorow, 앞의 책.

14 Norman E. Tutorow, 앞의 책.

15 Cantor Arts Center Website, "Museum History".

16 Stanford University Libraries Website, "Special Collections & University Archives: FAQ".

17 Pamela Gullard and Nancy Lund, 앞의 책.

18 PaloAltoHistory.Org, "Palo Alto Prohibition: The Liquor Issue Comes Full Circle". *Stanford Facts 2015*, Stanford University, 2015.

19 PaloAltoHistory. Org, 앞의 글.

20 Stanford University, "Steve Jobs' 2005 Stanford Commencement Address (with intro by President John Hennessy)", YouTube, 2008. 5. 14.

4장 두뇌 은행 스탠퍼드 대학 없이는 창업도 없다

1 Carla Marinucci, "Obama dines with tech stars of Silicon Valley", *San Francisco Chronicle*, 2011. 2. 18.

2 Stanford University Website, "Biography: John L. Hennessy, Stanford University's 10th President", Stanford University.

3 Stanford University Website, 앞의 글.

4 Ken Auletta, "GET RICH U.", *The New Yorker*, 2012. 4. 30.

5 Ken Auletta, 앞의 글.

6 Jason Song, Carla Rivera and Harriet Ryan, "Departure of Stanford's president ends a transformational era", *Los Angeles Times*, 2015. 6. 13.

7 Sophie Regan, "Stanford admit rate falls to 4.65 percent", *The Stanford Daily*, 2017. 3. 31.

8 Anna Sillers, "Stanford waives tuition for families making below \$125,000", PBS, 2015. 4. 2.

9 M. Krieger, "Stanford Earns \$336 Million Off Google Stock", *Mercury News*, 2005. 12. 1.

10 Research Policy Handbook, "9.1 Inventions, Patents, and Licensing", Stanford University.

11 Charles E. Eesley and William F. Miller, 앞의 글.

12 Jack Turner, "Commercialization of University Technology: Innovation, Technology Transfer and Licensing", M.I.T. Technology Licensing Office, 2009. 12. 17.

13 Office of Technology Licensing, "Brief statistical look at OTL Fiscal Years 2000–2015", Stanford University.

14 Stanford d.school website, "Classes that connect students from across Stanford", Stanford University.

15 C. Stewart Gillmor, *Fred Terman at Stanford*, Stanford University Press, 2004.

16 Martin Kenney and W. Richard Goe, "The role of social embeddedness in professorial entrepreneurship: a comparison of electrical engineering and computer science at UC Berkeley and Stanford", *Research Policy*, Vol. 33 (Issue 5), 2004. 7.

17 Wolfgang Saxon, "Frederick Emmons Terman, Stanford Engineer, dies at 82", *The New York Times*, 1982. 12. 21.

18 C. Stewart Gillmor, 앞의 책.

19 C. Stewart Gillmor, 앞의 책.

20 Martin Kenney and W. Richard Goe, 앞의 글.

21 Martin Kenney and W. Richard Goe, 앞의 글.

22 Stanford Research Park Website, "PAST, PRESENT & FUTURE", Stanford Research Park.

23 C. Stewart Gillmor, 앞의 책.

24 Stanford University Website, "Honors Cooperative Program (HCP)", Stanford University.

25 C. Stewart Gillmor, 앞의 책.

26 KAIST 웹사이트, "학교사".

2부 지구는 실리콘밸리를 중심으로 돈다

5장 불평등과 불편함이 낳은 스타트업의 성지, 샌프란시스코

1 John B. McGloin, *San Francisco, the story of a city*, Presidio Press, 1978.

2 George Groh, *Gold Fever*, William Morrow & Company, Inc., 1966.

3 Michael Mandel, "San Francisco and the Tech/Info Boom: Making the transition to a balanced and growing economy", *South Mount ain Economics*, 2014. 4.

4 Jonah Owen Lamb, "Tech job growth is booming in SF, but other industries still dominate", *The San Francisco Examiner*, 2013. 11. 19.

5 Michael Mandel, 앞의 글.

6 Julia Love, "Apple's new San Francisco office could be a tool in tech talent wars", *Reuters*, 2016. 3. 3.

7 John Shinal, "Silicon Valley Venture Capital Now A Commodity", *Forbes*, 2000. 3. 17.

8 Tian Luo & Amar Mann, "Survival and growth of Silicon Valley high-tech businesses born in 2000", *Monthly Labor Review* (U.S. Bureau of Labor Statistics), 2011. 9.

9 Cory Weinberg, "Why startups are ditching Silicon Valley for San Francisco", *San Francisco Business Times*, 2015. 4. 3.

10 Marissa Lang, "Companies avoid $34M in city taxes thanks to 'Twitter tax break'", *San Francisco Chronicle*, 2015. 10. 19.

11 Travis Kalanick, "Uber's Founding", *Uber Newsroom*, 2010. 12. 22.

12 Dana Rubinstein, "Uber, Lyft, and the end of taxi history", *Politico*, 2014. 10. 30.

13 SFMTA(San Francisco Municipal Transportation Agency), "Types of Medallions".

14 Lora Kolodny, "UberCab Ordered to Cease And Desist", *Tech Crunch*, 2010. 10. 24.

15 Tracey Lien, "Uber mobilizes customers to channel its message", *Los Angeles Times*, 2015. 7. 26.

16 Jessica Salter, "Airbnb: The story behind the $1.3bn room-letting website", *The Telegraph*, 2012. 9. 7.

17 CNN Staff, "Nathan Blecharczyk: The road trip that helped create Airbnb", CNN, 2015. 11. 19.

18 Michael Carney, "Brian Chesky: I lived on Cap'n McCain's and Obama O's got AirBnB out of debt".

19 San Francisco Travel Association, "Visitor Volume and Direct Spending Estimates 2016", *San Francisco Travel Association Report*, 2017. 2. 22.

20 Jahna Berry, "Updated: Tourism group blasts report that S.F. hotel rooms are world's priciest", *San Francisco Business Times*, 2015. 7. 1.

21 City and County of San Francisco, "Tourism: Hotel Occupancy Rate", City Performance Scorecards.

22 임정욱, "임정욱의 뜬 트렌드 따라잡기: 실리콘밸리가 아닌 딴 곳이라면…에어비앤비가 성공했을까", 한국일보, 2017. 2. 6.

23 Liz Gannes, "Airbnb Will Collect Taxes in San Francisco Starting Next Month", *recode*, 2014. 9. 17.

24 James Dobbins, "How to Host on Airbnb Legally", *The New York Times*, 2017. 4. 7.

25 Alison Griswold, "Uber Won New York", *Slate*, 2015. 11. 18.

26 Douglas Rushkoff, *Throwing Rocks At The Google Bus*, Portfolio Penguin, 2016.

27 김윤구, "국토부, 서울시에 우버엑스 단속 지시", 연합뉴스, 2014. 8. 29.

28 Joe Fitzgerald Rodriguez, "SF taxi company turns to crowdfunding to survive Uber, Lyft disruption", *The San Francisco Examiner*, 2017. 9. 5.

6장 그 많은 돈은 어디에서 왔을까

1 The Associated Press, "Eugene Kleiner, Early Promoter Of Silicon Valley, Is Dead at 80", *The New York Times*, 2003. 11. 26.

2 1978년 종업원은퇴소득보장법(ERISA)의 완화로 민간 부문의 은퇴연금을 굴리는 기관들이 은행예금과 같은 안전 자산뿐 아니라 벤처 투자 펀드와 같은 상품에도 투자할 수 있게 되면서 벤처 투자 시장 자체가 커진 측면도 있다.

Thomas Hellmann, "Venture Capitalists: The Coaches of Silicon Valley", *The Silicon Valley Edge: a habitat for innovation and entrepreneurship*, Edited by Chong-Moon Lee, William F. Miller, Marguerite Gong Hancock, and Henry S. Rowen, Stanford University Press, 2000.

3 David A. Kaplan, *The Silicon Boys and Their Valley of Dreams*, Perennial, 2000.

4 Peter Meyer, "Eugene Kleiner: Founding Father of Silicon Valley", Office of

University Relations (Polytechnic University, Brooklyn, NY), 2006. 2.

5 Michael S. Malone, *The Intel Trinity*, Harper Business, 2014.

6 David A. Kaplan, 앞의 책.

7 Intel website, "Intel Timeline: A History of Innovation".

8 Matthew Partridge, "Eugene Kleiner: the world's greatest investors", *Money Week*, 2016. 2. 12.

9 Peter Meyer, 앞의 글.

10 Peter Meyer, 앞의 글.

11 Peter Meyer, 앞의 글.

12 벤처 투자사의 투자를 받은 실리콘밸리 기술 기업 180곳을 조사한 결과 50퍼센트 이상의 기업에서 창업자가 최고 경영자 자리에서 물러났다고 한다.
   Thomas Hellmann and Manju Puri, "Venture Capital and the Professionalization of Start-Up Companies: Empirical Evidence", *Research Paper* No. 1661 (Stanford University Graduate School of Business), 2000.

13 KPCB website, "Eugene Kleiner".

14 Thomas Hellmann, 앞의 글.

15 David A. Kaplan, 앞의 글.

16 Don Valentine, "Sequoia Capital: Target Big Markets", *View From The Topseries* (Stanford Graduate School of Business), 2010. 10. 11.

17 Breakthroughprize.org 참조.

18 Jeff Wallenfeldt, "Yuri Milner", Encyclopedia Britannica. 2017. 7. 7.

19 포브스 웹사이트, https://www.forbes.com/profile/yuri-milner/

20 Matt Vella, "Yuri Milner: Why I Funded the Largest Search for Alien Intelligence Ever", *Time*, 2015. 7. 20.

7장 실리콘밸리의 필요 조건, 어느 너드의 성공 스토리

1 Jessica Livingston, *Founders At Work: Stories of Startups' Early Days*, Apress, 2008.

2 Paul Graham, "How to be Silicon Valley", *Keynoteat Xtech*, 2006. 5.

3 Mariko Yasu and Grace Huang, "Silicon Valley VC Returns to Japan to Form $300 Million Fund", *Bloomberg*. 2014. 1. 27.

4 Chris O'Brien, "2011: O'Brien: LinkedIn IPO gives founder Reid Hoffman his

moment on stage", *The Mercury News*, 2011. 5. 18.

5 Robert Frank, "Reid Hoffman to face massive tax bill following LinkedIn sale", CNBC, 2016. 6. 13.

6 Nicholas Lemann, "The Network Man", *The New Yorker*, 2015. 10. 12.

7 David Rowan, "For LinkedIn Founder Reid Hoffman, Relationships Rule the World", *Wired*, 2012. 3. 20.

8 Khan Academy chats, "Reid Hoffman – Founder of LinkedIn", Khan Academy, 2014. 10. 1.

9 David Streitfeld, "Peter Thiel to Donate $1.25 Million in Support of Donald Trump", *The New York Times*, 2016. 10. 16.

10 Seth Fiegerman, "Silicon Valley throws big money at Clinton and virtually nothing at Trump", CNN, 2016. 8. 23.

11 Reid Hoffman, "A 26-year-old Marine Corps Vet has a plan to liberate Trump's tax returns. Let's help him succeed!", *Medium*, 2016. 9. 12.

12 Cromwell Schubarth, "Reid Hoffman on Peter Thiel, robocalypse and value of shoveling manure", *Silicon Valley Business Journal*, 2015. 2. 25.

13 David Gelles, "The PayPal Mafia's Golden Touch", *The New York Times*, 2015. 4. 1.

14 Jeffrey M. O'Brien, "The PayPal Mafia", *Fortune*, 2007. 11. 13.

8장 캐주얼과 해커 정신으로 권위에 도전하다

1 데이비드 A. 바이스 · 마크 맬시드 지음, 《구글, 성공신화의 비밀》, 우병현 옮김, 황금부엉이, 2006.

2 데이비드 A. 바이스 · 마크 맬시드, 앞의 책.

3 Karen Alexander, "From Google to Noodles : A Chef Strikes Out on His Own", *The New York Times*, 2005. 9. 20.

4 켄 키지를 추모하는 비영리단체 웹사이트 참조. Further Down The Road Foundation website, "Ken Kesey".

5 Gary Kamiya, "When the CIA ran a LSD sex-house in San Francisco", *San Francisco Chronicle*, 2016. 4. 1.

6 월터 아이작슨 지음, 《이노베이터》, 정영목 · 신지영 옮김, 오픈하우스, 2015.

7 John Markoff, *What the Dormouse Said: How the Sixties Counterculture Shaped the*

Personal Computer Industry, Penguin Books, 2005.

8 Seth Ferranti, "The Trippy Life of the LSD Manufacturer Who 'Helped Create the 60s'", *Vice*, 2016. 11. 13.

9 Tom Wolfe, *The Electric Kool-Aid Acid Test*, Picador, 1968.

10 Tom Wolfe, 앞의 책.

11 Rock & Roll Hall of Fame website, "The Grateful Dead".

12 "Jerry Garcia & Bob Weir on the David Letterman Show", https://youtu.be/6ssi2VgcPw, Youtube, 2011. 8. 14.

13 임진모, "음악 공동체 건설을 향해 달려간 '록의 지존'", 대중음악웹진 이즘(IZM), 1996. 3.

14 Sam Gustin, "TIME Tech 40: The Most Influential Minds in Tech", *Time*, 2013. 4. 30.

15 Burning Man Project website, "General Information".

16 Burning Man Project website, 앞의 글.

17 Fred Turner, "Burning Man at Google: a cultural infrastructure for new media production", *New Media & Society* 11, 2009.

18 데이비드 A. 바이스 · 마크 맬시드, 앞의 책.

19 Burning Man Project website, 앞의 글.

20 John Markoff, 앞의 책.

21 Carole Cadwalladr, "Stewart Brand's Whole Earth Catalog, the book that changed the world", *The Observer*, 2013. 5. 4.

22 월터 아이작슨, 《이노베이터》.

23 Stewart Brand, "We Owe It All to the Hippies", *Time SPECIAL ISSUE* (Vol. 145), 1995.

24 데이비드 커크패트릭 지음, 《페이스북 이펙트》, 임정진 · 임정민 옮김, 에이콘출판, 2010.

25 Facebook Newsroom, "Company Info: Our Culture".

26 "Mark Zuckerberg's Letter to Investors: 'The Hacker Way'", *Wired*, 2012. 2. 1.

27 John Markoff, 앞의 책.

28 Roland Swenson, "HISTORY INTRO", SXSW Website.

29 Alex Geiser, "SXSW stays course, continues growth", *The Daily Texan*, 2010. 3. 18.

3부 실리콘밸리는 이렇게 돌아간다

9장 애플의 도시는 차이나 시티인가

1 강주형, "'두 자녀 허용' 외치며 두 자녀 강요하려는 중국", 한국일보, 2015. 12. 3.

2 Cupertino Historical Society and Museum, "Historical sites of Cupertino".

3 City of Cupertino, "Facts & Figures".

4 Kristi Myllenbeck, "Savita Vaidhyanathan selected as mayor of Cupertino", *The Mercury News*, 2016. 12. 14.

5 U.S. Census Bureau, "2010–2014 American Community Survey 5-Year Estimates". 2015년 미국 전체와 캘리포니아주의 아시아계 인종별 통계는 다음 자료를 참고했다. U.S. Census Bureau, "2015 American Community Survey, Table B02018", 2017. 3.

6 U.S. Census Bureau, "2010–2014 American Community Survey 5-Year Estimates".

7 이민자, "중국인 이민자의 미국사회로 통합과 차이나타운의 역할", 〈중소연구 제39권 제4호〉, 한양대 아태지역연구센터, 2015/2016 겨울.

8 이민자, 앞의 글.

9 Irene M. Franck and David M. Brownstone, *The Chinese-American Heritage*, Library of Congress, 1988.

10 Irene M. Franck and David M. Brownstone, 앞의 책.

11 Beenish Ahmed, "The Lost Poetry of the Angel Island Detention Center", *The New Yorker*, 2017. 2. 22.

12 Beenish Ahmed, 앞의 글.

13 Irene M. Franck and David M. Brownstone, 앞의 책.

14 Iris Chang, *The Chinese in America*, Viking, 2003.

15 Paolo Lucchesi, "President Barack Obama gets Chinese takeout at Chinatown's Great Eastern", *SFGATE*, 2012. 2. 16.

16 이민자, 앞의 글.

17 이민자, 앞의 글.

18 Anna Lee Saxenian, *Silicon Valley's New Immigrant Entrepreneurs*, Public Policy Institute of California, 1999. 6. 1.

19 Anna Lee Saxenian, 앞의 책.

20 Office of Immigration Statistics, *2015 Yearbook of Immigration Statistics*, Department

of Homeland Security, 2016. 12.

21 AnnaLee Saxenian, 앞의 책.

22 Elizabeth Redden, "International Student Numbers Top 1 Million", INSIDEHIGHERED, 2016. 11. 14.

23 스탠퍼드대 연례보고서 3년치를 분석했다. 자료는 다음과 같다. Bechtel International Center Student Affairs, *Bechtel International Center Annual Report 2015/16.*
Bechtel International Center Annual Report 2014/15.
Bechtel International Center Annual Report 2013/14.

24 임화섭, "'공유경제 여행?' 돈 받고 회사 관광시켜준 페북 직원들 해고", 연합뉴스, 2015. 9. 4.

25 Paul Mozur, "Silicon Valley's Culture, Not Its Companies, Dominates in China", *The New York Times*, 2015. 12. 4.

10장 수학 천재 인도인들의 아메리칸 드림

1 Samuel Gibbs, "The most powerful Indian technologists in Silicon Valley", *The Guardian*, 2014. 4. 11.

2 U.S. Census Bureau, "2010-2014 American Community Survey 5-Year Estimates."

3 Drew Desilver, "5 facts about Indian Americans", Pew Research Center, 2014. 9. 30.

4 Paresh Dave, "Indian immigrants are tech's new titans", *Los Angeles Times*, 2015. 8. 15.

5 Mary Lee Spence, "John Charles Fremont", Utah History Encyclopedia.

6 City of Fremont, *Clean Technology and Biotechnology Business Tax Exemption Process Guidelines*, 2012. 3. 6.

7 Tracey Kaplan, "Fremont parade celebrates India's independence from Brits", *East Bay Times*, 2016. 8. 14.

8 Indian Institute of Technology Kharagpur, "Institute History".

9 Ross Bassett, *The Technological Indian*, Harvard University Press, 2016.

10 Ross Bassett, 앞의 책.

11 TiE Global, "About TiE Global".

12 Paresh Dave, 앞의 글.

13 Padmaparna Ghosh, "Chasing dreams and dollars: India and the H-1B visa", *San*

Francisco Chronicle, 2016. 4. 29.

USCIS, "USCIS Completes the H-1B Cap Random Selection Process for FY 2017", 2016. 4. 12.

Aditi Malhotra, "What Indian Parents Want Most For Their Children", *The Wall Street Journal*, 2015. 7. 17.

Manas Chakravarty, "The richest 1% of Indians now own 58.4% of wealth", *Mint*, 2016. 11. 22.

11장 실리콘밸리의 '대학 중퇴 프로젝트'

Maya Kosoff, "Snapchat CEO explains what it was like not selling his company for billions of dollars to Facebook", *Business Insider*, 2015. 5. 15.

Jennifer Van Grove, "Snapchat's Evan Spiegel: Saying no to $3B, and feeling lucky", *CNET*, 2013. 11. 26.

Paresh Dave and David Pierson, "There's one part of Snapchat that Facebook can't copy: CEO Evan Spiegel", *Los Angeles Times*, 2017. 3. 1.

스티브 워즈니악 · 지나 스미스 지음, 《스티브 워즈니악》, 장석훈 옮김, 청림출판, 2008.

데이비드 커크패트릭, 앞의 책.

Ben Popken, "Facebook CEO Mark Zuckerberg Gives Harvard Commencement Speech", *NBC News*, 2017. 5. 25.

Samantha Masunaga, "The guy who came up with the idea for Snapchat got $158 million and vanished from public life", *Los Angeles Times*, 2017. 3. 1.

Ken Auletta, "GET RICH U.", *The New Yorker*, 2012. 4. 30.

데이비드 커크패트릭, 앞의 책.

데이비드 커크패틀릭, 앞의 책.

월터 아이작슨, 《스티브 잡스》.

리드 칼리지 및 스탠퍼드대 웹사이트, "Tuition and Fees".

월터 아이작슨, 《스티브 잡스》.

월터 아이작슨, 《스티브 잡스》.

스티브 워즈니악 · 지나 스미스, 앞의 책.

스티브 워즈니악 · 지나 스미스, 앞의 책.

스티브 워즈니악 · 지나 스미스, 앞의 책.

스티브 워즈니악 · 지나 스미스, 앞의 책.

17 월터 아이작슨,《스티브 잡스》.

18 Brian Caulfield and Nicole Perlroth, "Life After Facebook", *Forbes*, 2011. 1. 26.

19 Forbes Website, "Profile, Peter Thiel", 2017. 7. 7.

20 Peter Thiel, "The Education of a Libertarian", *Cato Unbound*, 2009. 4. 13.

21 Claire Cain Miller, "Want Success in Silicon Valley? Drop Out of School", *The New York Times*, 2011. 5. 25.

22 Alexandra Wolfe, *Valley of the Gods*, Simon&Schuster, 2017.

23 Caitlin Kelly, "Forgoing College to Pursue Dreams", *The New York Times*, 2012. 9. 15.

24 The Thiel Fellowship Website, 2017. 7. 9.

25 Lyndsey Gilpin, "The Woman Who Turned Her High School Science Project Into A Global Solar Nonprofit", *Forbes*, 2015. 10. 28.

26 Connie Loizos, "Millennial lender Upstart just raised $32.5 million to license its tech to other companies", *Tech Crunch*, 2017. 3. 2.

27 Alekandra Wolfe, 앞의 책.

28 Alexandra Wolfe, 앞의 책.

29 Patrick Hoge, "Startup launches 'lounge-like' commuter buses in San Francisco", *San Francisco Business Times*, 2015. 3. 17.

30 Kristen V. Brown, "Leap Transit shut down by the state for operating illegally", *San Francisco Chronicle*, 2015. 5. 20.

31 Farhad Manjoo, "Behind the Failure of Leap Transit's Gentrified Buses in San Francisco", *The New York Times*, 2015. 10. 14.

32 Farhad Manjoo, 앞의 글.

12장 팰로앨토의 판자촌과 샌프란시스코의 홈리스

1 Eric Westervelt, "Silicon Valley Trailer Park Residents Fight To Stay", NPR, 2013. 10. 15.

2 Jacqueline Lee, "Palo Alto : Judge forces city to re-assess mobile home park relocation", *The Mercury News*, 2015. 12. 21.

3 Friends of Buena Vista, "Buena Vista Residents", 2015. 3. 14.

4 Sue Dremann, "A History of Buena Vista Mobile Home Park", Palo Alto Online,

2008. 6. 17.

5 Eric Kurhi, "$40 million purchase saves Palo Alto's Buena Vista Mobile Home Park", *The Mercury News*, 2017. 5. 18.

6 금융 정보 회사인 스마트에셋SmartAsset(https://smartasset.com)의 세금 계산 프로그램으로 팰로앨토에 거주하는 연봉 10만 달러의 1인 가구를 기준으로 계산한 결과다.

7 브랜든 블로그 참고. *Thoughts From Inside the Box*, https://frominsidethebox.com.

8 Jill Tucker, "Bay Area school districts scramble amid teacher shortage", *San Francisco Chronicle*, 2015. 8. 31.

9 Heather Knight and Joaquin Palomino, "Teachers priced out", *San Francisco Chronicle*, 2016. 5. 13.

10 Heather Knight and Joaquin Palomino, 앞의 글.

11 Brandon Mercer, "How to solve San Francisco's homeless pooping problem", *San Francisco Chronicle*, 2015. 8. 26.

12 The U.S. Department of Housing and Urban Development, "Part 1 : Point-in-Time Estimates of Homelessness", *The 2016 Annual Homeless Assessment Report to Congress*, 2016. 11.

13 Kristen Sze, "Data shows San Francisco has second highest homeless population in United States", *ABC7 News*, 2016. 6. 29.

14 Joe Kukura, "Reaching Out to the Homeless Before Clearing Their Camps", *SF Weekly*, 2016. 11. 30.

15 Jessica Placzek, "Homelessness : You've Got Questions, We've Got Answers", *KQED News*, 2016. 6. 28.

16 Jessica Placzek, 앞의 글.

17 Joshua Sabatini, "Evictions in SF decline for first time since tech boom", *San Francisco Examiner*, 2017. 4. 5.

18 Anti-Eviction Mapping Project, "San Francisco Relocation Map".

19 DriveClean.ca.gov, "A buying guide for clean and efficient vehicles", California Air Resources Board.

20 Daniel Gross, "Green Privilege", *Slate*, 2015. 6. 24.

21 Benjy Weinberger, "When did Google start offering shuttle service to its employees?", *Quora*, 2010. 10. 23.

22 Bay Area Council, "2016 Bay Area Shuttle Census".

23 Sarah McBride, "Google bus blocked in San Francisco protest vs gentrification", *Reuters*, 2013. 12. 9.

24 Andrew Gumbel, "San Francisco's guerrilla protest at Google buses swells into revolt", *The Guardian*, 2014. 1. 25.

25 문정식, "세금 단속에 기업들 떨고 있다…美·유럽 기업 실적 빨간불", 연합뉴스, 2016. 3. 28.

26 백봉삼, "'구글세' 논란 재점화…이번엔 풀릴까", 지디넷코리아, 2017. 6. 8.

27 Pete Samson and Isla Harvey, "£8bn-a-year in Google postbox: Inside giant's secret Bermuda haven", *The Sun*, 2016. 1. 31.

28 Jeremy Kahn and Martijn Van Der Starre, "Google Lowered 2015 Taxes by $3.6 Billion Using 'Dutch Sandwich'", *Bloomberg*, 2016. 12. 21.

29 U.S. Senate Permanent Subcommittee on Investigations, "Offshore Profit Shifting and the U.S. Tax Code-Part 2 (Apple Inc.)", U.S. Senate Committee on Homeland Security & Governmental Affairs, 2013. 5. 21.

30 Jim Newell, "Tim Cook defends Apple tax policy in Senate hearings—as it happened", *The Guardian*, 2013. 5. 21.

4부 성공을 위해 실패를 권하다

13장 엑시트의 기회는 누구에게나 열려 있다

1 Sequoia Capital, "Ethos", https://www.sequoiacap.com/people/ethos/.

2 Josh Lipton, "Google's best and worst acquisitions", *CNBC*, 2014. 8. 19.

3 Parmy Olson, "Exclusive: The Rags-To-Riches Tale of How Jan Koum Built WhatsApp Into Facebook's New $19 Billion Baby", *Forbes*, 2014. 2. 19.

4 마틴 포드 지음, 《로봇의 부상》, 이창희 옮김, 세종서적, 2016.

5 CB Insights, "The Race For AI: Google, Twitter, Intel, Apple in a Rush to Grab Artificial Intelligence Startups", 2016. 12. 6.

6 Jordan Novet, "Samsung paid around $215 million for virtual assistant startup Viv", *Venture Beat*, 2017. 2. 28.

7 Bianca Bosker, "SIRI RISING: The Inside Story of Siri's Origins — And Why She Could Overshadow the iPhone", *Huffpost*, 2013. 1. 22.

8 Matt Richtel, "EBay to Buy PayPal, a Rival in Online Payments", *The New York Times*, 2002. 7. 9.

9 J. J. Colao, "The Inside Story of Snapchat: The World's Hottest App or a $3 Billion Disappearing Act?", *Forbes*, 2014. 1. 20.

10 Evelyn M. Rusli and Douglas MacMillan, "Snapchat Spurned $3 Billion Acquisition Offer from Facebook", *The Wall Street Journal*, 2013. 11. 13.

11 Kurt Wagner, "Facebook copied Snapchat a fourth time, and now all its apps look the same", *recode*, 2017. 3. 28.

12 Jeffrey Lim, "한국의 스타트업들은 어떻게 엑시트(EXIT)하나?", *Medium*, 2016. 7. 10.

13 Kate Clark, "VC investment-to-exit ratio in the US at record high", *Pitch Book*, 2017. 7. 28.

14 Dominic Basulto, "The 7 greatest pivots in tech history", *The Washington Post*, 2015. 7. 2.

15 Michelle Quinn, "Quinn: Silicon Valley Embraces the Pivot", *The Mercury News*, 2014. 5. 9.

16 Aarian Marshall, "Google's robocar lawsuit could kill Uber's future and send execs to prison", *Wired*, 2017. 2. 28.

17 Walter Frick, "Can Snapchat Survive If Facebook Copies All Its Best Features?", *Harvard Business Review*, 2017. 5. 12.

18 Malcolm Gladwell, "Creation Myth", *The New Yorker*, 2011. 5. 16.

19 월터 아이작슨, 《스티브 잡스》

14장 실리콘밸리는 4차 산업혁명을 어떻게 준비하는가

1 Christopher Mele, "Security Company is Replacing a Mall Robot that Fell into a Fountain to the Internet's Delight", *The New York Times*, 2017. 7. 18.

2 Tiffany Wilson, "Police: Drunk man knocked down 300-pound robot in Mountain View", *ABC7*, 2017. 4. 25.

3 Seed Invest, "Invest in Knightscope", https://www.seedinvest.com/knightscope/

series.m.

4 Christopher Mele, 앞의 글.

5 Cromwell Schubarth, "Startup whose security robots patrol local malls seeks $20M in 'mini-IPO'", *Silicon Valley Business Journal*, 2017. 1. 10.

6 United States Department of Labor, "Minimum Wage Laws in the States-July 1, 2017", https://www.dol.gov/whd/minwage/america.htm.

7 Cromwell Schubarth, 앞의 글.

8 Miguel Llanos, "Authorities ID gunman who killed 27 in elementary school massacre", *NBC News*, 2012. 12. 14.

9 Klaus Schwab, "The Fourth Industrial Revolution: what it means, how to respond", *Foreign Affairs*, 2015. 12. 12.

10 SoftBank Group, "SoftBank World 2017 Keynote Speech Masayoshi Son", http://www.softbank.jp/en/corp/news/webcast/?wcid=b0g66qt8, 2017. 7. 20.

11 에릭 브린욜프슨·앤드루 맥아피 지음, 《제2의 기계시대》, 이한음 옮김, 청림출판, 2014.

12 Council of Economic Advisers, *Economic Report of The President*, US Government Publishing Office, 2016. 2.

13 박정현, "GPU 점유율 70퍼센트… 인공지능 핵심 기술을 쥔 남자", 조선일보, 2017. 4. 29.

14 NVIDIA, "NVIDIA Announces Financial Results for First Quarter Fiscal 2018", *NVIDIA Newsroom*, 2017. 5. 9.

15 MIT Technology Review, "50 Smartest Companies 2017", 2017. 6. 27.

16 Centers for Disease Control and Prevention, "Motor vehicle traffic deaths", 2015. 4.

17 National Highway Traffic Safety Administration, "National Motor Vehicle Crash Causation Survey", 2008. 7.

18 구본권 지음, 《로봇시대, 인간의 일》, 어크로스, 2015.

19 백악관 대통령실 지음, 〈인공지능, 자동화, 그리고 경제〉, 조영신 옮김, 2016. 12.

20 마틴 포드, 앞의 책.

21 Kia Kokalitcheva, "Hamburger-making robot company raises $18 million", *AXIOS*, 2017. 6. 9.

22 Lora Kolodny, "Meet Flippy, a burger-grilling robot from Miso Robotics and

CaliBurger", *Tech Crunch*, 2017. 3. 7.

23 US Department of Labor, Bureau of Labor Statistics, Economic News Release, December 8, 2015, Economic and Employment Projections, Table 6, https://www. bls.gov/news.release/ecopro.t06.htm.

24 *Forbes*, "America's Best Employers 2017 Ranking", https://www.forbes.com/ companies/in-n-out-burger/.

25 David Autor and Anna Salomons, "Does Productivity Growth Threaten Employment?", Paper prepared for the ECB Forum on Central Banking, 2017. 6, https://www.ecbforum.eu/uploads/originals/2017/speakers/papers/D_Autor_A_ Salomons_Does_productivity_growth_threaten_employment_Final_Draft_20170619. pdf.

26 Jenna Wortham, "Obama Brought Silicon Valley to Washington", *The New York Times*, 2016. 10. 25.

27 백악관 대통령실, 앞의 글.

28 Marisa Kendall, "Do nothing, get cash? Maybe, when robots take your job", *The Mercury News*, 2017. 5. 22.

29 Sam Altman, "Basic Income", Y Combinator, 2016. 1. 27, https://blog. ycombinator.com/basic-income/.

30 마틴 포드, 앞의 책.

31 마틴 포드, 앞의 책.

32 권오성, "기술 혁신 뒤쫓는 것보다 어떻게 공존할지 고민해야", 한겨레, 2017. 2. 26.

33 에릭 브린욜프슨·앤드루 맥아피, 앞의 책.

34 IRS, "In 2017, Some Tax Benefits Increase Slightly Due to Inflation Adjustments, Others Are Unchanged", IR-2016-139, 2016. 10. 25.

35 에릭 브린욜프슨·앤드루 맥아피, 앞의 책.

36 Kirsten Acuna, "The office of the evil corporation in 'Terminator Genisys' is based on a real Silicon Valley tech company", *Business Insider*, 2015. 7. 1.

37 James Titcomb, "AI is the biggest risk we face as a civilisation, Elon Musk says", *The Telegraph*, 2017. 7. 17.

38 Gina Hall, "Zuckerberg blasts Musk warnings against artificial intelligence as 'pretty irresponsible'", *Silicon Valley Business Journal*, 2017. 7. 24.

39 Jon Russell, "Elon Musk says Mark Zuckerberg's understanding of the future of AI is 'limited'", *Tech Crunch*, 2017. 7. 25.

40 김익현, "머스크 vs 저커버그… 왜 AI 논쟁 벌였나", 지디넷코리아, 2017. 7. 26.

41 Luke Muehlhauser, "What is AGI?", *Machine Intelligence Research Institute*, 2013. 8. 11.

42 민현석, "내가 의료 AI를 선택한 이유", 카카오 AI 리포트 Vol. 5, 2017년 7월호, https://brunch.co.kr/@kakao-it/77.

43 에릭 브린욜프슨 · 앤드루 맥아피, 앞의 책.

44 Olivia Oran & Sarah McBride, "Facebook puts a price on suburban living for employees", *Reuters*, 2015. 12. 17.

45 데이비드 색스 지음, 《아날로그의 반격》, 박상현 · 이승연 옮김, 어크로스, 2017.

46 Charles Arthur, "Yahoo chief bans working from home", *The Guardian*, 2013. 2. 25.

47 데이비드 색스, 앞의 책.

실리콘밸리 스토리

초판 1쇄 발행 2017년 10월 17일

지은이 | 황장석
발행인 | 김형보
편집 | 박민지, 강태영, 김수경
마케팅 | 김사룡

발행처 | 도서출판 어크로스
출판신고 | 2010년 8월 30일 제 313-2010-290호
주소 | 서울시 마포구 월드컵로14길 29 영화빌딩 2층
전화 | 070-5080-0459(편집) 070-8724-5877(영업) 팩스 | 02-6085-7676
e-mail | across@acrossbook.com

ⓒ 황장석 2017

ISBN 979 11-6056-027-5 03320

이 도서의 국립중앙도서관 출판시도서목록(CIP)은 e-CIP홈페이지(http://www.nl.go.kr/ecip)에서 이용하실 수 있습니다. (CIP제어번호 : CIP2017024769)

만든 사람들
편집 | 김수경
교정교열 | 윤정숙
디자인 | 여상우
조판 | 성인기획